技工院校电子商务专业教材
中等职业学校电子商务专业教材

电子商务数据采集与处理

曹 菁 主编

中国劳动社会保障出版社

简介

本教材为技工院校、中等职业学校电子商务专业教材，教材由浅入深地介绍了电子商务数据采集与处理的基本知识和基本方法。教材首先对电子商务数据采集的相关概念进行简要介绍，其次讲解市场数据采集、运营数据采集和商品数据采集，最后简要介绍了数据分类与预处理的知识。

本教材以“项目－课题”的形式编写，语言简练通俗，易于学生理解并将理论转化为实践，从而适应职业岗位的需要。

本教材由曹菁担任主编，徐丹、陶婷、陈晓燕参与编写。

图书在版编目（CIP）数据

电子商务数据采集与处理 / 曹菁主编. -- 北京：中国劳动社会保障出版社，2025. --（技工院校电子商务专业教材）（中等职业学校电子商务专业教材）.
ISBN 978-7-5167-6602-6

Ⅰ. F713.36；TP274

中国国家版本馆 CIP 数据核字第 2024UC0902 号

电子商务数据采集与处理

DIANZI SHANGWU SHUJU CAIJI YU CHULI

中国劳动社会保障出版社出版发行

（北京市惠新东街 1 号　邮政编码：100029）

*

河北宝昌佳彩印刷有限公司印刷装订　　新华书店经销

787 毫米 ×1092 毫米　16 开本　14 印张　264 千字

2025 年 7 月第 1 版　　2025 年 7 月第 1 次印刷

定价：32.00 元

营销中心电话：400-606-6496

出版社网址：https://www.class.com.cn

https://jg.class.com.cn

前言

目前，电子商务已成为国家产业结构优化升级、转变区域经济发展方式的战略重点，企业对电子商务专业人才的需求日益旺盛。为了培养更加符合电子商务技术领域和职业岗位（群）任职要求的中等技术应用型人才，我们组建了一支由多所中等职业学校电子商务专业带头人、专职教师及企业专家组成的编写团队，开发了这套电子商务专业教材。教材主要具有以下几点特色。

第一，满足中等职业学校教学所需。结合国家职业标准、企业需求及教学实际，构建了一个涵盖电子商务、跨境电子商务、移动商务、网络营销与直播电商的完整教材体系，包括《电子商务基础》《电子商务法律法规》等专业基础课教材，《电子商务网页设计》《电子商务数据采集与处理》《短视频制作》等技术与服务类专业核心课教材，《网店运营实务》《跨境电子商务基础与实务》《电商直播》《网店推广》等运营与推广类专业核心课教材，《电子商务会计》《电子商务物流》《电子商务文案写作》等专业拓展课教材及配套习题册等，体系完整，覆盖面广，能够满足中等职业学校教学所需。

第二，契合企业岗位任职要求。中职电子商务专业毕业生主要面向网商、跨境电商和服务电商企业，使用计算机、网络、通信等现代信息技术从事商务活动。因此，教材紧跟企业岗位任职要求，以从零起点培养学生的职业能力为原则，根据国家职业标准中的技能要求和相关知识要求设计教材内容，突出企业需求，彰显中职电子商务教材特色。

第三，符合学生认知规律。教材以中等职业学校教学模式为指引，采用“项目－课题”形式编写，通过丰富的案例分析、知识拓展和课堂思考，激发学生的学习兴趣，让学生在实践中学习，在任务中成长。另外，教材的设计也充分考虑了学生的认知规律，尽可能多地以图表代替大段冗长的文字叙述，降低学习难度；采用双色或四色印刷，以提高教材的表现力。

第四，教学资源配套丰富。我们遵循有效性原则，根据教材内容和教学实际，开发相对应的微课、视频、图片资源库等数字化配套产品，以便于教师拓展教学和学生自主学习。电子课件及习题册答案可登录技工教育网（jg.class.com.cn）查询下载，数字化配套产品扫描书中二维码即可在线观看或收听。

本套教材的编写工作得到了有关学校的大力支持，教材的编审人员做了大量的工作，在此，我们表示衷心的感谢！同时，恳切希望广大读者对教材提出宝贵的意见和建议。

目录

项目一　电子商务数据采集准备

项目二　市场数据采集

项目三　运营数据采集

项目一
电子商务数据采集准备

课题 1　电子商务数据认知

学习目标

● 知识目标

1. 了解数据的概念和类型。
2. 理解电子商务数据的概念、来源和类型。
3. 熟悉电子商务数据分析的运用范围。

● 技能目标

1. 能进行数据类型分析。
2. 能对数据进行简单录入和整理。

理论知识

相对于传统零售业来说，电子商务最大的特点就是可以通过数据化来监控商业活动。通过数据分析，企业可以了解市场动向，优化现金和库存管理，深入分析如何提高商品销量、广告投放效率等问题。数据已经成为各类电子商务企业决策的重要依据。

各类第三方网站会提供不同类型的电子商务数据展示和分析功能。例如，“世界工厂网”网站设有行业榜单等数据展示模块，它通过分析用户在“世界工厂网”的搜索记录，免费向用户提供产品排行榜和企业排行榜等行业数据。理解和分析电子商务数据，对各行各业的电子商务从业者来说都十分重要。

一、数据的概念

数据一般可以通过科学的观察、试验和统计等活动得到，它通常被用作科学研究、设计和决策的依据。数据有数字、声音、文字、图像、视频、符号等多种类型。

数据是可识别的、抽象的符号。数据不仅包括数字，还包括具有一定意义的文字、字母和数字符号，以及图形、图像、视频、音频等。同时，数据也是客观事物的属性及客观事物之间相互关系的抽象表示。数据经过加工即可成为信息。常见的数据有气温数据、学生档案数据、商品运输数据等。

二、电子商务数据的概念

商务数据主要是指记载经济领域中的商业活动的数据符号。电子商务数据则是指电子商务企业在商业活动中产生的数据，如商品交易量、投资回报率等。电子商务数据就是企业行为数据。例如，当一名用户在电子商务网站上产生购买行为，该用户的浏览行为和购买行为就成为该电子商务企业的一项购买数据，该购买数据即对该电子商务企业具有分析价值。

电子商务数据可以分为两大类：前端行为数据和后端商业数据。前端行为数据是指访问量、浏览量、点击量及站内搜索内容等反映用户行为的数据，后端商业数据则更侧重于能够衡量商业价值的数据，如交易量、投资回报率及商品生命周期等方面的数据。

电子商务网站一般会将用户的交易信息，包括购买时间、购买商品类型、购买商品数量、支付金额等，保存在自己的数据库里面，再基于整体数据对交易行为进行分析，进而估计不同类型用户的价值，并分析未来扩展营销的可能性。

三、电子商务数据的来源

1. 内部数据

内部数据是指来自企业或组织内部的数据，包括电子商务活动数据和系统数据，例如用户行为数据、商品数据、订单数据等。其中，用户行为数据主要包括用户在电子商务网站或者手机应用的停留时间、跳出率、回访次数及回访率等，此类数据可以通过网站统计工具和数据挖掘技术进行提取和分析。商品数据包括商品的名称、描述、价格、销量和评价等，此类数据可以通过商品管理系统进行提取和分析。订单数据包括订单编号、下单时间、订单金额和订单商品名称等，此类数据可以通过订单管理系统进行提取和分析。

2. 外部数据

外部数据是指在企业或组织以外的经济、政治和文化等方面的环境数据。电子商

务企业可以利用市场发展趋势、消费者行为和供应链等方面的外部数据来分析市场，进而获得竞争优势。

（1）外部数据的内容

对于电子商务企业而言，外部数据主要包括以下几个方面：

1）社会人口数据，包括人口的概况、人口的发展状况等。

2）宏观经济数据，包括一个国家或地区的生产总值、人均收入水平、消费水平等。

3）新闻舆论数据，包括一个地区的热点新闻、主流舆论等。

4）市场调研数据，包括对销售渠道、宣传效果、商品受欢迎程度等方面的调研数据。

（2）获取外部数据的渠道

电子商务企业获取外部数据的渠道有很多，常用的有以下两种：

1）数据服务提供商。数据服务提供商使用数据挖掘技术收集和整理各类行业和细分市场的数据，并向电子商务企业出售或免费提供。

2）网络抓取。电子商务企业可以通过技术手段在互联网中抓取所需的外部数据。通过这种渠道获取的外部数据不仅具有较强的针对性，还能够帮助企业节省开销。

四、电子商务数据的类型

电子商务数据可以按照数据的规模、结构化程度和来源分为多种类型。下面介绍电子商务数据按照来源进行的分类。按照来源不同，电子商务数据可以分为一手数据和二手数据两种。

1. 一手数据

一手数据也称原始数据，是指直接获取的数据，没有经过加工或者第三方传递。在传统的调研活动中，一手数据可以通过问卷调查、小组访谈、面对面沟通等方式获取。在互联网时代，一手数据可以通过数字技术手段直接抓取。常见的可抓取的一手数据包括用户填写的个人信息数据和用户的行为数据等。一手数据通常与数据使用者之间有直接的关系，例如，企业可以收集消费者对企业某一商品的满意度数据，社交软件可以收集用户对该软件的使用时长数据。

2. 二手数据

二手数据是通过第三方或者已有的数据资料获取的数据，例如国家统计局公布的数据和知名文献中罗列的数据等。二手数据的来源相对多样，任何可靠的第三方机构都可以成为来源。由于二手数据在到达数据使用者之前经过了第三方的汇总和整理，

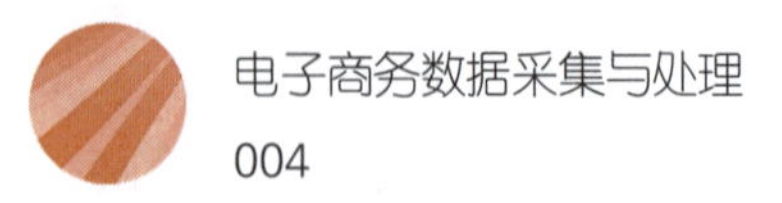

其分析和使用会更加简单。尽管二手数据具有上述优点，但由于二手数据可能存在时效性差、针对性差等问题，电子商务企业需要谨慎评估二手数据的适用性和可靠性。

在实践中，电子商务企业通常会将一手数据和二手数据结合使用，以获得更加全面、准确的分析结果。

五、电子商务数据分析的概念

电子商务数据分析是指通过收集、处理、解释和电子商务活动有关的数据，从数据中找出有价值的信息的过程。在电子商务领域中，数据分析扮演着重要的角色，它能够帮助电子商务企业了解市场趋势、分析市场需求、优化内部管理，从而帮助电子商务企业优化运营策略并提高销售业绩。

六、电子商务数据分析的运用范围

1. 市场趋势分析

电子商务数据分析可以帮助电子商务企业监测和预测市场趋势，以便电子商务企业根据趋势变化调整运营策略。例如，通过分析销售数据和市场发展数据，电子商务企业可以得知哪些商品受到消费者欢迎，哪个细分市场具有较大的发展潜力，从而优化销售策略和商品开发策略。

2. 消费者行为分析

电子商务数据分析还可以帮助电子商务企业了解消费者的行为模式和偏好，进而开展个性化的商品推销，提高消费者的满意度和购买转化率。例如，电子商务平台会根据用户的购买历史推断其购买偏好，进行个性化的商品推荐，并通过精准营销，提高用户购买的可能性。

3. 运营效益分析

电子商务数据分析可以帮助电子商务企业评估和分析运营效益和投资回报率（return on investment，简称 ROI），并找出潜在的问题，制定改进方案。例如，通过对广告投放效果的数据分析，电子商务企业可以评估不同投放渠道和广告内容的吸引力和购买转化率，从而优化广告投放计划和预算分配，提高投资回报率。

4. 风险管理分析

电子商务数据分析可以帮助电子商务企业降低运营风险，并预警潜在问题。通过对各类销售数据、消费者数据和商品数据的分析，电子商务企业可以及时发现运营中潜在的问题，如商品质量问题、供应链问题和消费者体验问题等，并及时采取相应的解决措施。同时，对于大型电子商务企业而言，支付安全数据和网络攻击数据分析还

可以帮助企业及时识别潜在的数据安全风险，保护信息和资金安全。

技能实施

案例 1.1.1：电子商务数据录入和类型分析

请使用计算机录入消费者订单跟踪数据（见表 1–1–1），并分析数据类型。

表 1–1–1　消费者订单跟踪数据

消费者订单跟踪						
订单编号	下单日期	总金额（元）	商品型号	商品颜色	商品数量（件）	商品单价（元）
19112301	2019–11–23	19 800.00	1680D	黑色	1 000	19.80
19120302	2019–12–03	4 500.00	600D	蓝色	500	9.00
20010604	2020–01–06	32 400.00	1680D	黑色	3 000	10.80
20020405	2020–02–04	28 452.00	900D	红色	1 200	23.71
20030608	2020–03–06	8 001.00	600D	蓝色	700	11.43
20040707	2020–04–07	15 762.00	900D	黑色	600	26.27

操作步骤如下所示。

步骤一：启动 Microsoft Excel 2016，新建一个工作簿，如图 1–1–1 所示。

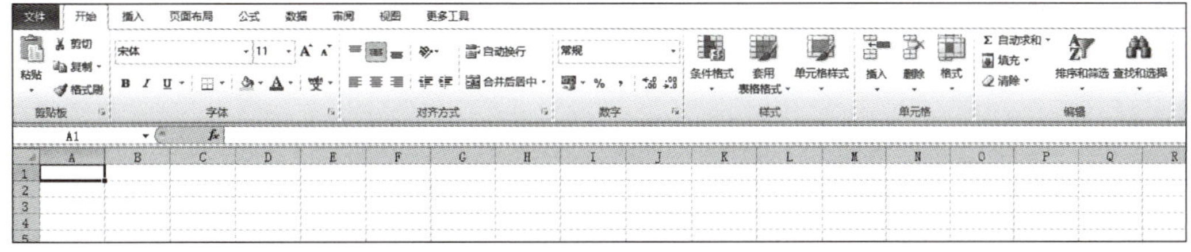

图 1–1–1　新建工作簿

步骤二：在空白工作表中录入表 1–1–1 中的数据，录入结果见表 1–1–2。

表 1–1–2　数据录入

消费者订单跟踪						
订单编号	下单日期	总金额（元）	商品型号	商品颜色	商品数量（件）	商品单价（元）
19112301	2019–11–23	19 800.00	1680D	黑色	1 000	19.80
19120302	2019–12–03	4 500.00	600D	蓝色	500	9.00
20010604	2020–01–06	32 400.00	1680D	黑色	3 000	10.80

续表

消费者订单跟踪						
订单编号	下单日期	总金额（元）	商品型号	商品颜色	商品数量（件）	商品单价（元）
20020405	2020-02-04	28 452.00	900D	红色	1 200	23.71
20030608	2020-03-06	8 001.00	600D	蓝色	700	11.43
20040707	2020-04-07	15 762.00	900D	黑色	600	26.27

步骤三：将单元格格式修改为合适的类型，调整字体、字号，使工作表简洁、美观。

步骤四：分析工作表中包含的数据类型。

案例 1.1.2：电子商务数据简单采集

请通过采访的方式，统计本班学生最常用的网购平台。

采访即由调查人员向被调查者提出所要了解的问题，然后根据被调查者的回答来获取统计资料的调查方法。采访方法包括个别询问法和开调查会法两种。个别询问法是由调查人员向被调查者逐一采访询问，以取得统计资料的方法。开调查会法是召集了解情况的有关人员，以座谈会的形式对问题开展讨论和分析，以取得统计资料的方法。调查人员应当根据调查题目的要求选择合适的方法。

操作步骤如下所示。

步骤一：选择合适的采访方法。

步骤二：制订采访计划，确定采访时间、采访对象及采访问题。

步骤三：汇总数据，汇总结果示例见表 1-1-3。

表 1-1-3　本班学生最常用的网购平台数据汇总结果

本班学生最常用的网购平台		
学号	姓名	最常用的网购平台
01	张三	淘宝
02	李四	京东
03	王五	拼多多
04	赵六	阿里巴巴
05	孙七	抖音
06	李八	快团团

步骤四：分析汇总的数据表，统计本班学生最常用的网购平台。

作业布置

1. 分析素材“1.1.3 网站销售情况表”中的数据类型。
2. 以小组为单位，使用不同的网购平台，模拟购买电影票，对比各网购平台的网购体验并进行讨论。

课题 2　电子商务数据采集认知

学习目标

- 知识目标

1. 了解数据采集和电子商务数据采集的概念。
2. 了解电子商务数据采集的方法和工具。
3. 掌握电子商务数据采集的原则。

- 技能目标

1. 能下载、安装数据采集软件，并完成注册和登录，熟悉其平台环境。
2. 能使用电子商务平台提供的数据工具进行简单的数据采集。
3. 能使用网络问卷调查平台完成问卷调查。

理论知识

数据采集是数据分析的基础，数据分析的工作需要围绕已采集的数据展开。电子商务企业要在互联网市场中站稳脚跟，必须重视数据。电子商务企业对外要拓宽数据采集的广度和深度，从大数据中了解市场、消费者和竞争者的状况；对内要进行商业项目评估和可行性分析，帮助决策。

一、电子商务数据采集概述

1. 数据采集

数据采集又称数据接入、数据获取、数据汇聚等。数据采集为数据分析提供数据准备，是数据处理的前提。在互联网时代，数据类型复杂多样，常见的数据类型包括结构化数据、半结构化数据、非结构化数据等。

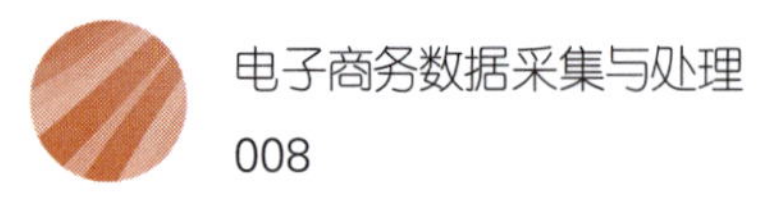

（1）数据采集的要点

1）全面性。数据采集的量要足够大，数据采集人员要尽可能多地采集和研究与主题相关的数据，力求全面反映问题。

2）多维性。数据采集要能从多个角度反映事物特征，为后续的多角度分析做好充分准备。

3）高效性。数据采集的高效性包括任务执行的高效性、团队成员合作的高效性以及数据分析目标实现的高效性。数据采集一定要有明确的目的，数据采集人员要带着问题采集数据，使数据更有针对性。此外，在数据采集中，数据采集人员还要考虑数据的时效性。

（2）数据采集的基本流程

1）确定数据需求。在采集数据之前，我们必须明确需要采集哪些数据以及这些数据将被如何使用。这会对未来具体指标的确定、数据采集效果的考核等产生重要影响。

2）选择数据来源。数据采集人员需要根据确定的数据需求，选择合适的数据来源。数据来源包括内部数据库、第三方数据提供者、市场调查等。选择数据来源时，我们需要考虑数据的可靠性、准确性和适用性。

3）实施数据采集。在采集数据时，数据采集人员务必遵守相关法律、法规，保护数据的安全性和隐私，整个数据采集过程应当符合法律、法规、伦理准则以及数据安全性的要求。

4）数据整理和清洗。我们可能需要对采集到的数据进行整理和清洗，以确保数据的准确性和一致性。数据整理和清洗可能涉及删除重复数据、处理缺失值、转换数据格式等活动。

经过以上四个步骤，数据采集人员可以高效地完成数据采集，并为后续的数据分析和决策建立可靠基础。

2. 电子商务数据采集

电子商务数据采集是一种获取电子商务活动信息和市场情报的数据采集活动。通过电子商务数据采集，商务人员可以快速、准确地获取电子商务数据分析所需的销售数据、库存数据、消费者数据等，从而更好地了解市场情况，优化运营策略，提高销售效果。

（1）电子商务数据采集特点

1）效率高，成本低。电子商务数据通常可以使用工具自动批量采集，节省人力成本，提高采集效率，降低运营成本。

2）准确度高。电子商务数据采集通常使用软件或算法工具等，根据任务需求，从各类来源精准抓取数据，这样可以提高数据的准确度和质量。

3）实时性强。电子商务数据采集通常具有较强的实时性。通过电子商务数据采集，商务人员可以实时监测电子商务活动的运行，对商品数据、消费者数据和行业数据等进行分析，帮助企业做出更加明智的决策。

（2）电子商务数据采集渠道

电子商务数据的有效性建立在可靠数据采集渠道的基础上。常见的可靠电子商务数据采集渠道有内部数据采集渠道和外部数据采集渠道两种。

1）内部数据采集渠道。内部数据采集渠道是指通过电子商务网站及网店自身采集数据的渠道。电子商务网站和网店的访问量、浏览量、收藏量等数据以及商品的订单数量、订单内容、加购数量等数据均可通过内部数据采集渠道获取。

常用的内部数据采集渠道有以下两种：

①电子商务企业内部系统。电子商务企业内部系统包括客户关系管理系统、供应链管理系统、人力资源管理系统等。这些系统可以对电子商务企业的核心业务数据进行采集和处理。

②网店后台及电子商务平台提供的数据工具。电子商务平台会为其中开设的网店提供后台数据服务和数据工具，商务人员可以通过该渠道采集网店运营相关的各类数据，包括商品数据、运营数据、消费者数据等。常用的数据工具包括阿里巴巴的生意参谋和京东的京东商智等。

2）外部数据采集渠道。电子商务企业采集有关行业、市场及竞争者等方面的数据时，通常需要通过外部数据采集渠道进行。在选择外部数据采集渠道进行数据采集时，商务人员尤其要注意数据的真实性和有效性。

常用的外部数据采集渠道有以下几种：

①政府机构公布数据和公共数据库。政府机构公布数据和公共数据库是获取各类宏观数据的重要渠道之一，例如，国家统计局的官方网站可以提供经济发展、人口增长、贸易往来等方面的公开数据。

②数据机构。数据机构是常用的外部数据采集渠道之一，它们发布各类数据报告、白皮书等，提供各种调研数据和发展趋势分析，能够帮助电子商务企业了解市场需求、竞争情报等。这些数据机构发布的数据的参考价值较高，是重要的行业及竞争企业数据采集渠道之一。常见的数据机构包括阿里研究院、易观数据、艾瑞咨询等。

③新闻报道和学术研究。新闻报道提供社会动态、经济发展和热点新闻等方面的信息。学术研究是获取专业知识和前沿研究成果的重要渠道。通过阅读新闻报道和学

术研究成果，电子商务企业可以了解最近的社会发展情况和最新的科学研究成果，这有利于企业跟上时代发展，抓住潜在的市场机遇。

④社交媒体和在线论坛。社交媒体和在线论坛是电子商务企业了解社会舆论，收集消费者意见，以及了解市场发展趋势的重要渠道之一。通过监控社交媒体上的用户评论和实时数据，电子商务企业可以获取有关品牌声誉和消费者喜好的信息。

⑤网络爬虫和数据挖掘工具。网络爬虫和数据挖掘工具可以自动抓取和提取互联网上的数据。通过设置合适的搜索条件和关键词，它们可以批量采集网页中的内容、评论等数据。常用的网络爬虫软件包括八爪鱼采集器、集搜客等。

⑥指数工具。百度指数、360 趋势、阿里指数等指数工具依托海量的平台用户行为数据，可以向电子商务企业提供用户搜索趋势、需求图谱、用户画像等数据。指数工具可以为电子商务企业分析市场发展趋势、消费者需求和消费者画像等提供重要的参考依据。

二、电子商务数据采集工具

根据需要采集数据的类型不同，电子商务数据采集工具的技术要点和应用场景也有所不同。根据电子商务数据采集工具的技术要点和应用场景的区别，电子商务数据采集工具大体上可以分为下列几类。

1. 网络爬虫软件

如果把互联网比作一张巨大的蜘蛛网，数据便存放在“蜘蛛网”的各个节点上，网络爬虫就像一只小蜘蛛，它可以沿着互联网抓取自己的猎物——数据，如图 1-2-1 所示。

图 1-2-1　网络爬虫工作原理示例

（1）网络爬虫的概念

网络爬虫是一种自动化程序，它可以在互联网上自动浏览和收集数据。网络爬虫的主要任务是访问网页，提取有用的数据并将其存储在本地数据库中。使用网络爬虫

作为数据采集方法的软件即为网络爬虫软件。

网络爬虫的工作原理就是通过程序，模拟浏览器请求网络站点的行为，把网络站点返回的数据采集到本地，进而提取自己需要的数据，存放起来使用。

（2）网络爬虫的主要功能

1）网页遍历。按照一定的规则和算法，网络爬虫可以访问不同的网页，并跟踪超链接以获取更多数据。

2）数据提取。网络爬虫可以从网页中提取文本、图像、视频、超链接等各种数据。

3）数据存储。网络爬虫提取的数据通常会存储在本地数据库或文件中，以供后续分析和使用。

（3）常用的网络爬虫软件

1）八爪鱼采集器。八爪鱼采集器是一种可以抓取网页数据的网络爬虫软件，它可简单、快速地将网页数据转为结构化数据，并将数据存储为表格或数据库等多种形式。八爪鱼采集器还可以提供基于大数据云计算的云采集解决方案，实现精准、高效、大规模的数据采集。八爪鱼采集器通常用于数据挖掘、市场研究等各类数据采集和分析活动。

八爪鱼采集器是一款较为流行的网络爬虫软件，它数据抓取的稳定性较强，且配备了详细的使用教程，即便用户不会编程，也能够轻松抓取数据。八爪鱼采集器的官网页面如图 1-2-2 所示。

图 1-2-2　八爪鱼采集器的官网页面

2）集搜客。集搜客针对一些比较热门的网站设置了快捷的网络爬虫。集搜客的操作方法很直观，用户可以通过标记来选择需要抓取数据的网站，但是，其学习成本相对于八爪鱼来说更高。集搜客的官网页面如图 1–2–3 所示。

图 1–2–3　集搜客的官网页面

2. 电子商务平台提供的数据工具

电子商务平台提供的数据工具是中小型电子商务企业最常用的电子商务数据采集工具之一。电子商务平台提供的数据工具允许下载网店的后台数据报表，该数据工具主要用于采集网店的后台数据，如广告数据、订单数据、网店流量数据等。电子商务平台提供的数据工具的操作较为简单，用户可以选定下载某一具体时间段的数据，也可以要求它每天自动生成订单报表。常用的电子商务平台提供的数据工具有生意参谋、京东商智、店侦探、淘数据等。

（1）生意参谋

生意参谋集数据作战室、市场行情、装修分析、来源分析、竞争情报等多种数据产品于一体，是运营淘宝和天猫网店的商务人员用来采集电子商务数据的重要平台之一，如图 1–2–4 所示。生意参谋不仅允许用户采集自己网店的各项运营数据（包括流量、交易、客户、服务、商品等方面），还允许用户通过市场行情板块采集淘宝或者天猫平台的行业销售经营数据。

（2）京东商智

京东商智是京东提供的数据开放平台，如图 1–2–5 所示，该平台目前已经成为全面、精准、专业的一站式电子商务运营数据开放平台。京东商智除了可以为用户提供

电子商务数据采集工具，还可以为用户提供多维度的数据展示工具以及全方位、全链路的数据分析和解决方案。

图 1-2-4　生意参谋

图 1-2-5　京东商智

（3）店侦探

店侦探是一款针对开设在淘宝平台上的网店的电子商务数据采集工具，如图 1-2-6 所示。店侦探可以帮助用户采集和分析有关淘宝网店的关键数据，如销售额、店家信誉、商品口碑等，同时，店侦探还可以提供网店竞争情况和关联网店等方面的数据，方便用户进行数据的筛选和比较。

（4）淘数据

淘数据是一个由阿里巴巴提供的电子商务数据统计和分析工具，如图 1-2-7 所示。淘数据主要针对淘宝、天猫等阿里巴巴旗下的电子商务平台的交易数据和消费者行为数据进行收集和分析，能够帮助用户了解商品销售情况、消费者行为特征、竞争者情报等信息。此外，淘数据还提供了一些高级功能，如流量分析、消费者画像等，帮助用户更好地了解市场需求和消费者行为。

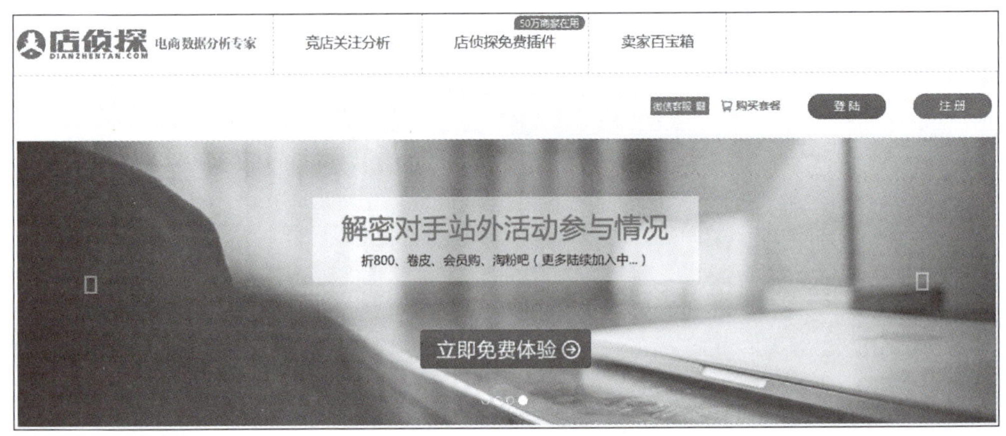

图 1-2-6　店侦探

图 1-2-7　淘数据

3. 数据采集器

（1）火车采集器

火车采集器是一款专业的互联网数据抓取、处理、分析软件，如图 1-2-8 所示。火车采集器可以灵活、迅速地抓取网页中大量非结构化的文本、图片等资源信息，通过分析处理，准确挖掘所需数据。

图 1-2-8　火车采集器

（2）后羿采集器

后羿采集器是基于人工智能技术研发的新一代网页数据采集软件，该软件功能强大，操作简单，在各行各业中应用广泛。后羿采集器能够帮助解决人工采集数据所面临的各类难题，降低获取信息的成本，提高工作效率。后羿采集器的官网页面如图 1-2-9 所示。

图 1-2-9　后羿采集器的官网页面

（3）其他数据采集器

除了上述的两款数据采集器，常见的专业数据采集器还有爬山虎采集器、Flume、ParseHub 等，数据采集人员可根据实际需求挑选使用。

4. 网络调查问卷

网络调查问卷是指以网络问卷形式呈现的，通过询问问题向受访者收集信息，了解受访者对某一事物的态度、观点等的电子商务数据采集工具。

网络调查问卷具有便捷、时效性强、交互性强、可靠性强、客观性强以及时空和地域限制小、费用低、数据采集针对性强等特点。目前有很多开放的网络调查问卷工具和平台供数据采集人员使用，常用的网络调查问卷平台有下列两种。

（1）腾讯问卷

腾讯问卷是腾讯推出的网络调查问卷平台，它提供从问卷设计、数据采集到统计分析的一站式的专业调查研究服务。腾讯问卷可以应用在数据采集、投票、考试等多种场景，用户可以根据使用场景和使用需求灵活选择使用。腾讯问卷的官网页面如图 1-2-10 所示。

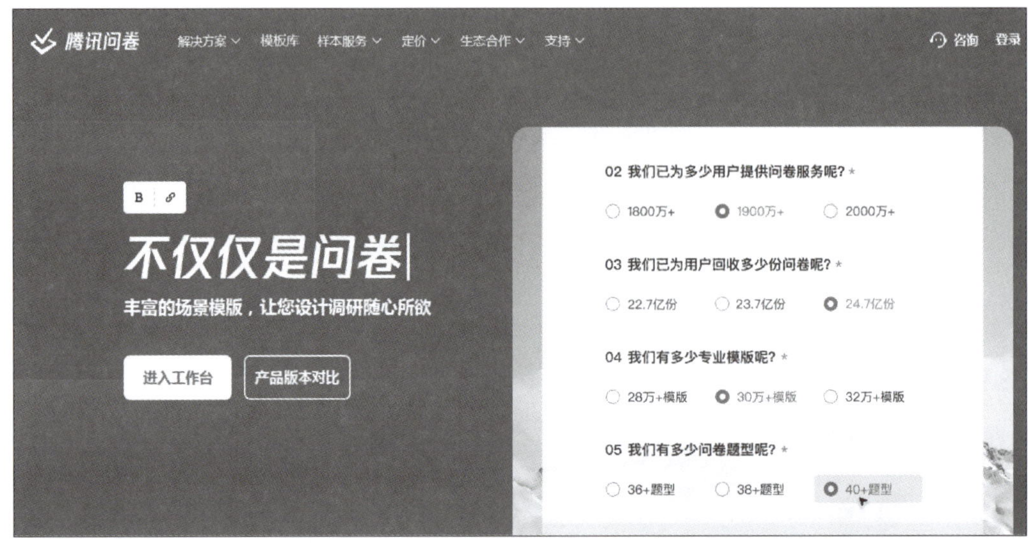

图 1-2-10　腾讯问卷的官网页面

（2）问卷星

问卷星和腾讯问卷一样，可以应用在考试、测评、投票等多种场景。问卷星提供在线问卷设计、数据采集、自定义报表、调查结果分析等服务。与传统调查方式和其他调查平台相比，问卷星具有快捷、易用、低成本的明显优势，目前被大量企业和个人广泛使用。问卷星的官网页面如图 1-2-11 所示。

图 1-2-11　问卷星的官网页面

三、电子商务数据采集原则

1. 准确性

在进行电子商务数据采集时，数据采集人员需要首先确保数据的准确性和完整性。数据采集人员可以通过多种渠道获取同类数据，再对数据进行比对和筛选，同时，数据采集人员要注意排除异常数据和错误数据。

2. 时效性

在进行电子商务数据采集时，数据采集人员需要重视数据的时效性，尽可能采集新的数据，并根据运营需求，及时更新数据。随着市场和竞争者的变化，电子商务企业需要不断地调整自己的策略和服务，因此，数据采集人员需要定期更新数据，并及时反馈到企业运营中去。

3. 安全性

在进行电子商务数据采集时，数据采集人员要有保护数据安全和隐私的意识，遵守相关法律、法规和准则规范，保护被采集方的隐私权和个人信息安全。

4. 合法性

在我国，电子商务数据采集属于信息获取行为，该行为必须合法，数据采集必须遵守《中华人民共和国网络安全法》等相关法律、法规。法律规定，任何组织和个人都有保护网络安全和信息安全的义务，不得利用网络实施危害网络安全和信息安全的违法犯罪活动。同时，任何组织和个人在获取网络信息时，都必须遵守相关规定，不能损害他人合法权益。

5. 保密性

在电子商务数据的采集过程中，数据采集人员应当采用数据加密技术，确保数据在传输和存储过程中得到保护，这也有助于防止数据泄露。对于涉及商业机密、个人隐私等的敏感数据，数据采集人员也必须采取适当的保密措施。

案例 1.2.1：使用生意参谋进行简单数据采集

生意参谋是淘宝提供的综合性网店数据分析平台，它也是淘宝和天猫平台卖家重要的电子商务数据采集工具，可以为淘宝和天猫平台卖家提供流量、商品、交易等方面的网店经营全链路的数据展示、分析、解读以及预测等功能。通过生意参谋，数据采集人员不仅可以采集己方网店的各项运营数据，还可以通过市场行情板块采集淘宝

和天猫平台上各个行业的销售经营数据。

操作步骤如下所示。

步骤一：打开淘宝，输入卖家账号和密码，登录淘宝，如图 1-2-12 所示。

图 1-2-12　登录淘宝

步骤二：找到淘宝首页右上角的千牛卖家中心入口并点击进入，如图 1-2-13 所示。

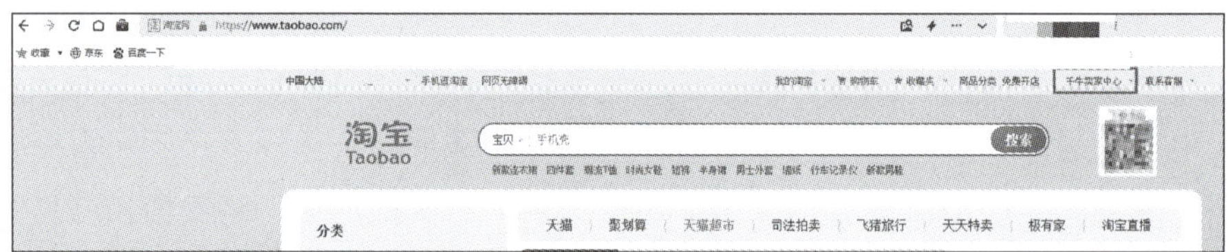

图 1-2-13　千牛卖家中心入口

步骤三：进入千牛卖家中心后，找到页面左侧栏中的“数据”，这就是生意参谋的入口，点击进入即可，如图 1-2-14 所示。

图 1-2-14　生意参谋的入口

步骤四：进入生意参谋后，点击页面右上角的“订购”，下方就会显示订阅选项，选择“确定”即可完成操作。

案例 1.2.2：店侦探的插件安装

店侦探是一种专门为淘宝和天猫卖家提供数据采集和分析功能的电子商务数据采集和分析工具。通过对网店和商品的运营数据进行采集、分析，卖家可以快速获取竞争者网店的商品销量、引流途径、广告投放、活动推广、买家购买行为等数据。

操作步骤如下所示。

步骤一：使用浏览器打开店侦探官网，注册并登录，如图 1-2-15 所示。

图 1-2-15　登录店侦探

步骤二：点击页面上方的“免费插件下载”，进入插件下载页面，完成店侦探插件下载，如图 1-2-16 所示。

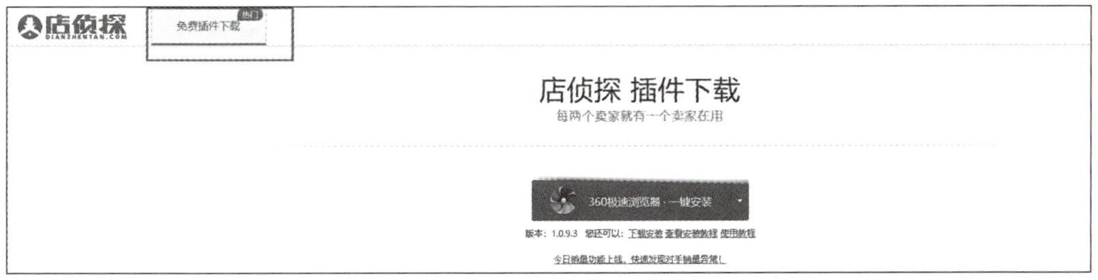

图 1-2-16　店侦探插件下载页面

步骤三：将下载好的文件拖入浏览器中的指定位置，如图 1-2-17 所示。

步骤四：点击“添加”即完成安装，如图 1-2-18 所示。

案例 1.2.3：使用问卷星制作“学校附近最受欢迎的外卖调查”网络调查问卷

操作步骤如下所示。

步骤一：使用浏览器，打开问卷星官网，注册并登录，如图 1-2-19 所示。

图 1-2-17　将文件拖入浏览器中的指定位置

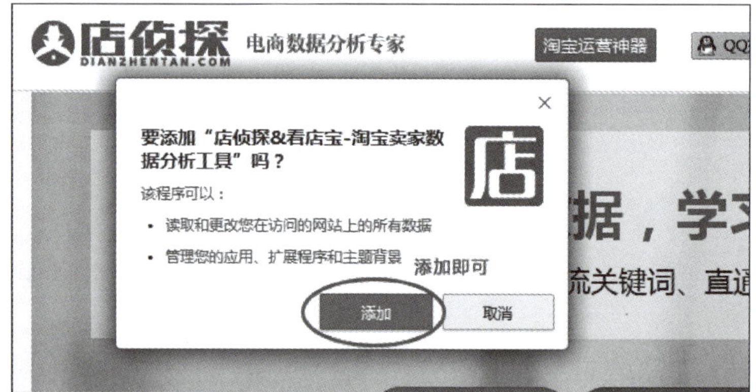

图 1-2-18　完成店侦探插件安装

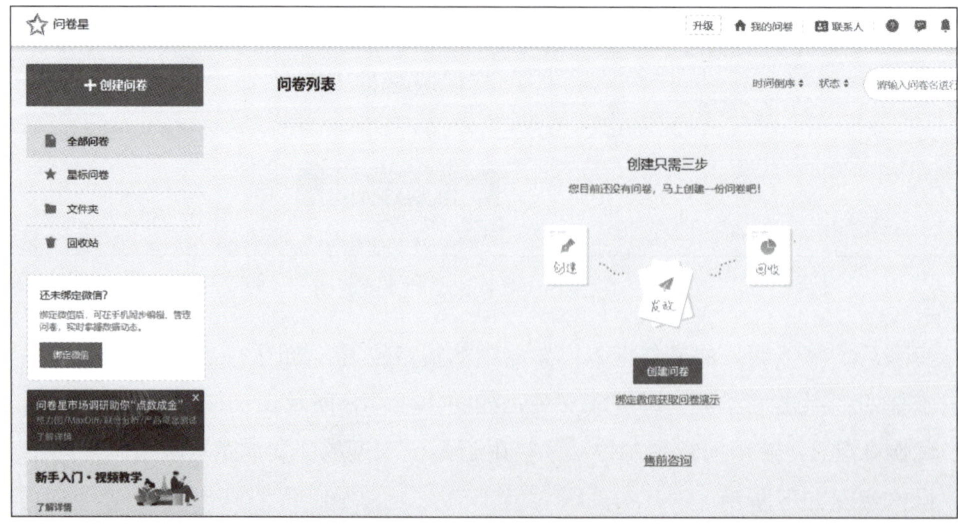

图 1-2-19　登录问卷星

步骤二：点击“创建问卷”，进入“通用应用”，选择“调查”，如图 1-2-20 所示。

图 1-2-20　创建调查问卷

步骤三：创建调查问卷有三种方式，分别为“从空白创建”“文本导入”和“人工录入服务”，如图 1-2-21 所示，在本案例中，选择“从空白创建”。

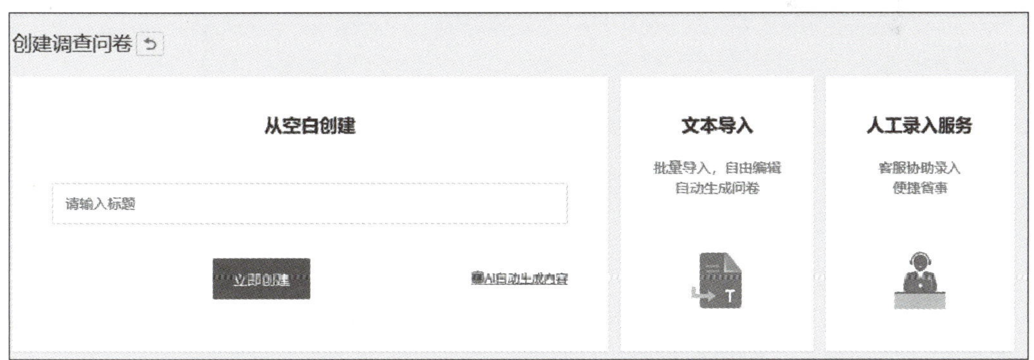

图 1-2-21　创建调查问卷的方式

步骤四：在标题框中输入“学校附近最受欢迎的外卖调查”，点击“立即创建”，进入问卷编辑页面，如图 1-2-22 所示。

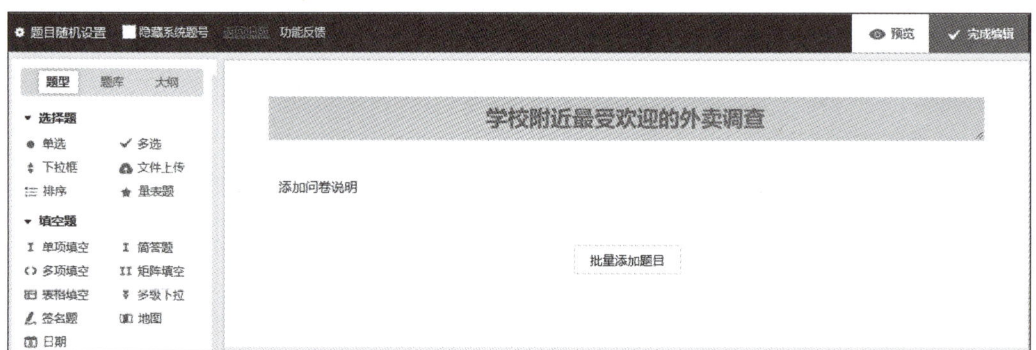

图 1-2-22　问卷编辑页面

步骤五：使用左侧的题型库，添加不同题型的题目，添加完成后点击“完成编辑”，如图 1-2-23 所示。

图 1-2-23　问卷题目编辑

步骤六：预览该问卷，可选择“手机预览”或“电脑预览”，核对无误后点击右上角的“发送问卷”，即完成“学校附近最受欢迎的外卖调查”网络调查问卷的发布，如图 1-2-24 所示。

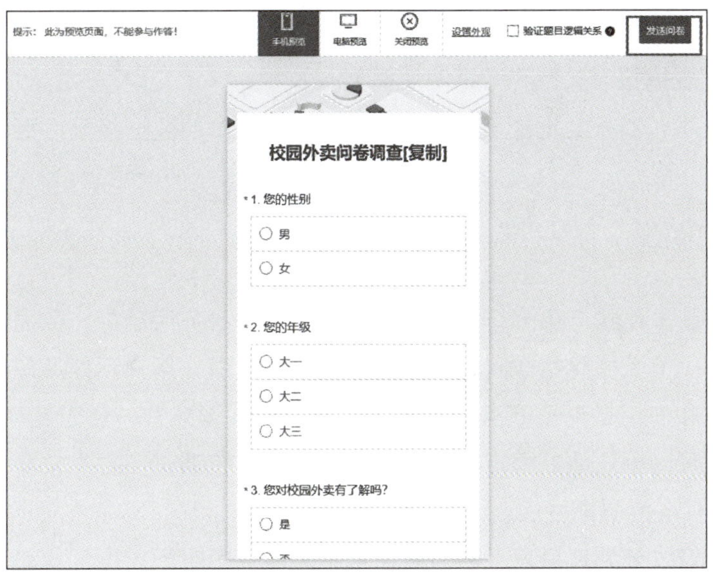

图 1-2-24　网络调查问卷的预览和发布

作业布置

1. 选择几款电子商务数据采集工具并进行对比，围绕电子商务数据采集工具的采集范围、采集速度和数据质量等要素进行分析。
2. 以小组为单位，选择一种网络调查问卷平台，并设计一份“食堂满意度调查”网络调查问卷，制作完成后将其发布至班级群。

课题 3　电子商务数据报表及可视化

学习目标

知识目标

1. 了解常见数据报表的类型。
2. 了解基础数据图表的类型。
3. 掌握电子商务企业中的数据图表的选择原则。

技能目标

1. 能判断数据报表类型和数据图表类型。
2. 能根据电子商务数据图表的选择原则，进行简单的数据报表可视化。

理论知识

数据报表是一种展示和分析数据的工具。在电子商务活动中，数据报表可以帮助商务人员了解电子商务网站或网店的销售额、订单数量、用户活跃度等核心指标。数据报表的制作和使用是电子商务运营中不可或缺的重要环节。通过科学的数据分析，电子商务企业可以更好地把握市场动态，及时做出决策调整，提高自身的运营效率和竞争力，实现业务的长期发展。

数据报表可以分为日报表、周报表、月报表等不同时间跨度的报表，以便企业进行不同时间跨度的运营分析。为了更直观、清晰地展示数据，我们可以使用表格、柱形图、折线图等形式，将数据报表可视化，使其更加易于理解和比较。

一、数据报表

电子商务企业中常见的数据报表有很多类型，包括最常见的财务数据报表、销售数据报表和数据监控表等。通过对数据报表的分析，电子商务企业可以快速了解业务情况，及时获知市场需求，制定合理的运营策略。

1. 财务数据报表

电子商务企业的财务数据报表是电子商务企业向外界展示其财务状况和经营成果的重要工具，它通常包括资产负债表、利润表和现金流量表。

（1）资产负债表

资产负债表反映企业在一定时间内的财务状况，它反映企业在资产、负债和所有者权益三个方面的状况。资产负债表可以让阅读者在短时间内迅速了解企业的经营状况，还可以帮助企业迅速发现财务方面可能存在的问题。

（2）利润表

利润表反映企业在一定时间内的经营成果。利润表又称损益表、收益表，它体现企业在一定时间内的营业收入、营业成本、营业利润和净利润等关键指标。

（3）现金流量表

现金流量表反映企业在一定时间内现金的流入和流出情况，它是评估企业现金流动性和经营能力的重要指标。电子商务企业的现金流量表包括经营活动产生的现金流量、投资活动产生的现金流量、筹资活动产生的现金流量等内容。

2. 销售数据报表

销售数据报表能够清晰、直观地展示企业的销售数据，对其进行分析有助于企业挖掘有价值的运营信息，提升管理能力和盈利能力。

对于电子商务企业而言，销售数据报表多用于展示销售的收入、成本、净利润和销售业绩等数据，商务人员可根据销售数据报表对数据进行多种维度的分析，包括常见的发货情况分析、收款情况分析、销售额变化分析以及市场分布分析和员工业绩分析等。某网店的一周销售数据报表如图 1–3–1 所示。

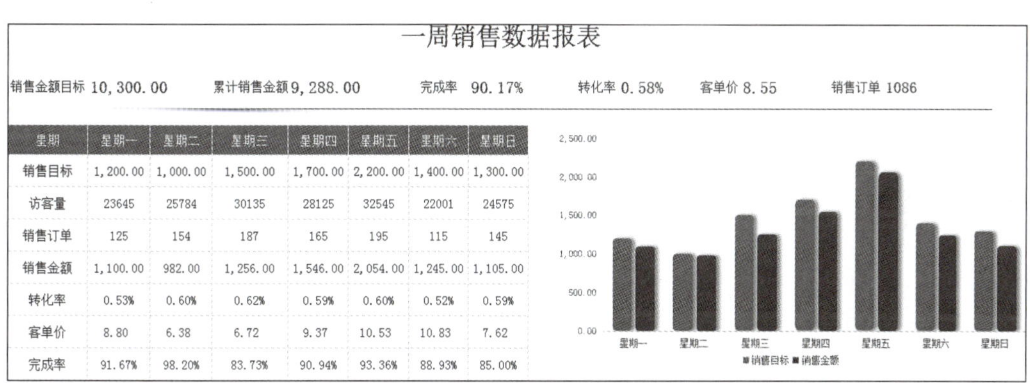

一周销售数据报表

销售金额目标 10, 300. 00　累计销售金额 9, 288. 00　完成率 90. 17%　转化率 0. 58%　客单价 8. 55　销售订单 1086

星期	星期一	星期二	星期三	星期四	星期五	星期六	星期日
销售目标	1, 200. 00	1, 000. 00	1, 500. 00	1, 700. 00	2, 200. 00	1, 400. 00	1, 300. 00
访客量	23645	25784	30135	28125	32545	22001	24575
销售订单	125	154	187	165	195	115	145
销售金额	1, 100. 00	982. 00	1, 256. 00	1, 546. 00	2, 054. 00	1, 245. 00	1, 105. 00
转化率	0. 53%	0. 60%	0. 62%	0. 59%	0. 60%	0. 52%	0. 59%
客单价	8. 80	6. 38	6. 72	9. 37	10. 53	10. 83	7. 62
完成率	91. 67%	98. 20%	83. 73%	90. 94%	93. 36%	88. 93%	85. 00%

图 1–3–1　某网店的一周销售数据报表

3. 数据监控表

数据监控表是一种用于记录和监测数据的数据报表，它可以帮助企业了解数据的实时变化情况，促使企业发现异常数据和潜在问题，并及时采取相应的措施。某电子商务企业经营情况数据监控表如图 1–3–2 所示。

对于电子商务企业而言，数据监控表可以提供销售额、订单数量、用户活跃度、运营成本等关键指标。

其中，销售额是电子商务企业数据分析的核心指标之一，它能够反映电子商务企业的盈利能力和市场占有率。订单数量能够反映电子商务企业的交易活跃度和用户需求量。用户活跃度是通过采集并计算用户的登录、浏览和购买等行为数据得出的一种指标，它能够反映用户的留存率和忠诚度。运营成本反映了企业的运营效率和成本控制能力，电子商务企业的运营成本通常包括商业采购成本、物流成本和推广费用等。

有效、易用的数据监控表应包含以下几个要素。

（1）明确的监控指标

设计数据监控表时，我们首先需要确定监控指标。监控指标应该与业务目标密切相关，它可以帮助我们了解电子商务企业和业务的运行情况，例如，电子商务网站的

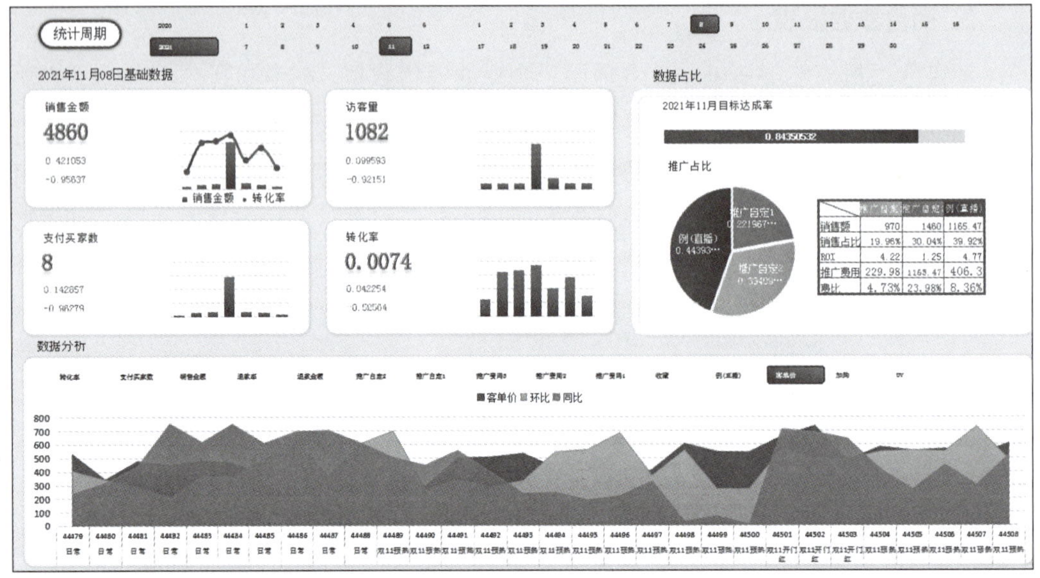

图 1-3-2　某电子商务企业经营情况数据监控表

数据监控表设置的监控指标应当包含每日的销售额、访问量、转化率等。

（2）合理的数据结构

一个有效、易用的数据监控表应当具有合理的数据结构，使数据的存储和查询都能够高效地进行。数据监控表通常使用表格的形式储存和展示数据，以不同的监控指标为列，以不同的时间点或时间段为行，方便数据的对比和分析。

（3）合理的数据采集频率

数据采集频率应该根据业务的特点来确定。我们可以对需要实时监控的监控指标设置较高的采集频率，保证数据的时效性，对变化较慢的监控指标设置较低的采集频率，减少资源的占用。

（4）数据异常提示和警报机制

有效的数据监控表中应当包含数据异常提示和警报机制，以便在数据出现异常时及时发出警报。电子商务企业可以根据历史数据的分布情况，设置合理的阈值，数据超过阈值时，就会触发警报机制并通知相关人员处理。

（5）辅助性数据

为了方便数据分析和归因，数据监控表中应当适当添加一些辅助性数据，如与监控指标有关的维度信息，包括地域、渠道、用户类型等。

（6）数据可视化栏目

为了方便数据的查阅和分析，数据监控表中应当添加数据可视化栏目，使用折线图、柱形图、饼图等形式，将数据以直观的方式展示出来，这样有助于我们更好地理

解数据的变化趋势。

（7）定期维护和更新

数据监控表是动态的，随着业务的变化和数据分析需求的调整，电子商务企业应当定期检查数据监控表的有效性，清理不再需要监控的指标，添加新的指标，不断地对数据监控表进行维护和更新。

（8）保护数据安全

有效的数据监控表应当具有较强的安全性。电子商务企业应当采取加密、权限控制等方式，保护数据的机密性和完整性，防止数据的泄露和篡改。

二、数据图表

1. 柱形图

柱形图又称条形图，是一种用长方形的长度来表现数据大小的数据图表类型。柱形图是最常用的数据图表之一，通常由坐标轴和一系列高度不等的长方形组成，它可以用来表现数据分布的情况，也可以用来比较两个或两个以上数据的大小。柱形图通常只涉及一个变量，因此多用于简单的数据分析。柱形图可以纵向排列，也可以横向排列。除了基础柱形图，还有百分比堆叠柱形图、堆叠柱形图、分组堆叠柱形图、角锥柱形图和水平柱形图等多种形式，如图 1–3–3 所示。

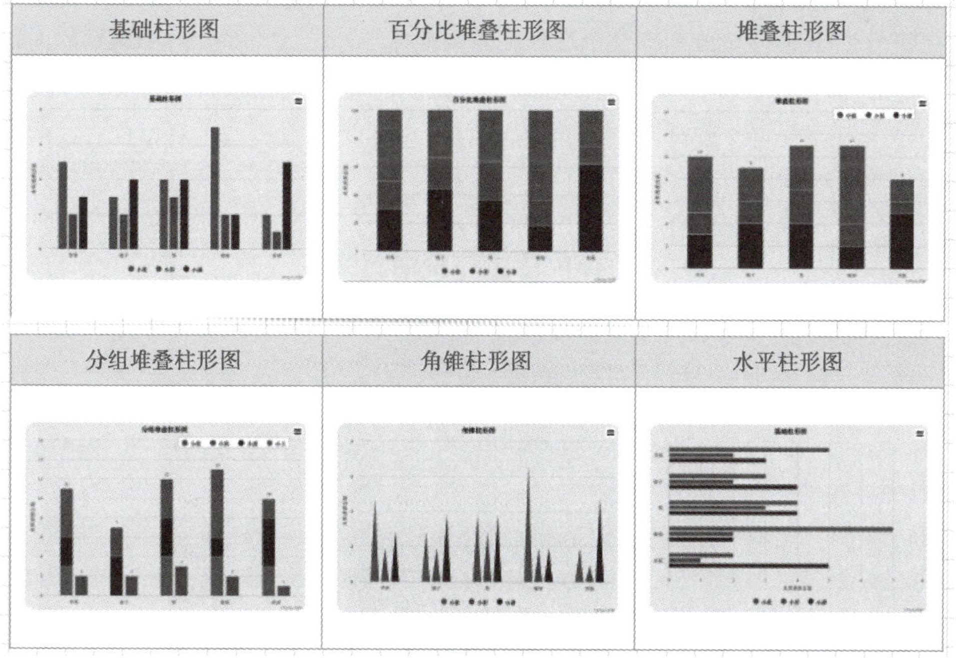

图 1–3–3　柱形图

2. 折线图

折线图通常用于展示和比较连续数据随时间或者其他变量变化的趋势，它可以清晰、直观地比较同一时期内多种指标的变化趋势。

折线图可以展示随时间推移而逐渐变化的连续数据，因此适用于展示数据在相同时间间隔内的变化趋势，如图 1–3–4 所示。

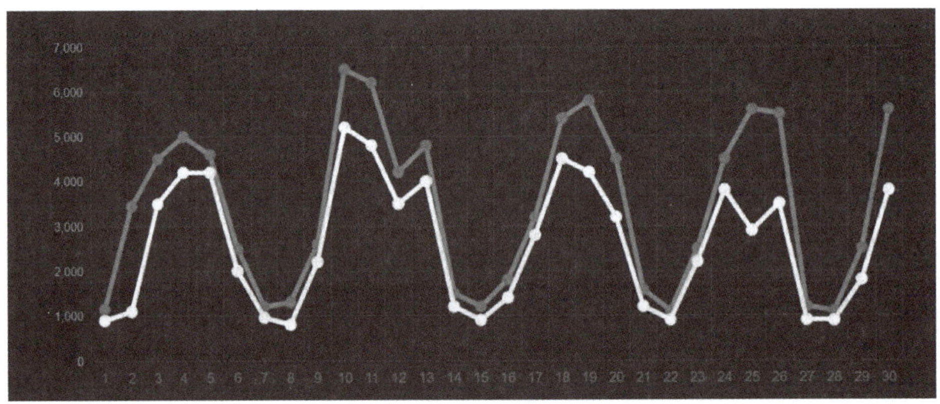

图 1–3–4　折线图

3. 饼图

饼图可以表现在一个整体数据中，各个部分数据的大小和它们与整体的关系。饼图通过将一个圆形区域分割成几个扇形来表现整体与部分的关系，各个扇形的面积大小即为各个部分数据占整体数据的百分比。饼图的优势是直观，在电子商务企业中，饼图通常用于展示各个部分和整体的构成关系，例如表现某网店各种推广方式的费用占比的饼图，如图 1–3–5 所示。

某网店推广费用占比

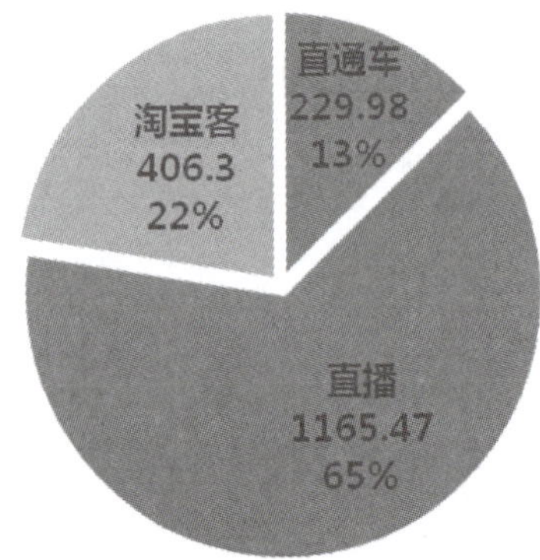

图 1–3–5　饼图

4. 散点图

散点图由坐标轴和散落的点构成，点的位置由变量的值决定，如图 1-3-6 所示。通过观察散点图，分析点的分布，我们可以推断变量之间的相关性。散点图适用于数量较大、关系较复杂的数据。

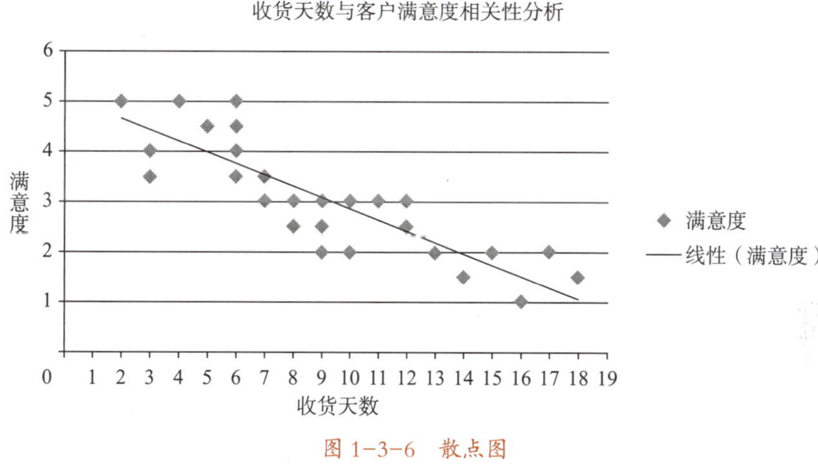

图 1-3-6　散点图

5. 雷达图

雷达图又称星状图或网状图，它通常由多层多边形或圆形和表示数据的点，以及连接各点的线构成，如图 1-3-7 所示。雷达图常用于比较多个变量，如查看变量的大小差异，或者判断数据中是否存在极值等。雷达图适用于企业经营状况或者员工工作表现的数据分析，如收益性、生产性、流动性、安全性和成长性等方面的分析评价。

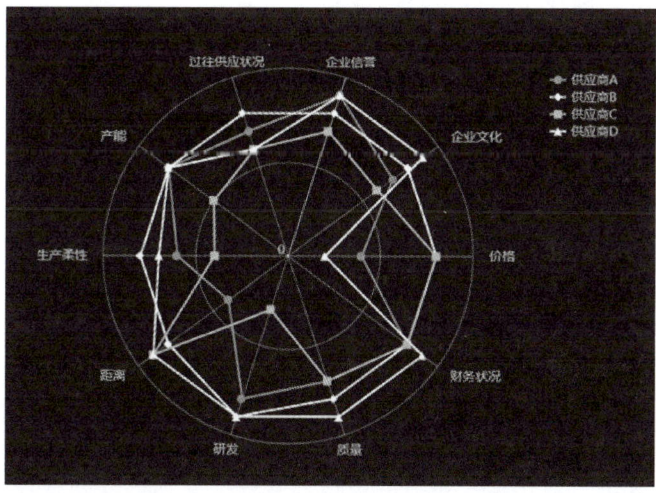

图 1-3-7　雷达图

三、电子商务数据可视化

电子商务数据分析对于电子商务平台运营和管理来说至关重要，但由于数据本身并不直观，我们常常需要通过可视化的方式，将数据转化为可阅读的图表，帮助我们更好地理解和分析数据。

1. 电子商务数据可视化的意义

（1）提供有效信息

电子商务数据可视化可以帮助使用者快速阅读数据，并从中提取有效信息，例如数据中的规律、趋势和异常等。

（2）提高沟通效率

通过电子商务数据可视化的处理，数据变得更加清晰明了，便于向他人展示和表达，因此可以提高沟通效率。

（3）提高决策速度

电子商务数据可视化将数据变得直观、易懂，决策者能够迅速判断形势并做出准确的决策，同时降低决策风险。

2. 电子商务数据可视化的应用场景

电子商务数据可视化有着广泛的应用，常见的应用场景有以下几类。

（1）监控业务活动

使用数据监控表等方式展示电子商务企业销售额、订单数量、用户活跃度等关键指标的变化情况，可以帮助电子商务企业了解业务活动的进展情况，进而优化运营策略。

（2）优化业务管理

电子商务数据可视化可以通过监控业务活动来优化业务管理。例如，电子商务企业通过将库存数据转化为仓储地图和库存趋势图等，可以直观地展示不同仓库的存货情况和商品销售趋势，这样能够帮助电子商务企业合理安排库存，减少资金占用，降低滞销风险。又如，电子商务企业可以通过地图和时间轴等可视化方式追踪商品的物流信息，使商品物流状态和路径一目了然，进而提高物流效率。

（3）分析用户行为

使用用户热力图、漏斗图等图表进行电子商务数据可视化后，分析人员可以对用户的浏览、购买等行为轨迹进行分析，进而探索用户的行为习惯和行为偏好，为更有针对性的运营提供支持。

3. 电子商务数据可视化的图表选择

在电子商务数据可视化中，我们应当根据电子商务数据关系选择图表。常见的数

据关系有以下几种：构成关系、比较关系、趋势关系、分布关系、联系关系。下面将对这几类数据关系的含义和可选择的图表类型进行说明。

（1）构成关系

构成关系是指每个数据的大小比例关系和每个数据占整体的比例关系。构成关系分为静态和动态两种，静态构成关系的数据的可视化通常可以选择漏斗图、饼图等，动态构成关系的数据的可视化则常用堆叠柱形图和面积图等。

（2）比较关系

比较关系强调的是数据之间的大小对比和顺序排列。比较关系的数据的可视化可以选择柱形图、堆叠柱形图等。

（3）趋势关系

趋势关系强调的是数据随着时间或者进度的推移而产生的变化，体现趋势关系最常见的图表就是折线图和柱形图。

（4）分布关系

分布关系强调的是某个分类内包含了多少数据。分布关系又可以分为分类型和数值型两种。分类型分布关系的数据可以选择地图形式的可视化图表，而数值型分布关系的数据的可视化则可以选择柱形图、散点图、气泡图等。

（5）联系关系

联系关系强调的是变量之间的联系，即两个或多个指标之间的相关性。按照相关性的多寡，可以采用散点图、气泡图、雷达图等图表进行数据可视化。

技能实施

案例 1.3.1：使用柱形图进行简单的数据可视化和统计

请使用柱形图，对“素材 1.3.1 销售业绩财务报表”进行数据可视化，并判断谁是业绩最好的销售员。

操作步骤如下所示。

步骤一：使用 Microsoft Excel 打开“素材 1.3.1 销售业绩财务报表”，如图 1–3–8 所示，并对数据进行观察。

步骤二：计算每位销售员的总销售业绩。

首先按字段“销售员”排序，选定“销售员”列，再使用“数据”选项卡中的“排序”，并选择“扩展选定区域”。排序结果如图 1–3–9 所示。

然后按字段“销售员”分类汇总，选中“销售金额”列，再使用“数据”选项卡中的“分类汇总”，对“销售金额”进行分类汇总，分类汇总结果如图 1–3–10 所示。

销售业绩表

公司名称： 销售目标： 48,000.00 销售金额： 16,400.00 完成率： 34.17% 34.17%

序号	销售日期	销售产品	单位	销售数量	销售单价	销售金额	销售员	备注
1	2020-10-1	产品1	个	12	100.00	1,200.00	张三	
2	2020-10-2	产品2	个	10	100.00	1,000.00	李四	
3	2020-10-3	产品3	个	25	100.00	2,500.00	王五	
4	2020-10-4	产品4	个	15	100.00	1,500.00	赵丽	
5	2020-10-5	产品5	个	20	100.00	2,000.00	李斯	
6	2020-10-6	产品6	个	12	100.00	1,200.00	王伟	
7	2020-10-7	产品7	个	10	100.00	1,000.00	赵红	
8	2020-10-8	产品8	个	25	100.00	2,500.00	乔斯	
9	2020-10-9	产品9	个	15	100.00	1,500.00	李四	
10	2020-10-10	产品10	个	20	100.00	2,000.00	张三	

销售员	销售目标	实际销售	完成进度
张三	4,000.00		
李四	3,000.00		
王五	4,000.00		
赵丽	3,000.00		
李斯	3,000.00		
王伟	2,000.00		
赵红	2,000.00		
乔斯	3,000.00		
合计	24,000.00		

图 1-3-8 素材 1.3.1 销售业绩财务报表

序号	销售日期	销售产品	单位	销售数量	销售单价	销售金额	销售员	备注
5	2020-10-5	产品5	个	20	100.00	2,000.00	李斯	
2	2020-10-2	产品2	个	10	100.00	1,000.00	李四	
9	2020-10-9	产品9	个	15	100.00	1,500.00	李四	
8	2020-10-8	产品8	个	25	100.00	2,500.00	乔斯	
6	2020-10-6	产品6	个	12	100.00	1,200.00	王伟	
3	2020-10-3	产品3	个	25	100.00	2,500.00	王五	
1	2020-10-1	产品1	个	12	100.00	1,200.00	张三	
10	2020-10-10	产品10	个	20	100.00	2,000.00	张三	
7	2020-10-7	产品7	个	10	100.00	1,000.00	赵红	
4	2020-10-4	产品4	个	15	100.00	1,500.00	赵丽	

图 1-3-9 按字段“销售员”排序的结果

序号	销售日期	销售产品	单位	销售数量	销售单价	销售金额	销售员	备注
5	2020-10-5	产品5	个	20	100.00	2,000.00	李斯	
						2,000.00	**李斯 汇总**	
2	2020-10-2	产品2	个	10	100.00	1,000.00	李四	
9	2020-10-9	产品9	个	15	100.00	1,500.00	李四	
						2,500.00	**李四 汇总**	
8	2020-10-8	产品8	个	25	100.00	2,500.00	乔斯	
						2,500.00	**乔斯 汇总**	
6	2020-10-6	产品6	个	12	100.00	1,200.00	王伟	
						1,200.00	**王伟 汇总**	
3	2020-10-3	产品3	个	25	100.00	2,500.00	王五	
						2,500.00	**王五 汇总**	
1	2020-10-1	产品1	个	12	100.00	1,200.00	张三	
10	2020-10-10	产品10	个	20	100.00	2,000.00	张三	
						3,200.00	**张三 汇总**	
7	2020-10-7	产品7	个	10	100.00	1,000.00	赵红	
						1,000.00	**赵红 汇总**	
4	2020-10-4	产品4	个	15	100.00	1,500.00	赵丽	
						1,500.00	**赵丽 汇总**	

图 1-3-10 分类汇总结果

步骤三：将各销售员的总业绩填入汇总表，结果如图 1-3-11 所示。

销售员	销售目标	实际销售	完成进度
张三	4,000.00	3,200.00	80.00%
李四	3,000.00	2,500.00	83.33%
王五	4,000.00	2,500.00	62.50%
赵丽	3,000.00	1,500.00	50.00%
李斯	3,000.00	2,000.00	66.67%
王伟	2,000.00	1,200.00	60.00%
赵红	2,000.00	1,000.00	50.00%
乔斯	3,000.00	2,500.00	83.33%
合计	24,000.00	16,400.00	68.33%

图 1-3-11　各销售员的总业绩汇总结果

步骤四：选中“销售员”“实际销售”两列数据，点击“插入”选项卡下的“全部图表”中的“柱形图”，如图 1-3-12 所示。

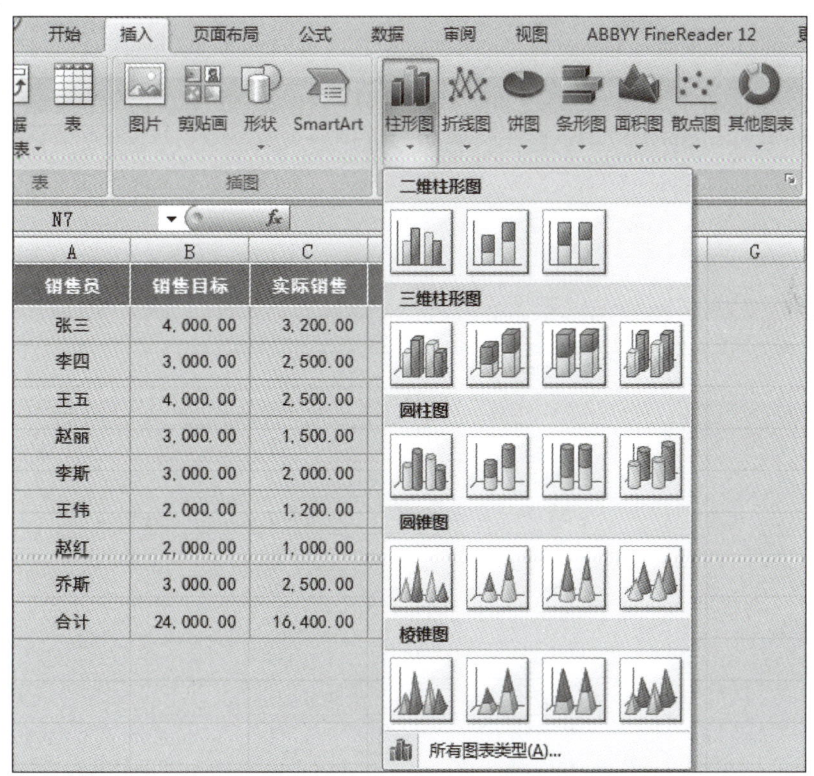

图 1-3-12　选择柱形图

步骤五：生成如图 1-3-13 所示的柱形图，阅读该柱形图即可判断谁是业绩最好的销售员。

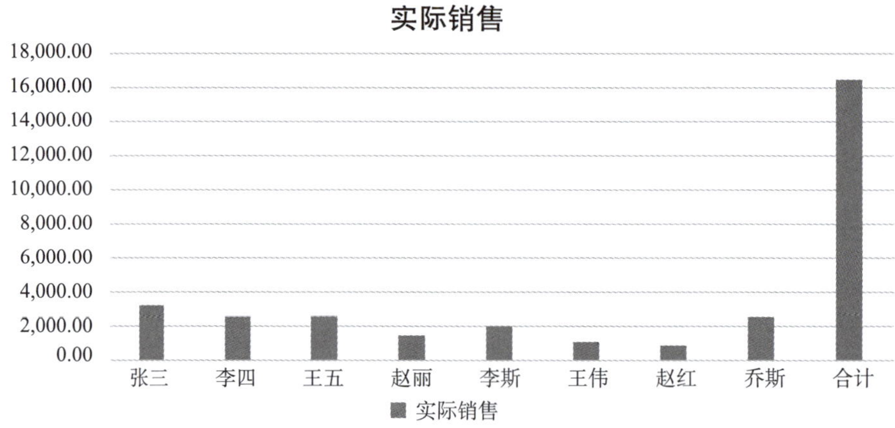

图 1-3-13　使用柱形图完成统计

案例 1.3.2：使用折线图进行简单的数据可视化和统计

请使用折线图，对“素材 1.3.2 2016 年‘双十一’某平台交易额实时统计表”进行可视化展示，并判断不同时间点的销售趋势。

操作步骤如下所示。

步骤一：使用 Microsoft Excel 打开“素材 1.3.2 2016 年‘双十一’某平台交易额实时统计表”，如图 1-3-14 所示，并对数据进行观察。

2016年“双十一”某平台交易额实时统计表	
时间节点	销售额（亿元）
00分52秒	10
10分47秒	20
05分40秒	80
06分58秒	100
16分00秒	200
1时57秒	362
2时30分	500
6时54分	571
8时00分	600
10时00分	721
11时00分	769
12时00分	807
15时19分	912
16时22分	940
18时55分	1000
22时12分	1111
24分00分	1207

图 1-3-14　2016 年“双十一”某平台交易额实时统计表

步骤二：该统计表强调数据随着时间或者进度推移的变化和走势，因此选择折线图进行数据可视化较为合适。

步骤三：选中数据区域，使用“插入”选项卡下的“全部图表”，如图 1-3-15 所示。

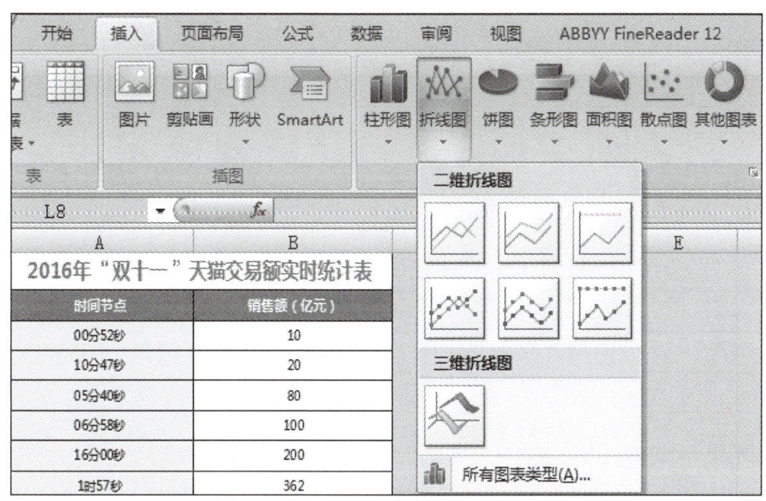

图 1-3-15　插入图表

步骤四：打开“图表”设置窗口，选择“折线图”，如图 1-3-16 所示。

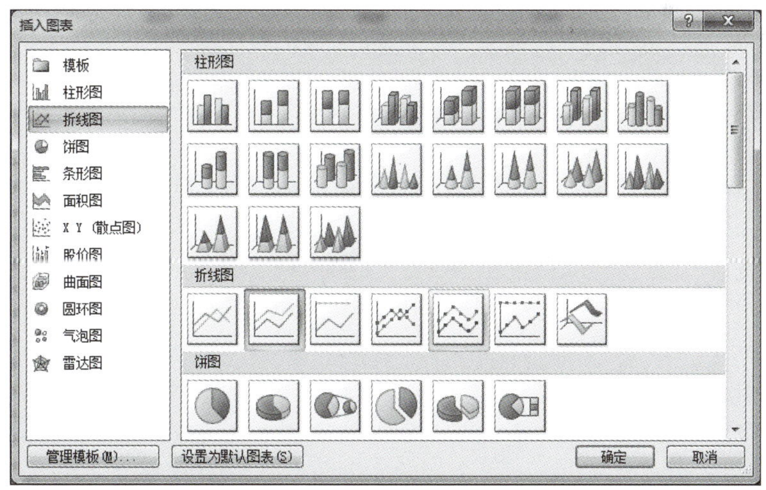

图 1-3-16　选择折线图

步骤五：选择合适的折线图并将其插入表格，设置图表标题、图表区域格式等，使折线图更美观、易读，设置完成的折线图如图 1-3-17 所示。阅读该折线图即可判断不同时间点的销售趋势。

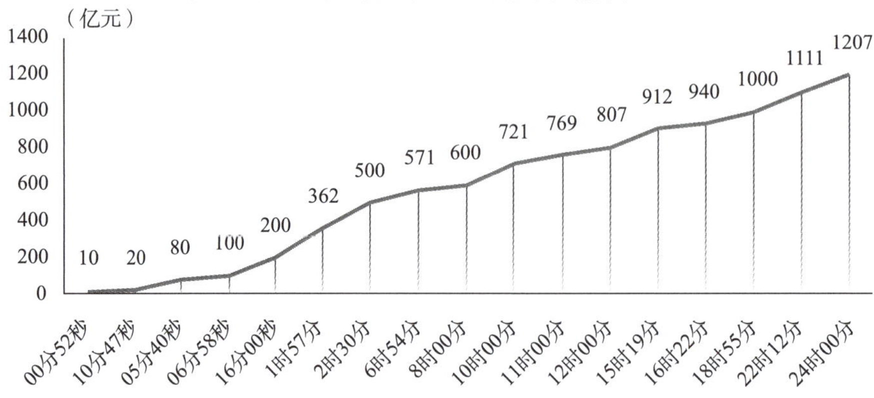

图 1-3-17　设置完成的折线图

案例 1.3.3：使用饼图进行简单的数据可视化和统计

请使用饼图，对“素材 1.3.3×× 网店员工通讯录”进行数据可视化，并判断员工的性别比例。

操作步骤如下所示。

步骤一：使用 Microsoft Excel 打开“素材 1.3.3×× 网店员工通讯录”，观察数据，如图 1-3-18 所示。

序号	编号	姓名	性别	年龄	学历	部门	职务	联系电话	个人邮箱
1	QH003	张小恬	女	25	大学	企划部	职员	25478965	zhangtian@[illegible].com
2	XS001	张恬	女	35	大学	销售部	门市经理	124785625	cheng@[illegible].com
3	XS002	李云胜	女	65	大学	销售部	经理助理	24592468	zhang@[illegible].com
4	XS003	赵小月	女	48	大专	销售部	营业员	26859756	lu@[illegible].com
5	XS004	刘大为	女	35	大专	销售部	营业员	26895326	lixiao@[illegible].com
6	XS005	唐艳霞	女	37	大专	销售部	营业员	26849752	du@ho[illegible].com
7	XS006	张成	男	26	大专	销售部	营业员	23654789	zhc@[illegible].com
8	XS007	李兰	男	25	大专	销售部	营业员	26584965	liyu@[illegible].com
9	XS008	赵磊	女	65	大专	销售部	营业员	26598785	zhaoyue@[illegible]l.com
10	QH001	刘伟	男	45	博士	企划部	经理	24598738	liuwei@[illegible].com
11	QH002	唐哲	女	52	大学	企划部	处长	26587958	tang@[illegible].com

图 1-3-18　×× 网店员工通讯录

步骤二：分别统计该网店男性、女性员工人数，统计结果如图 1-3-19 所示。

步骤三：要判断该表格中的员工性别比例，我们可以使用饼图，将不同性别占总体的比例直观地展示出来。

女性	8
男性	3

图 1-3-19　×× 网店员工性别统计

步骤四：选中数据区域，使用“插入”选项卡下的“全部图表”，选择“饼图”，如图 1-3-20 所示。

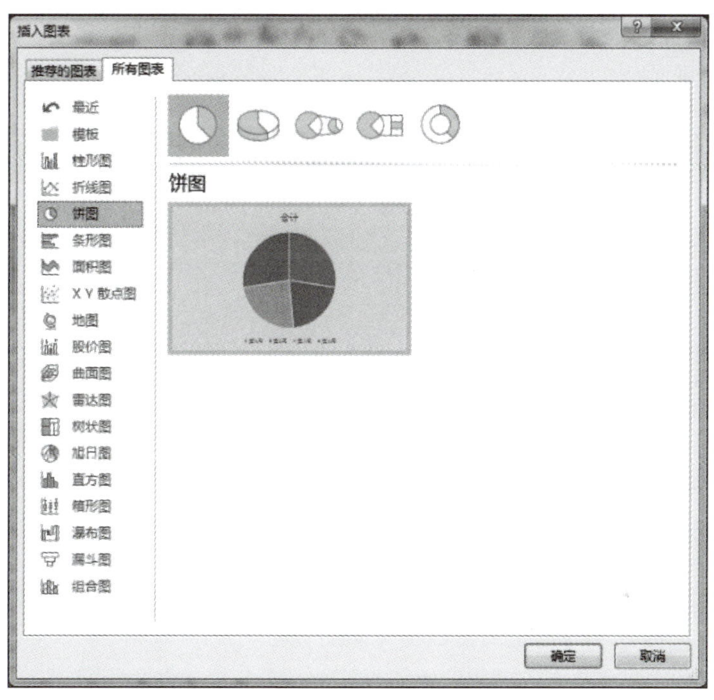

图 1-3-20　打开“饼图”设置窗口

步骤五：选择合适的饼图并将其插入表格，如图 1-3-21 所示。阅读该饼图即可判断该网店员工的性别比例。

××网店员工性别比例

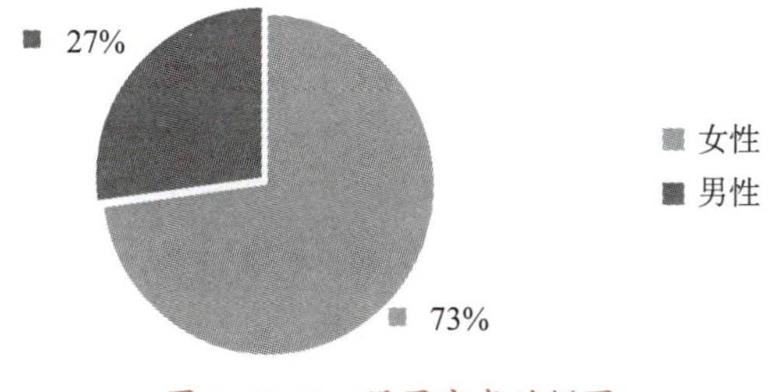

图 1-3-21　设置完成的饼图

作业布置

1. 打开“素材 1.3.4 收入支出明细表”，使用折线图进行数据可视化，并根据折线图进行年度收支分析。
2. 打开“素材 1.3.5 员工工资表”，使用饼图进行数据可视化，并分析应发工资的构成比例。

课题 4 电子商务数据采集流程与方案撰写

学习目标

- **知识目标**

1. 了解电子商务数据采集流程。
2. 了解电子商务数据采集方案的构成。

- **技能目标**

1. 能分析电子商务数据采集方案的组成结构。
2. 能设计流程合理的电子商务数据采集方案。
3. 能根据任务背景，撰写简单的电子商务数据采集方案。

理论知识

电子商务数据采集流程与方案的确定和撰写是电子商务数据采集和分析活动的基础，它明确了数据采集的目的，确定了数据采集的内容，是一次成功的数据采集活动的先决条件。

一、电子商务数据采集流程

1. 确定数据采集目标

在制定电子商务数据采集方案之前，采集人员需要首先确定数据采集目标。数据采集目标可以是了解市场趋势、优化库存管理等。只有明确目标，采集人员才能有针对性地采集和处理数据。确定数据采集目标的步骤包括以下两步。

（1）确定核心目标

数据采集的核心目标通常会根据企业和部门最关心的核心业务指标来确定，核心目标的确定标志着数据采集活动目的的确立。需要注意的是，数据采集的核心目标不要过多，核心目标应当关乎企业和部门的根本利益。

（2）拆解核心目标

在确定好核心目标后，我们需要对核心目标进行拆解，即将一个大的核心议题拆解为多个小问题，使其能够被量化和归因。核心目标拆解的过程需要遵循“完全穷举，相互独立”的原则，使每一个小问题互相独立，且能够不重叠、不遗漏地涵盖核心目标的内容。

2. 确定数据采集指标

在进行电子商务数据采集与处理时，选择符合业务需求和数据采集目标的指标是获得准确结论的前提。电子商务活动中常见的数据采集指标可分为以下几种。

（1）市场类指标

市场类指标主要描述行业及市场的发展情况和电子商务企业在行业中的发展情况，它是电子商务企业制定决策时需要参考的重要指标。市场类指标包括行业销售额、行业销售增长率、行业平均成本、企业市场占有率、竞争者销售额、竞争商品评价等。

（2）运营类指标

电子商务企业运营的过程中会产生大量的消费者数据、推广数据、销售数据和供应链数据等，这些数据均是运营类指标的体现。整理并分析运营类指标，对电子商务企业运营策略的制定与调整有着至关重要的作用，常见的运营类指标有消费者指标、销售指标、推广指标、供应链指标等。

（3）商品类指标

电子商务企业需要通过对商品在流通中存在的各项指标进行统计与分析，指导所售商品的结构调整、价格升降等，并据此决定商品的库存量以及是否引进或淘汰某种商品。商品类指标直接影响电子商务企业的经营效益，关系到采购、物流和运营等多个部门的有效运作。商品类指标包括商品数量、商品访客数、商品浏览量、商品搜索指数、客单价、商品交易指数、加购件数、毛利率、收藏次数、重复购买率、跳出率等方面的数据。

3. 确定数据采集渠道

电子商务数据采集渠道要根据该数据采集活动的目的、电子商务企业对数据精准度的要求、资金和技术支持条件以及数据采集人员的素质决定。数据采集人员要根据具体的任务要求，选择具有针对性且易于操作的数据采集渠道。

4. 选择数据采集工具

确定数据采集渠道后，数据采集人员要根据渠道的特性选择数据采集工具。恰当的数据采集工具能够帮助采集真实、丰富且具有针对性的数据。

5. 实施数据采集

实施数据采集是数据采集活动中的关键阶段，它具体可分为以下几项内容。

（1）配置采集工具

根据选择的数据采集工具及其技术要求，数据采集人员需要进行相应的数据采集配置，包括设置代理 IP、数据存储等。

（2）开始采集

按照制定好的数据采集策略进行数据采集。在这个过程中，数据采集人员要对数据采集的进度和数据质量进行监控，确保任务顺利进行。

（3）异常处理

在数据采集的过程中，可能会出现网络连接故障、网络爬虫被封禁等异常情况。数据采集人员需要及时处理这些情况，及时修复或者更换数据采集工具。

6. 导出数据和制作数据采集报表

数据采集完成后，数据采集人员要对采集到的数据进行导出和处理，并制作数据采集报表。以网店为例，电子商务企业中常见的数据采集报表有以下几类。

（1）店铺流量类数据采集报表

店铺流量类数据采集报表主要包括店铺的流量来源情况及流量结构等内容，它包含的数据指标通常有访客数量、页面浏览量等。

（2）店铺运营类数据采集报表

店铺运营日报表是最常见的店铺运营类数据采集报表之一，它包含的数据指标通常包括流量类、订单类、转化类、交易类等几个方面。

（3）店铺营销推广类数据采集报表

营销推广工作的效果直接关系到整个店铺的成交转化情况，因此，店铺营销推广类数据采集报表在电子商务企业日常运营中的使用也非常广泛。店铺营销推广类数据采集报表通常包含各营销推广渠道的成交类、流量类、费用类等类型的指标。

二、电子商务数据采集方案

一份完整的电子商务数据采集方案包括数据采集活动的项目背景介绍、数据采集目标、数据采集指标、数据来源渠道和数据采集工具等内容，如图 1-4-1 所示。

项目背景介绍主要用于介绍数据采集活动的来龙去脉，明确数据采集活动的环境。

数据采集目标主要包括数据采集的目的、需要解决的问题等。数据采集指标即明确数据采集需要的数据指标类型。数据来源渠道和数据采集工具的明确不仅可以为后续数据采集活动的实施指明方向，还可以为后期数据采集效果评估及活动复盘提供依据。

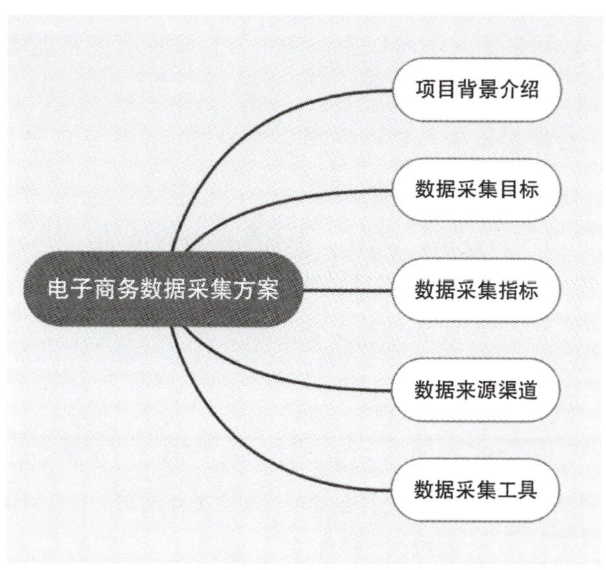

图 1-4-1 数据采集方案

技能实施

案例 1.4.1：某淘宝网店数据采集方案的设计及撰写

近期，某淘宝网店计划增加所售商品品类，现要在家居服、围巾和拖鞋三类商品中选择一种，要求选择近期消费者关注度高，且目标消费者群体基数大的商品品类。该网店要求数据采集人员针对上述需求，设计并撰写数据采集方案。

操作步骤如下所示。

步骤一：分析数据采集任务的要求并确定数据采集目标。分析数据采集的需求目标，该淘宝网店应当通过采集并分析上述三类商品的消费者数据，选出这三类商品中符合要求，可以上架的商品品类。

步骤二：确定数据采集指标。按照本次数据采集活动的数据采集目标，确定数据采集指标由消费者关注度和消费者基数两方面构成。具体的数据采集指标需要结合数据采集渠道的特性而定。

步骤三：确定数据采集渠道。在本案例中，该网店的开设平台是淘宝，因此，采集家居服、围巾、拖鞋三类商品在淘宝平台上的数据更具有参考价值。从数据相关性及操作可行性两个角度考虑，本案例应当选择电子商务平台及其提供的数据采集工具作为数据采集渠道。

步骤四：选择数据采集工具。本案例应当选择下列两种与淘宝平台相关的数据采集工具。

1）淘宝平台。数据采集人员可以通过淘宝平台采集上述三类商品 30 天内的销售量数据。

2）生意参谋。数据采集人员可以使用生意参谋中的市场行情板块获取其他相关数据。

步骤五：撰写数据采集方案。根据数据采集渠道的特性，可以确定本次的数据采集指标为家居服、围巾、拖鞋三类商品的搜索人气、搜索热度和访客数。根据上述信息撰写数据采集方案，撰写完成的数据采集方案见表 1–4–1。

表 1–4–1　某淘宝网店数据采集方案

项目背景介绍	某淘宝网店需要采集并分析家居服、围巾、拖鞋三类商品的消费者数据，并选出这三类商品中符合近期消费者关注度高，且目标消费者群体基数大的要求，可以上架的商品品类
数据采集目标	分析家居服、围巾、拖鞋三类商品的消费者关注度及消费者基数
数据采集指标	家居服、围巾、拖鞋三类商品的搜索人气、搜索热度和访客数
数据来源渠道	电子商务平台及其提供的数据工具
数据采集工具	淘宝平台、生意参谋

案例 1.4.2：某京东网店数据采集方案的设计与撰写

某京东网店经营快消类商品，为了节约运营成本，提高网店销售额，该网店决定对已有商品品类进行删减，现需要在抽纸、桶纸、湿纸巾三类商品中选择一种进行下架处理，选择的依据主要为商品近一年的消费者关注度、销售额等。该网店要求数据采集人员针对上述需求，设计并撰写数据采集方案。

操作步骤如下所示。

步骤一：分析数据采集任务的要求并确定数据采集目标。分析数据采集的需求目标，该京东网店应当通过采集并分析抽纸、桶纸、湿纸巾三类商品的消费者数据和销售数据，判断这三类商品中符合条件且应当下架的商品品类。

步骤二：确定数据采集指标。根据数据采集目标，可以确定本次的数据采集指标包括抽纸、桶纸、湿纸巾三类商品的访客数、成交单量和成交客单价。

步骤三：确定数据采集渠道。在本案例中，该网店的开设平台是京东，因此数据

采集人员可以通过内部数据采集渠道，采集本网店的抽纸、桶纸、湿纸巾三类商品的消费者数据和销售数据。

步骤四：选择数据采集工具。本案例应当使用的数据采集工具为京东商智，数据采集人员可以使用京东商智的市场大盘功能采集数据。

步骤五：撰写数据采集方案。根据上述信息撰写数据采集方案，撰写完成的数据采集方案见表 1-4-2。

表 1-4-2　京东网店数据采集方案

项目背景介绍	某京东网店需要采集并分析抽纸、桶纸、湿纸巾三类商品的消费者数据和销售数据，并在这三类商品中选择一种适合下架处理的商品，选择的依据为商品近一年的消费者关注度、销售额等
数据采集目标	分析抽纸、桶纸、湿纸巾三类商品的消费者关注度和销售额
数据采集指标	抽纸、桶纸、湿纸巾三类商品的访客数、成交单量和成交客单价
数据来源渠道	电子商务平台提供的数据工具
数据采集工具	京东商智

作业布置

1. 简述电子商务数据采集的流程。
2. 某天猫网店欲分析“双十一”当天的人流量高峰时间点，请以小组为单位，为此设计并撰写一份数据采集方案。

项目二 市场数据采集

课题 1　行业数据采集

学习目标

● 知识目标

1. 认识行业数据指标。
2. 熟悉行业数据采集工具。
3. 熟悉行业数据采集报表。

● 技能目标

1. 能熟练使用行业数据采集工具。
2. 能进行行业数据采集。
3. 能制作行业数据采集报表。

理论知识

随着我国互联网的飞速发展，网络购物的用户规模逐年增长。中国互联网信息中心的数据显示，截至 2022 年 12 月，我国网络购物用户共有 8.45 亿人，占网民整体的 79.2%。2022 年，网络零售继续快速发展，成为推动消费扩容的重要力量。全年网上零售额达 13.79 万亿元。此外，国家统计局数据显示，2022 年，全国电子商务交易额达 43.83 万亿元，电子商务市场前景广阔。

在电子商务发展迅猛的时代，对于电子商务企业而言，做好行业研究、市场分析显得尤为重要。行业数据分析将有助于电子商务企业更好地了解所处行业的行业容量、竞争现状，以及消费人群的分布情况等行业信息，使其能够更好地洞察市场，找准定位，进一步发现新的销售机会和增长点。

对于个体从业者而言，行业数据分析同样重要。例如，在个体从业者进入电子商务领域的前期，他首先需要通过行业数据分析了解自己所在行业的发展前景，分析行业的市场有多大，有哪些竞争者，竞争者在卖什么，自己所售商品能否被消费者认可，自己能否在行业中分一杯羹等问题。以开设网店为例，行业数据分析能够帮助个体从业者做行业集中度分析。商品调研、市场定位等都离不开行业数据分析。

行业数据采集是行业数据分析的基础，它决定了行业数据分析的准确性、及时性和全面性。

一、行业数据

以电子商务运营为目的的行业数据采集和分析主要针对行业基本状况、行业基本特征、行业结构和行业消费者等方面的行业数据。行业基本状况包括行业的发展历史、现状以及未来发展趋势。行业基本特征是指行业的市场规模、行业所处的竞争状态、行业所处的生命周期阶段以及是否存在行业垄断等。行业结构包括行业的进入难度、行业中企业的竞争程度、行业的商品情况等。行业消费者包括消费者属性和消费者行为。具体的常用行业数据包括行业总销售额、行业增长率等。

二、行业数据指标

行业数据指标主要用于描述行业情况和企业在行业中的发展情况，是企业制定经营战略时需要参考的重要内容。

1. 行业发展类指标

行业发展类指标是用于衡量一个行业整体发展状况、趋势和潜力的关键性数据指标。这些指标可以帮助电子商务运营人员、投资者以及其他利益相关者了解行业的发展状况、竞争态势和未来发展方向。以下是一些常见的行业发展类指标。

（1）行业销售量

行业销售量是指在一定时间内，行业商品的总成交数量。

（2）行业销售量增长率

行业销售量增长率是指本周期的行业销售量和上一周期或同期的行业销售量相比的变化情况。行业销售量增长率可以通过数据平台查询和采集，也可以使用公式计算出来，计算公式如下：

$$\text{行业销售量增长率}=\frac{\text{行业本周期商品销售量}-\text{行业上一周期或同期商品销售量}}{\text{行业上一周期或同期商品销售量}}\times 100\%$$

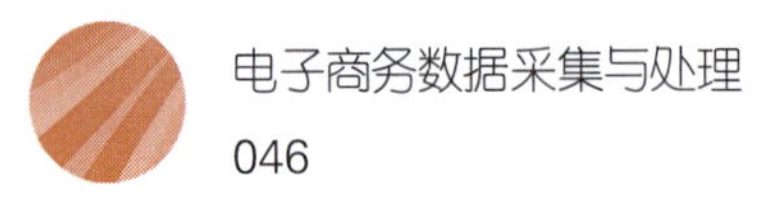

（3）行业销售额

行业销售额是指在一定时间内，行业内与全部成交数量对应的销售金额，同一交易类型，行业成交数量越大，行业销售额就越大。

（4）行业销售额增长率

行业销售额增长率是指本周期的行业销售额和上一周期或同期的行业销售额相比的变化情况。行业销售额增长率可以通过数据平台查询和采集，也可以使用公式计算出来，计算公式如下：

$$\text{行业销售量增长率}=\frac{\text{行业本周期商品销售额}-\text{行业上一周期或同期商品销售额}}{\text{行业上一周期或同期商品销售额}}\times 100\%$$

（5）市场增长率

市场增长率是指市场规模在一定时间内的增长速度，通常用百分比表示。它是衡量市场发展状况的关键指标，用于预测未来市场的发展趋势。市场增长率可以通过数据平台查询和采集，也可以使用公式计算出来，计算公式如下：

$$\text{市场增长率}=\frac{\text{本周期市场销售量（额）}-\text{上一周期或同期市场销售量（额）}}{\text{上一周期或同期市场销售量（额）}}\times 100\%$$

（6）企业市场占有率

企业市场占有率也称市场份额，是指企业销售的商品或服务的数量或金额占整个市场数量或金额的比例。这个比例通常用百分比表示，用于衡量企业在市场中的竞争地位和影响力。企业市场占有率可以通过数据平台查询和采集，也可以使用公式计算出来，计算公式如下：

$$\text{企业市场占有率}=\frac{\text{企业销售量（额）}}{\text{行业销售量（额）}}\times 100\%$$

（7）交易指数

交易指数是根据商品交易过程中的核心指标，如订单数、买家数、支付件数、支付金额等，进行综合计算得出的数值。交易指数越高代表支付金额越高。指数之间的差值不代表实际指标之间的差值，仅代表指标之间的高低。该数据指标通常需要使用数据采集软件查看，以生意参谋为例，在“市场洞察”的“市场大盘”中可查看该数据指标。

（8）交易增长幅度

交易增长幅度是指在选定周期和维度下，该行业总体支付金额对比上一周期的变化率。该数据指标通常需要使用数据采集软件查看，以生意参谋为例，在“市场洞察”的“市场大盘”中可查看该数据指标。

（9）卖家数

卖家数是指一个行业在选定周期下的有效卖家数。当选定周期为“周”“月”“最近 7 天”“最近 30 天”时，卖家数为截至该周期最后一天的有效卖家数。该数据指标可通过数据采集软件查看，以生意参谋为例，在“市场洞察”的“市场大盘”中可查看该数据指标。

2. 搜索类指标

搜索类指标反映了用户在各类互联网平台上的搜索行为的变化趋势和各类搜索词的热度，对于商家来说，理解这些数据指标可以帮助他们更好地了解市场需求，规划发展方向，制定运营方案，优化商品策略。下面以百度和生意参谋为例，介绍一些常用的搜索类指标：

（1）百度——搜索指数

搜索指数是以用户在百度的搜索数据为基础，以关键词为统计对象，科学分析并计算出各个关键词在百度网页搜索中搜索频次的加权和。根据搜索来源的不同，搜索指数分为 PC（personal computer，个人计算机）搜索指数和移动搜索指数。

（2）百度——资讯指数

资讯指数是以百度智能分发和推荐内容数据为基础，由用户的阅读、评论、转发、点赞、不喜欢等行为的数量加权求和得出的。

（3）百度——需求图谱

需求图谱是百度通过综合计算关键词与相关词的相关程度，以及相关词自身的搜索需求大小绘制得出的。在需求图谱中，相关词距圆心的距离表示相关词的相关性强度，相关词自身大小表示相关词自身搜索指数大小，红色代表搜索指数上升，绿色代表搜索指数下降。

（4）百度——相关词热度

相关词热度由百度通过分析用户搜索行为，分析搜索中心词相关需求中的最热门相关词及排名上升最快的相关词，将所有相关词按不同衡量标准，分别排序展现。

（5）生意参谋——搜索人气

搜索人气是指在生意参谋中的选定周期下，通过搜索引导至该行业中的商品的详情页的去重访客数经过指数化后的指数类指标。搜索人气越高，代表由搜索引导至该行业中的商品的详情页的访客数越多，但指数之间的差值不代表实际的差值，仅代表两指标之间的高低。该数据指标可在生意参谋的“市场洞察”的“市场大盘”中查看。

（6）生意参谋——搜索热度

搜索热度是指在生意参谋中的选定周期下，通过搜索引导至该行业中的商品的详情

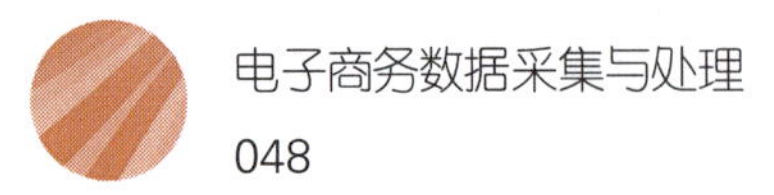

页的访问次数经过指数化的指数类指标。搜索热度越高，代表由搜索引导至该行业中的商品的详情页的访问次数越多，但该指数之间的差值同样不代表实际的差值，仅代表两指标之间的高低。该数据指标可在生意参谋的“市场洞察”的“市场大盘”中查看。

三、行业数据采集工具

在很多情况下，获取行业数据需要付费，但我们也可以使用不同的行业数据公开平台直接获得免费的行业数据和分析报告。使用这些行业数据和分析报告不仅可以节约时间，降低成本，还可以提高所采集数据的准确性，因此，中小型电子商务企业通常可以优先选择使用数据公开平台来采集行业数据。下面介绍几种常用的行业数据采集工具。

1. 国家平台

（1）国家统计局官方网站

国家统计局官方网站能够提供最权威、最官方的公开数据信息，包括国内数据、国际数据、普查数据等，如图 2-1-1 所示。电子商务企业可以通过该网站查阅各个地区以及各个行业的公开数据，进行市场分析、行业潜力预测及发展动向规划。

图 2-1-1　国家统计局官方网站

（2）中国互联网络信息中心官方网站

中国互联网络信息中心官方网站主要提供有关我国互联网发展的数据和报告，是查询电子商务领域宏观数据的权威网站，如图 2-1-2 所示。该网站的“互联网发展研究”页面中含有大量的数据报告，涵盖移动互联网、网络媒体、网络游戏、在线旅行等行业。

图 2-1-2　中国互联网络信息中心官方网站

2. 商业机构

（1）艾媒数据中心

艾媒数据中心是数据挖掘与分析机构艾媒咨询旗下的行业研究数据库，如图 2-1-3 所示。艾媒数据中心划分了 524 个垂直行业，包含 5 000 多个数据主题和超 3.7 亿条数据，研究领域包含交运物流、金融行业、房地产、电子商务、媒体与广告、零售和贸易、能源和环境服务、农林牧渔、化工和原料、健康与制药、电信及战略性新兴产业等各行各业。

图 2-1-3　艾媒数据中心

（2）阿里研究院

阿里研究院是一家在国内外数字经济和数字治理领域具有广泛影响力的数据分析

机构，如图 2–1–4 所示。阿里研究院扎根阿里巴巴数字经济体丰富的商业生态，提供多行业、多角度的数字经济相关数据报告。

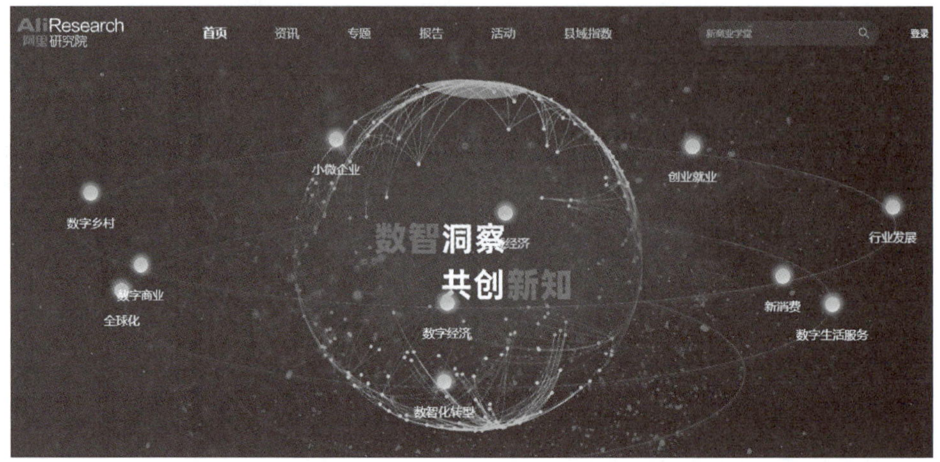

图 2–1–4　阿里研究院

（3）生意参谋

生意参谋诞生于 2011 年，多年来，生意参谋已经逐步升级为商家端统一数据产品平台。通过生意参谋，商家可以看到统计口径标准统一、计算全面准确的店铺数据和行业数据，从而获得商业决策的数据支撑。

（4）洞见研报

洞见研报有海量的有关宏观策略、行业发展、上市公司等的研究报告，可为金融投资人员、咨询顾问、行业研究员、市场运营人员等提供实时且专业的信息检索服务，如图 2–1–5 所示。

图 2–1–5　洞见研报

（5）中国报告大厅

中国报告大厅是一个大型专业化的市场研究网站，提供针对企业的各类信息，如深度研究报告、市场调查、统计数据等。该网站也可提供专业分析报告的付费定制，如图 2-1-6 所示。

图 2-1-6 中国报告大厅

技能实施

1. 行业数据采集实施

（1）行业发展数据采集

行业发展数据可以从国家平台及商业机构发布的行业发展报告中提取和摘录。下面以服装和零食两个行业为例，进行行业发展数据的采集。

案例 2.1.1：服装行业的行业发展数据采集

请使用国家平台采集服装行业的行业发展数据，并说出近几年服装行业的市场数量、市场成交额和零售市场成交额。

操作步骤如下所示。

步骤一：该案例适合选择国家平台中的国家统计局官方网站作为数据采集工具。

打开国家统计局官方网站，找到“数据查询”板块，如图 2-1-7 所示。

图 2-1-7 国家统计局官方网站“数据查询”

步骤二：在“数据查询”板块中选择一个时间周期，如“月度数据”，点击进入查询页面，如图 2-1-8 所示。

指标	2023年3月	2023年2月	2023年1月	2022年12月
居民消费价格指数(上年同月=100)	100.7	101.0	102.1	101.8
食品烟酒类居民消费价格指数(上年同月=100)	102.1	102.1	104.7	103.7
衣着类居民消费价格指数(上年同月=100)	100.8	100.7	100.5	100.5
居住类居民消费价格指数(上年同月=100)	99.7	99.9	99.9	99.8
生活用品及服务类居民消费价格指数(上年同月=100)	100.7	101.4	101.6	101.5
交通和通信类居民消费价格指数(上年同月=100)	98.1	100.1	102.0	102.8

图 2-1-8 国家统计局官方网站“月度数据”查询页面

步骤三：在搜索框中输入“服装”，搜索结果如图 2-1-9 所示。

National
data国家数据
国 家 统 计 局
National Bureau of Statistics

首页 | 月度数据 | 季度数据 | 年度数据 | 普查数据 | 地区数据 | 部门数据 | 国际数据 | 可视化产品 | 出版物 | 我的收藏 | 帮助

查数 CHASHU　服装　搜索　统计热词

首页　搜索　搜索结果

相关结果约 1222 条　筛选栏目：--全部--　刷新

指标	地区	数据时间	数值	所属栏目	相关报表
服装市场数量(个)	全国	2022年		年度数据	相关报表
服装市场数量(个)	全国	2021年	244	年度数据	相关报表
服装类摊位数(个)	全国	2022年		年度数据	相关报表
服装类摊位数(个)	全国	2021年	425867	年度数据	相关报表
服装类成交额(亿元)	全国	2022年		年度数据	相关报表
服装类成交额(亿元)	全国	2021年	7218.73	年度数据	相关报表

图 2-1-9　国家统计局官方网站“服装”搜索结果

步骤四：选择需要采集的数据指标，例如“服装市场数量（个）”2022 年的数据，如图 2-1-10 中的红框所示，点击“相关报表”即可跳转到相应报表页面，浏览数据结果，采集近几年服装行业的市场数量、市场成交额和零售市场成交额等数据，如图 2-1-11 至图 2-1-13 所示。

指标	地区	数据时间	数值	所属栏目	相关报表
服装市场数量(个)	全国	2022年		年度数据	相关报表
服装市场数量(个)	全国	2021年	244	年度数据	相关报表
服装类摊位数(个)	全国	2022年		年度数据	相关报表
服装类摊位数(个)	全国	2021年	425867	年度数据	相关报表
服装类成交额(亿元)	全国	2022年		年度数据	相关报表
服装类成交额(亿元)	全国	2021年	7218.73	年度数据	相关报表

图 2-1-10　选择“服装市场数量（个）”

- 限额以上零售业企业主要财务指标
- 连锁零售企业
- 亿元以上商品交易市场基本情况
  - 市场数量
  - 摊位数
  - 营业面积
  - 成交额
  - 批发市场成交额
  - 零售市场成交额
- 亿元以上商品交易市场摊位分类情
- 住宿和餐饮业
- 旅游业
- 金融业
- 教育
- 科技
- 卫生
- 社会服务
- 文化
- 体育
- 公共管理、社会保障及其他

指标	2021年	2020年	2019年	2018年	2017年	2016年
肉禽蛋市场数量(个)	92	94	93	101	108	116
水产品市场数量(个)	126	126	127	134	139	141
蔬菜市场数量(个)	207	219	224	244	274	293
干鲜果品市场数量(个)	101	100	105	113	124	129
棉麻土畜、烟叶市场数量(个)	9	9	11	11	15	18
其他农产品市场数量(个)	143	148	155	165	177	163
食品、饮料及烟酒市场数量(个)	90	92	98	104	117	124
食品饮料市场数量(个)	25	25	26	26	34	38
茶叶市场数量(个)	27	27	29	32	29	28
烟酒市场数量(个)	5	6	8	9	10	12
其他食品饮料及烟酒市场数量(个)	33	34	35	37	44	46
纺织、服装、鞋帽市场数量(个)	364	393	421	455	511	541
布料及纺织品市场数量(个)	50	51	54	60	67	71
服装市场数量(个)	244	262	274	286	327	340
鞋帽市场数量(个)	27	31	33	36	38	38
其他纺织服装鞋帽市场数量(个)	43	49	60	73	79	92

图 2-1-11　2016—2021 年“服装”市场数量

- 连锁零售企业
- 亿元以上商品交易市场基本情况
  - 市场数量
  - 摊位数
  - 营业面积
  - 成交额
  - 批发市场成交额
  - 零售市场成交额
- 亿元以上商品交易市场摊位分类情
- 住宿和餐饮业
- 旅游业
- 金融业
- 教育
- 科技
- 卫生
- 社会服务
- 文化
- 体育
- 公共管理、社会保障及其他

指标	2021年	2020年	2019年	2018年	2017年
水产品市场成交额(亿元)	3736.24	3260.72	4258.19	3738.02	3661.30
蔬菜市场成交额(亿元)	3855.81	3547.91	3879.80	3972.32	4262.24
干鲜果品市场成交额(亿元)	5074.95	4107.95	3871.15	3820.93	4588.74
棉麻土畜、烟叶市场成交额(亿元)	512.79	484.94	473.00	470.80	465.36
其他农产品市场成交额(亿元)	3480.30	3162.94	3281.66	3073.52	3267.80
食品、饮料及烟酒市场成交额(亿元)	1133.07	1057.33	1152.43	1200.43	1206.80
食品饮料市场成交额(亿元)	230.00	208.49	208.49	275.01	309.24
茶叶市场成交额(亿元)	345.81	291.50	307.97	296.92	254.90
烟酒市场成交额(亿元)	49.84	48.92	105.03	107.10	104.61
其他食品饮料及烟酒市场成交额(亿元)	507.43	508.42	530.94	521.39	538.06
纺织、服装、鞋帽市场成交额(亿元)	16210.64	14981.97	15744.86	15429.46	15169.30
布料及纺织品市场成交额(亿元)	8347.35	7449.69	7180.84	6850.54	6587.44
服装市场成交额(亿元)	6358.05	6040.40	6278.50	6004.48	5826.18
鞋帽市场成交额(亿元)	258.11	252.25	489.07	615.09	633.34
其他纺织服装鞋帽市场成交额(亿元)	1247.14	1239.64	1796.45	1959.35	2122.35
日用品及文化用品市场成交额(亿元)	984.71	1169.40	1896.17	1922.86	1202.75

图 2-1-12　2017—2021 年“服装”市场成交额

案例 2.1.2：零食行业的行业发展数据采集

请使用商业平台采集零食行业的行业发展数据。

操作步骤如下所示。

步骤一：该案例适合选择商业机构中的艾媒数据中心作为数据采集工具。打开艾媒数据中心。

▶ 限额以上零售业企业资产及负债
▶ 限额以上零售业企业主要财务指标
▶ 连锁零售企业
▼ 亿元以上商品交易市场基本情况
▶ 市场数量
▶ 摊位数
▶ 营业面积
▶ 成交额
▶ 批发市场成交额
▶ 零售市场成交额
▶ 亿元以上商品交易市场摊位分类情
▶ 住宿和餐饮业
▶ 旅游业
▶ 金融业
▶ 教育
▶ 科技

指标	2021年	2020年	2019年	2018年	2017年	20
食品饮料零售市场成交额(亿元)	22.29	28.58	37.32	36.50	71.10	
茶叶零售市场成交额(亿元)	37.06	39.88	29.53	27.32	14.52	
烟酒零售市场成交额(亿元)	3.34	3.42	3.40	3.40	3.26	
其他食品饮料及烟酒零售市场成交额(亿元)	27.96	26.51	31.25	33.03	42.46	
纺织、服装、鞋帽零售市场成交额(亿元)	587.03	703.98	938.52	970.85	1116.35	1
布料及纺织品零售市场成交额(亿元)	13.77	40.19	45.16	45.40	19.06	
服装零售市场成交额(亿元)	434.51	481.42	709.86	704.05	851.47	
鞋帽零售市场成交额(亿元)	3.48	3.30	7.79	7.01	5.59	
其他纺织服装鞋帽零售市场成交额(亿元)	135.27	179.06	175.70	214.40	240.24	
日用品及文化用品零售市场成交额(亿元)	44.91	44.51	64.98	67.88	97.52	
小商品零售市场成交额(亿元)	18.57	19.32	22.07	20.44	13.86	

图 2-1-13　2017—2021 年“服装”零售市场成交额

步骤二：在输入框输入“零食”，并进行搜索，选择“行业数据”，如图 2-1-14 所示。

图 2-1-14　搜索“零食”的行业数据

步骤三：根据实际需要，选择并摘录“2001—2020 年中国社会消费品零售额”及“2021 年中国网民购买过的休闲零食分布”两项数据，如图 2-1-15、图 2-1-16 所示。

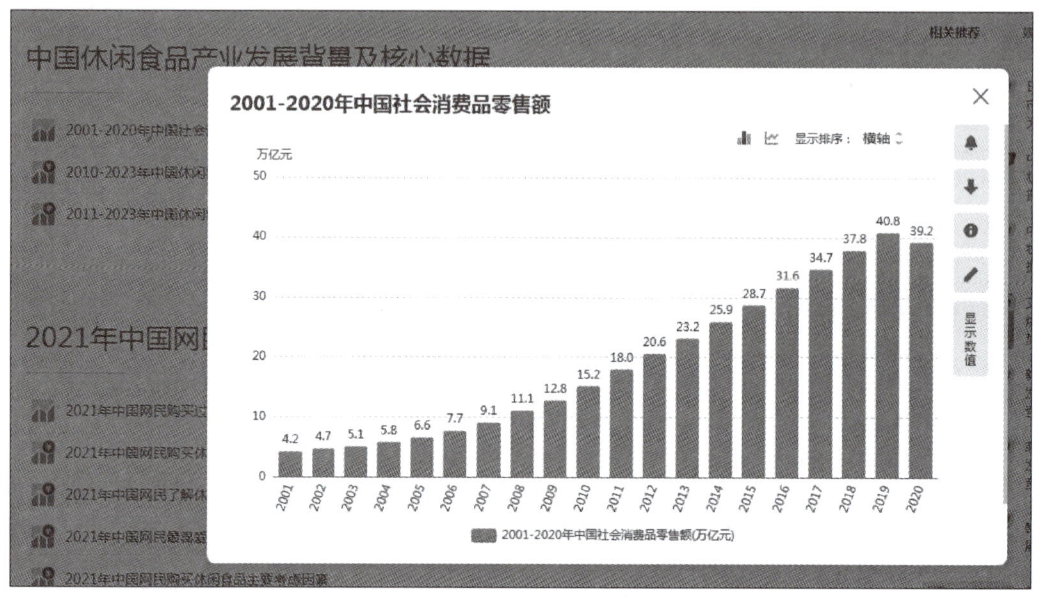

图 2-1-15　2001—2020 年中国社会消费品零售额

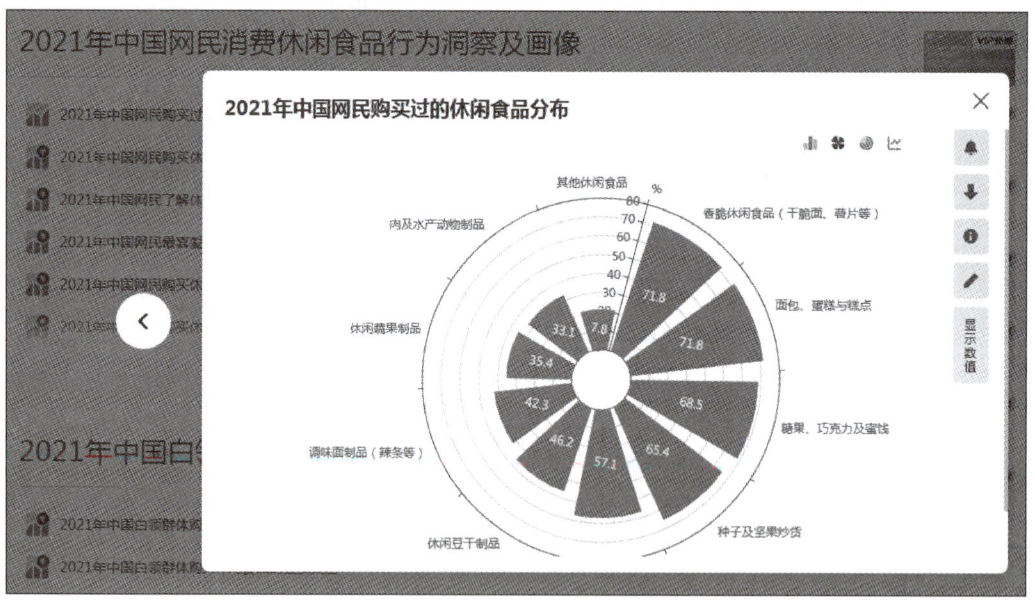

图 2-1-16　2021 年中国网民购买过的休闲食品分布

（2）市场需求数据采集

市场需求数据分析是行业数据分析的重要组成部分，它通常会涉及需求量变化、品牌偏好等数据指标，我们除了可以通过行业调查报告采集相关数据，还可以通过分析搜索引擎及电子商务平台用户搜索指数的变化趋势，把握消费者的需求变化和品牌偏好变化。下面进行市场需求数据的采集。

案例 2.1.3：服装行业的市场需求数据采集

请使用百度指数采集服装行业的市场需求数据。

操作步骤如下所示。

步骤一：打开百度指数网站，注册并登录。

步骤二：在搜索框内输入“服装”，点击“开始探索”，设置采集数据时间段、搜索端口和地域范围，如图 2-1-17 所示。显示结果如图 2-1-18 所示。

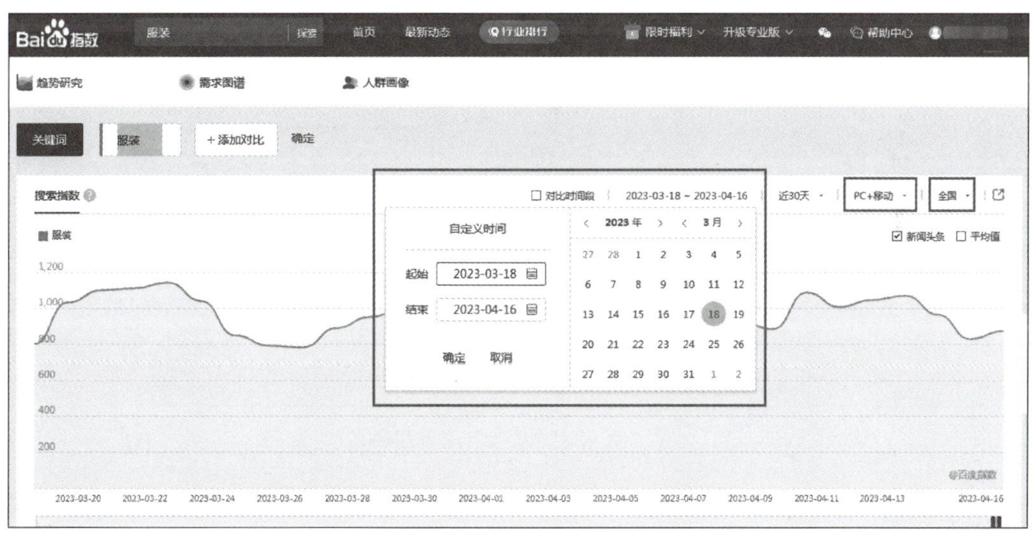

图 2-1-17　“服装”指数搜索设置

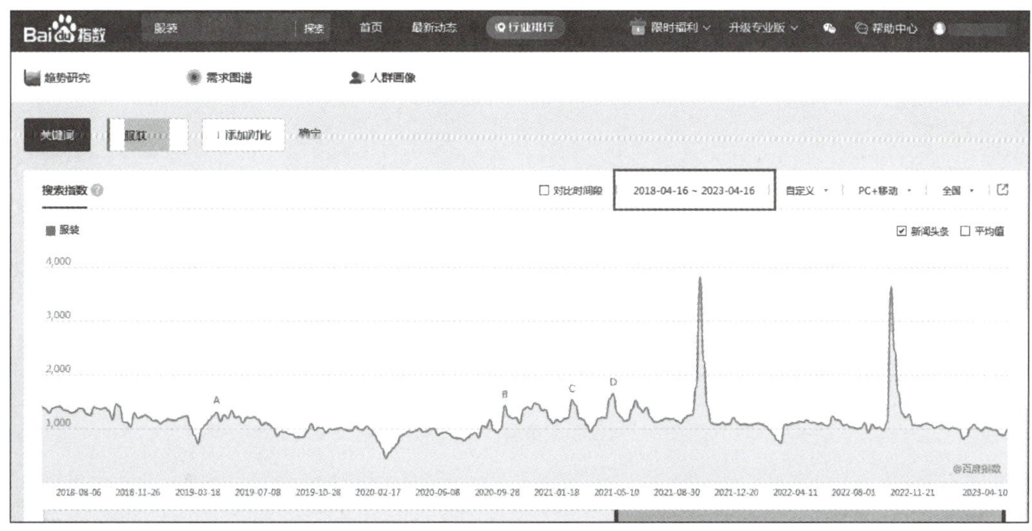

图 2-1-18　“服装”搜索指数

步骤三：选择“需求图谱”，采集数据时间段自动设定为一周内，显示结果如图 2-1-19 所示。“服装”相关词热度如图 2-1-20 所示。

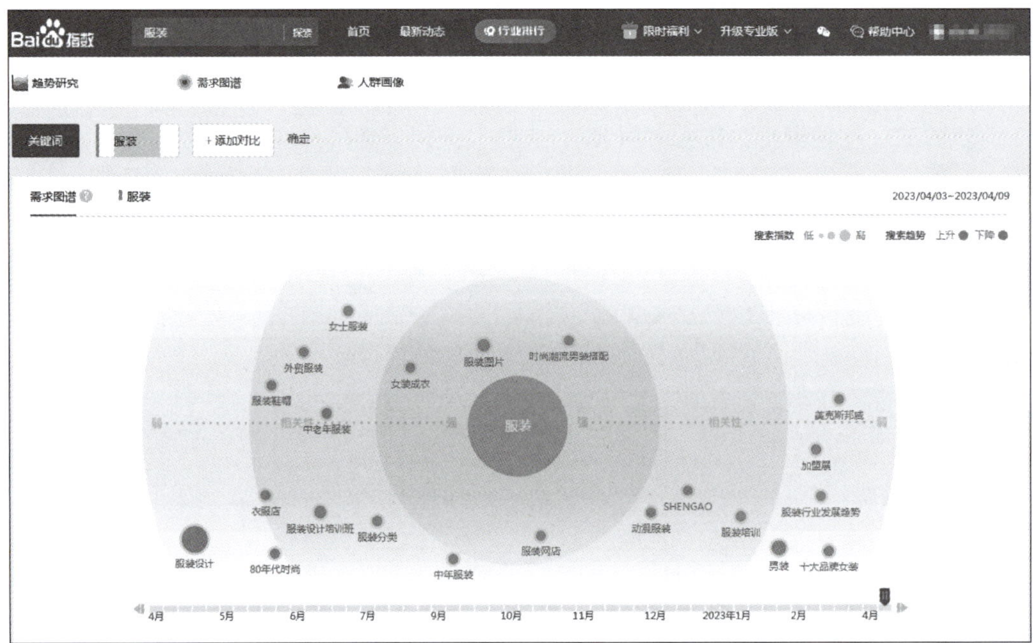

图 2-1-19 “服装”需求图谱

相关词热度　　2023/04/03~2023/04/09

相关词	搜索热度	相关词	搜索变化率
1. 服装设计		1. 女装成衣	↑
2. 男装		2. 美克斯邦威	↑
3. 服装设计培训班		3. 服装ERP	↓
4. 服装图片		4. 中老年服装	↓
5. 服装定制		5. 服装行业发展趋势	↑
6. 服装行业		6. 中年服装	↑
7. 中老年服装		7. 80年代时尚	↓
8. 服装面料		8. 服装定制	↑
9. 服装培训		9. 服装设计	↓
10. 衣服店		10. 文体用品	↓

搜索热度
算法说明：反映用户在搜索中心词相关搜索汇总，并综合计算汇总词的搜索指数，并以此降序排名。

搜索变化率
算法说明：反映用户在搜索中心词相关搜索汇总，并综合计算汇总词的环比变化率，并以变化率的绝对值降序排名，箭头方向表示环比增加/环比下降。

图 2-1-20 “服装”相关词热度

步骤四：选择“人群画像”，采集数据时间段设定为“近 30 天”。“服装”地域分布、人群属性和兴趣分布如图 2-1-21 至图 2-1-23 所示。

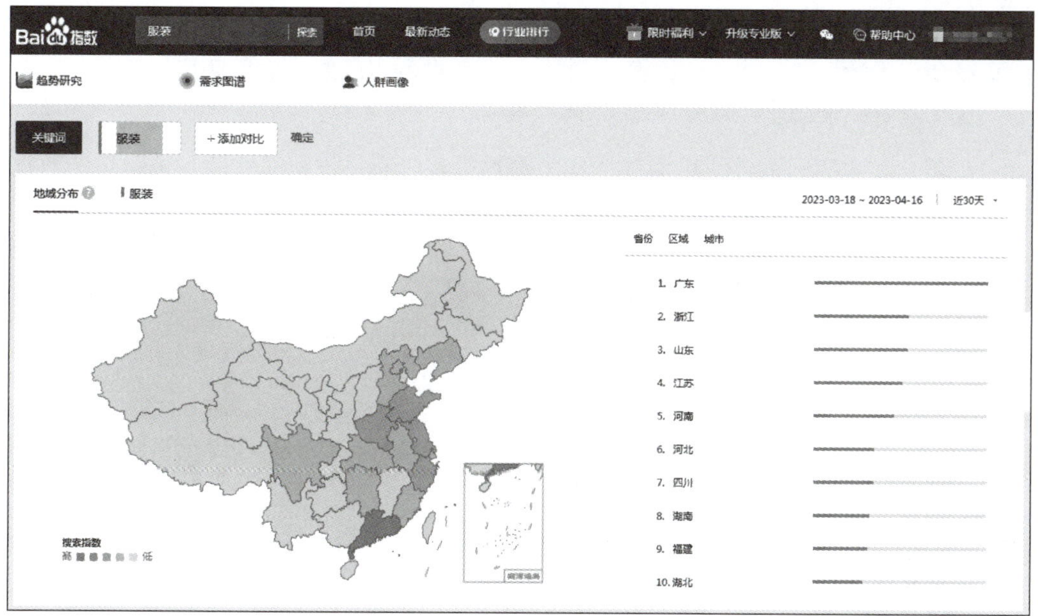

图 2-1-21　“服装”地域分布

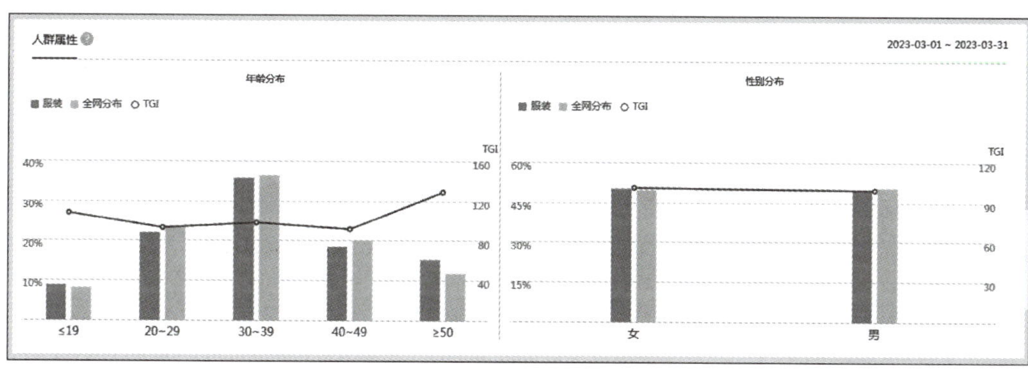

图 2-1-22　“服装”人群属性

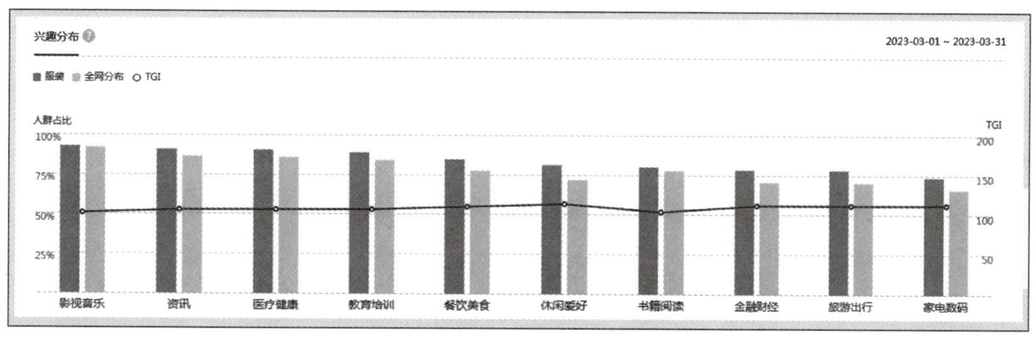

图 2-1-23　“服装”兴趣分布

案例 2.1.4：女装行业的市场需求数据采集

请使用淘数据的“关键词挖掘”，进行女装行业的市场需求数据采集。

操作步骤如下所示。

步骤一：本案例适合使用淘数据作为数据采集工具，进行“女装”关键词的数据采集。登录淘数据，如图 2–1–24 所示。

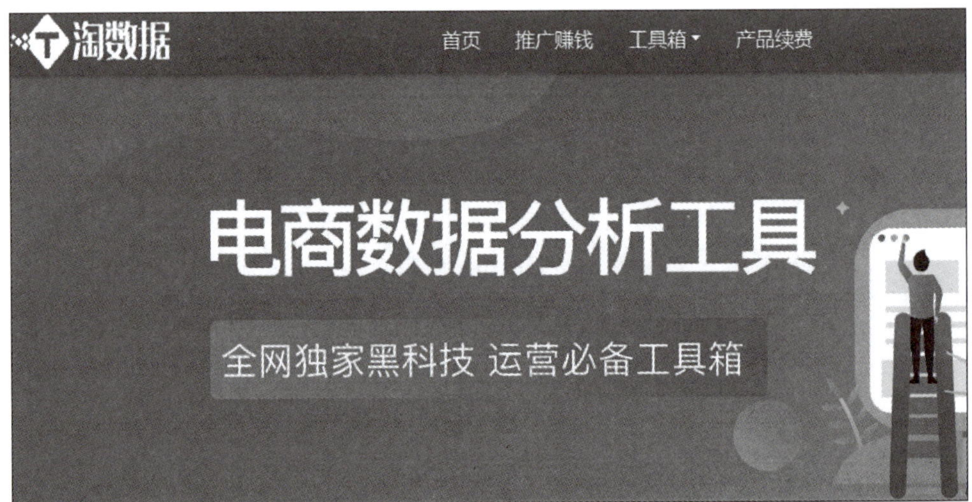

图 2–1–24　登录淘数据

步骤二：选择“工具箱”下“关键词挖掘”中的“淘宝下拉框选词”，如图 2–1–25 所示。

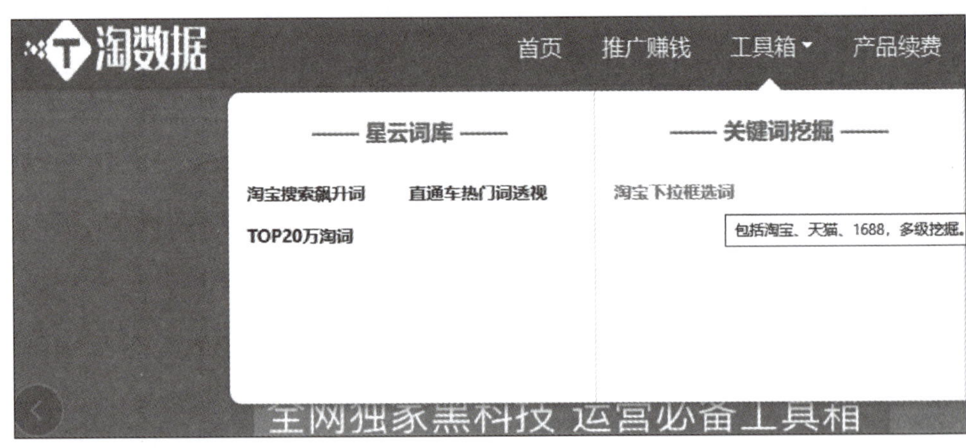

图 2–1–25　选择“淘宝下拉框选词”

步骤三：关键词选择“女装”，数据来源选择“天猫”，深度选择“一级”，点击“一键淘词”，如图 2–1–26 所示。

图 2-1-26　“淘系下拉词挖掘”页面

步骤四：挖掘结果显示有 10 条数据，如图 2-1-27 所示。

淘系下拉词挖掘

包括淘宝、天猫、1688，多级挖掘。

关键词：女装　数据来源：淘宝　天猫　1688　深度：一级　一键淘词　数据导出

关键词	类型
女装夏装2023新款	淘宝
女装套装轻奢高级感	淘宝
女装2023新款秋装	淘宝
女装2023新款夏套装	淘宝
女装套装	淘宝
女装上衣	淘宝
女装2023新款夏季 高级感	淘宝
女装新款	淘宝
女装夏季上衣	淘宝

图 2-1-27　“淘系下拉词挖掘”结果

步骤五：点击“数据导出”，如图 2-1-28 所示。

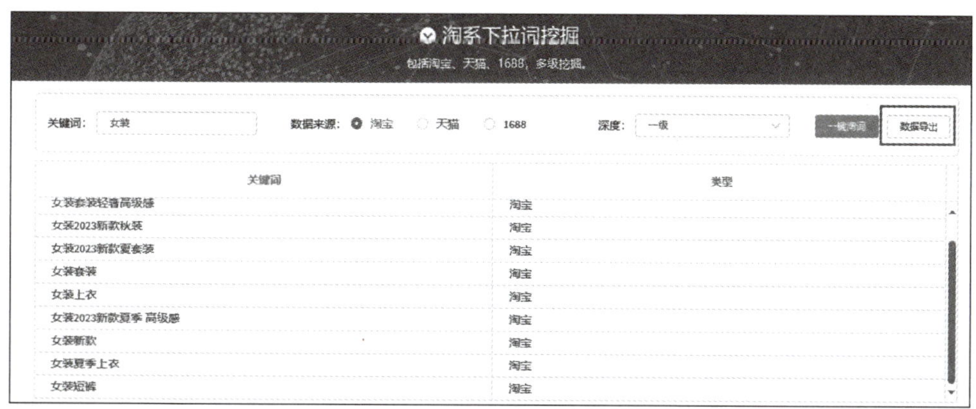

图 2-1-28　“淘系下拉词挖掘”数据导出

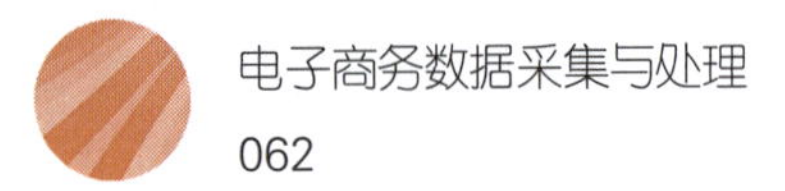

步骤六：导出的数据以 Microsost Excel 表格的形式呈现，如图 2-1-29 所示。

	A	B
1	关键词	类型
2	女装夏装2023新款	淘宝
3	女装套装轻奢高级感	淘宝
4	女装2023新款秋装	淘宝
5	女装2023新款夏套装	淘宝
6	女装套装	淘宝
7	女装上衣	淘宝
8	女装2023新款夏季 高级感	淘宝
9	女装新款	淘宝
10	女装夏季上衣	淘宝
11	女装短裤	淘宝
12		

图 2-1-29 “女装”关键词数据导出表格

2. 行业数据采集报表

数据采集人员可以使用 Microsoft Excel 进行行业数据采集报表的制作，也可以通过数据平台或网站直接下载数据或数据报表。下面以案例 2.1.1 和案例 2.1.3 为例，制作行业数据采集报表。

（1）行业发展数据采集报表

案例 2.1.5：服装行业数据采集报表制作

方法一：自制 Microsoft Excel 数据采集报表。按照案例 2.1.1 的操作步骤，提取国家统计局官方网站中的相关数据，使用 Microsoft Excel 制作服装行业发展数据采集报表，制作完成的服装行业发展数据采集报表见表 2-1-1。

表 2-1-1　服装行业发展数据采集报表

数据指标	2021 年	2020 年	2019 年	2018 年	2017 年	2016 年	2015 年
亿元以上商品服装市场数量（个）	244	262	274	286	327	340	354
服装市场成交额（亿元）	6 358.05	6 040.4	6 278.5	6 004.48	5 826.18	5 755.13	5 591.45
服装零售市场成交额（亿元）	434.51	481.42	709.86	704.05	851.47	903.66	975.64

方法二：直接下载平台数据。很多数据平台不仅支持数据的展示与下载，还提供以不同的形式展示数据的数据图表。以国家统计局官方网站为例，用户可以选择用柱形图、条形图、饼图等形式的数据图表展示数据，如图 2-1-30 至图 2-1-32 所示。

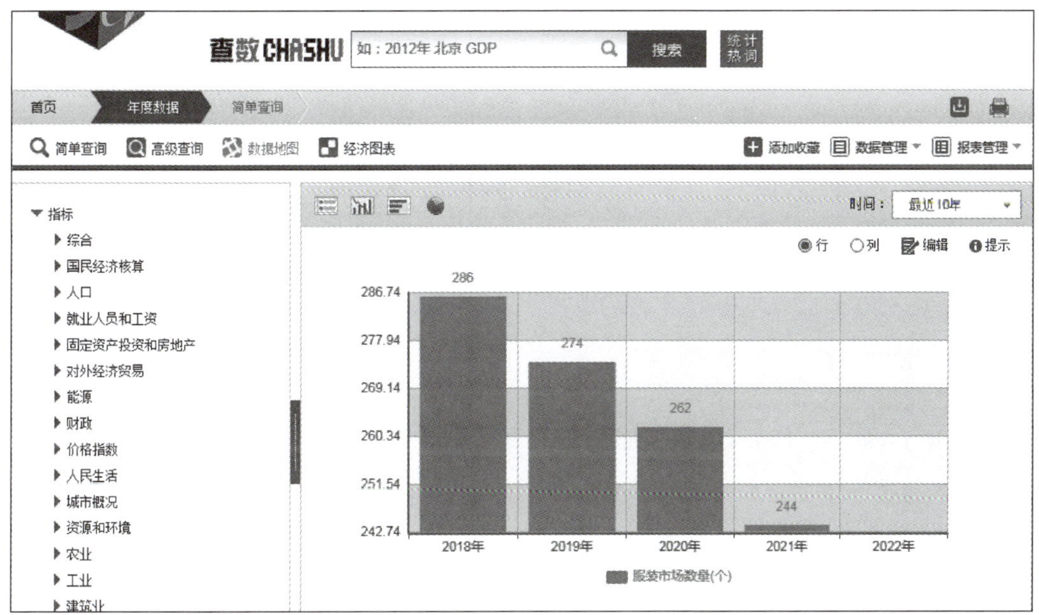

图 2-1-30　2018—2022 年中国亿元以上服装市场数量

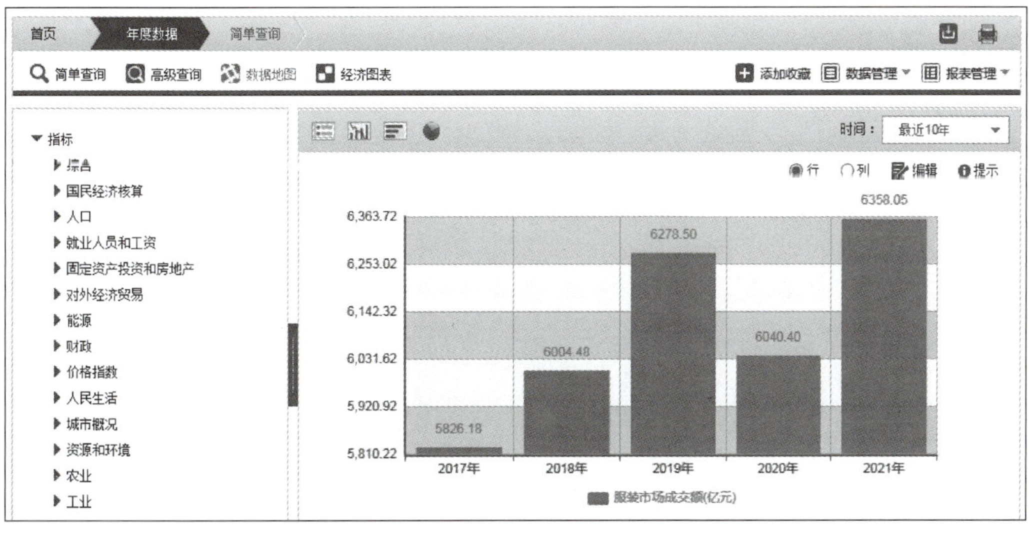

图 2-1-31　2017—2021 年中国服装市场成交额（亿元）

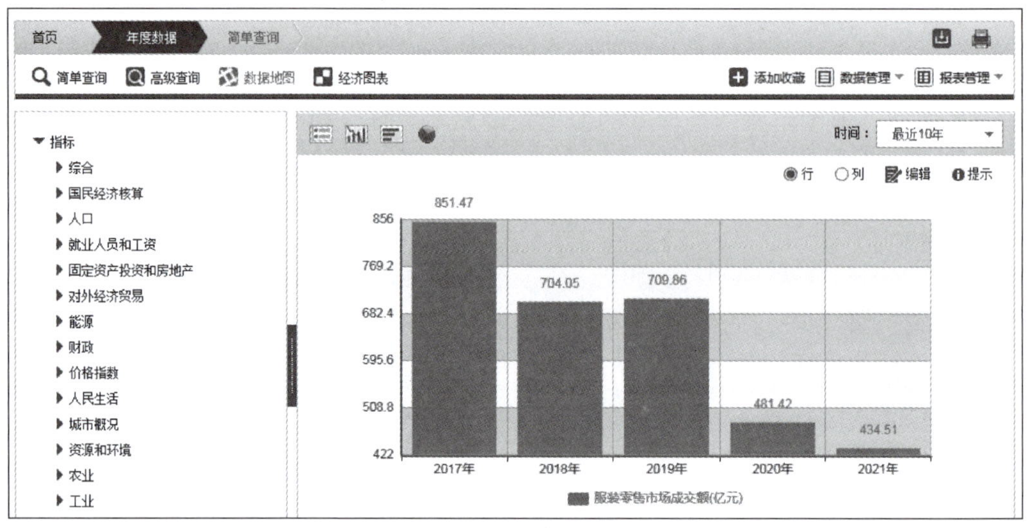

图 2-1-32　2017—2021 年中国服装零售市场成交额（亿元）

（2）市场需求数据采集报表

案例 2.1.6：服装市场需求数据采集报表制作

操作步骤如下所示。

步骤一：按照案例 2.1.3 的操作步骤，使用百度指数采集服装市场需求数据，选择要保存的市场需求数据，并点击如图 2-1-33 所示的导出按钮。

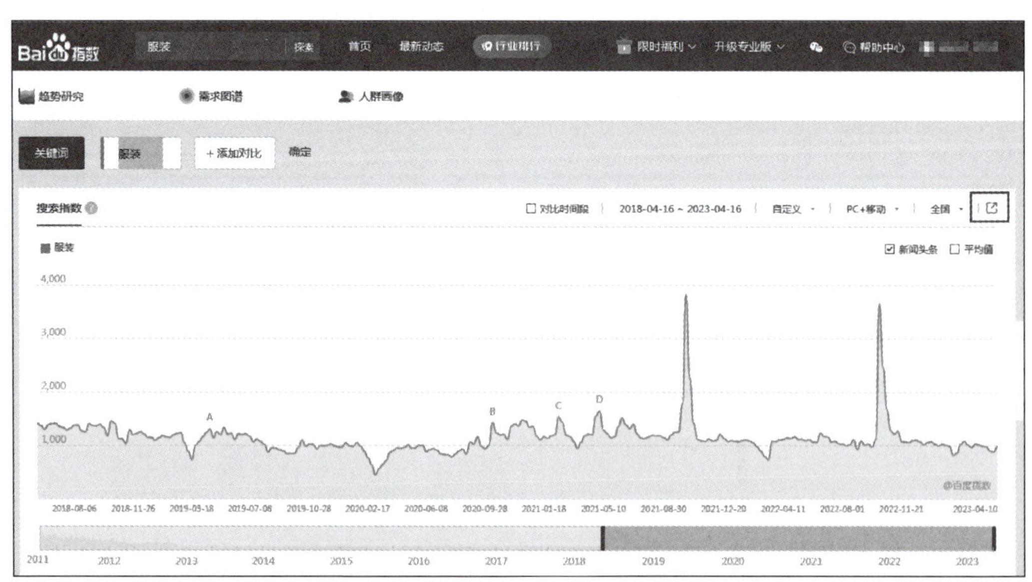

图 2-1-33　百度指数市场需求数据导出

步骤二：点击“保存图片”，完成百度指数关键词搜索趋势的导出和服装市场需求数据采集报表制作，如图 2-1-34 所示。

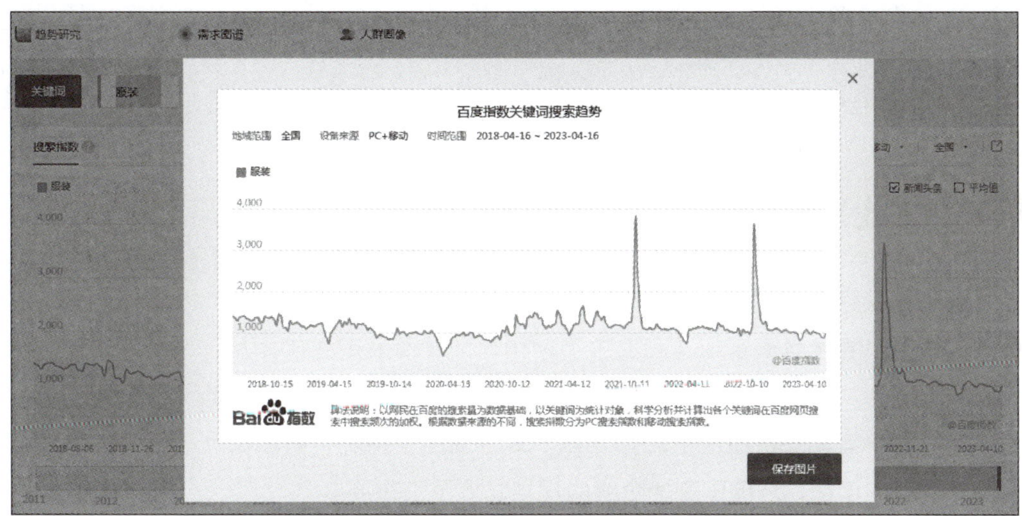

图 2-1-34　百度指数关键词搜索趋势导出

作业布置

1. 使用艾媒数据中心查看“服装行业”发展趋势相关报告。
2. 使用百度指数采集“卫衣”近三年的市场趋势数据。
3. 使用百度指数采集手机行业的品牌榜、产品榜，以及其中的“品牌指数”“品牌搜索指数”“品牌咨询指数”和“品牌互动指数”。

课题 2　竞争数据采集

学习目标

知识目标

1. 认识竞争数据指标。
2. 熟悉竞争数据采集工具。
3. 熟悉竞争数据采集报表。

技能目标

1. 能熟练使用竞争数据采集工具。
2. 能进行竞争数据采集。
3. 能制作竞争数据采集报表。

理论知识

竞争者是指电子商务企业在业务活动中的竞争企业或个人，如一些正在争夺市场份额的企业。竞争者通常与本企业生产、销售同类商品或替代商品，或是提供同类服务或替代服务。

了解竞争者能够帮助电子商务企业了解行业竞争情况，获取有利于自身发展和保持竞争优势的信息，对电子商务企业的规划发展至关重要。

为了了解竞争者，首先，电子商务企业可以建立自己的竞争情报数据库，定期收集有关竞争者的数据和信息，为后续分析提供数据支持。其次，电子商务企业应当做好针对竞争者的信息检索和分析，结合企业本身的市场策略，更好地服务本企业的发展。再次，电子商务企业应当不断提高了解竞争者动态的能力，及时掌握来源多样的信息，加强竞争者分析。最后，电子商务企业也要与行业精英、媒体、市场研究机构，甚至竞争者进行合作，以提高本企业的竞争者分析能力。

竞争者分析是电子商务企业发展的重要环节，而竞争数据采集是竞争者分析的基础。竞争数据采集需要数据采集人员了解竞争数据指标，合理选择竞争数据采集工具。此处以“淘系店铺（即阿里巴巴淘宝体系下的网店）”为例，对采集竞争店铺（以下简称竞店）和竞争商品（以下简称竞品）的数据时常用的竞争数据指标进行介绍。

一、竞争数据指标介绍

1. 竞店数据指标

（1）竞店基础数据指标

1）店铺类型。“淘系店铺”包括天猫和天猫国际的店铺以及淘宝企业店、淘宝个人店、淘宝全球购店铺等。

2）信用等级。信用等级是指基于评价数量的店铺等级，“淘系店铺”的信用等级分为“心”“钻”“蓝冠”“金冠”等几类。

3）粉丝数量。用户关注店铺后即被计为粉丝。

4）店铺开店时间。店铺开店时间即店铺开设的时间。

5）店铺开店时长。店铺开店时长需要扣除店铺受处罚导致关店的时间，计算公式如下：

店铺开店时长 =（当前时间 – 首次开店时间）–（重新开店时间 – 受处罚导致关店时间或店铺释放时间）

6）店铺动态评分（Detailed Seller Ratings，简称 DSR）。店铺动态评分的打分依据包括宝贝与描述相符、服务态度与和物流服务几项，消费者可以为这几项各打 1～5 分。

7）好评率。好评率即为好评数量与总评价数量的比例。需要注意的是，只有淘宝店铺有好评率，天猫店铺没有好评率。

8）店铺品牌。店铺品牌是指店铺经营商品的品牌分类，店铺品牌包括是否有原创品牌，是否为单品牌经营等。

9）店铺风格。店铺风格即店铺的装修风格和视觉效果。

10）店铺定位。店铺定位即店铺的人群标签。

11）店铺属性。店铺属性即店铺所售商品的适用季节、适用场景和基础风格等。

（2）竞店类目及价格区间数据指标

竞店的每个商品都有对应的品类、销量和价格等几类数据，数据采集人员可使用表格汇总此类数据，并使用数据透视表进行统计分析。

1）主营类目。店铺的主营类目是指店铺销售额最大的商品类目。

2）商品数和宝贝数。商品数是指在一定的统计时间内，每项分类对应的在线商品去重数。商品数以款式种类数为计，而宝贝数则以链接条数为计。例如，一瓶 A 品牌洗发水是一个商品，当它以单独一瓶发布时，可以计作一个宝贝，再以两瓶为组合发布时，则应当计作另一个宝贝。

3）商品数量价格区间。商品数量价格区间即商品数量最多的价格区间，该数据指标代表该店铺主要布局的价格区间。

4）商品销量价格区间。商品销量价格区间即商品销量最多的价格区间，该数据指标代表该店铺最被消费者接受的价格区间。

5）商品销售额价格区间。商品销售额价格区间即商品销售额最大的价格区间，该数据指标代表对该店铺的业绩贡献最大的商品价格区间。

（3）竞店监控数据指标

1）流量指数。我们可以根据店铺或商品在运营过程中的核心数据指标，对其进行指数化计算。在一定统计时间内，流量指数越大，代表店铺或商品的访客数越多或互动量越大；流量指数越小，代表店铺或商品访客数越少或互动量越小。

2）搜索人气。搜索人气是指在一定的统计时间内，通过搜索引导至商品详情页的人数进行去重（当同一用户多次搜索时，只计入一个搜索人气）和指数化后的数据指标。

3）收藏人气。收藏人气是根据统计周期内的收藏人数计算出的指数类数据指标。收藏人气越高，表示收藏人数越多。

4）加购人气。加购人气是根据统计周期内的加购人数计算出的指数类数据指标。加购人气越高，表示加购人数越多。

5）支付转化指数。支付转化指数是指统计时间内的支付转化率的指数化指标。指数之间差值不代表实际的指标差值，仅代表两指标之间的高低。支付转化指数过高代表需求满足度增加，建议电子商务企业观望，并分析该行业的商品结构和自身店铺的商品差异度。支付转化指数过低，代表需求满足度降低。建议电子商务企业分析该行业的商品结构和自身店铺的商品差异度，寻找切入点进入该行业。

6）交易指数。交易指数是根据未剔除退款的交易核心指标进行综合计算后的数据指标，交易指数主要参考支付金额、订单数等成交类数据指标。注意，交易指数不等同于交易金额，不可以直接进行计算和对比，但可以进行排名和趋势分析。

7）客群指数。客群指数是指支付用户的数量指数化后的指数类数据指标。客群指数上升代表支付用户数在增加。店铺的市场供需变化可以参考搜索指数、交易指数和客群指数的综合变化进行判断。

8）预售定金指数。预售定金指数是指预付定金指数化后得出的指数类数据指标。

9）预售定金商品件数。预售定金商品件数是指预付定金商品件数指数化后得出的指数类数据指标。

10）上新商品数。上新商品数是指在统计时间内，上架新商品的数量指标。

11）行业排名。行业排名是指在统计时间内，店铺在经营类目下的行业排名。

（4）竞店销售数据指标

1）销量。销量是指店铺宝贝销售件数的总和。

2）销售额。销售额是指将各种宝贝的销售件数分别乘以售价后得到的计算结果的总和，该数值不能去除打折优惠的这部分数据。

3）平均成交价。平均成交价是指成交商品单价的平均值，即销售额除以销售件数的值。

（5）竞店活动数据指标

竞店活动数据指标是指对竞店开展的促销推广活动进行数据分析时使用的数据指标。竞店数据分析可以对竞店参加各类促销推广活动的情况进行持续追踪，并分析其

参与促销推广活动的频率、深度和效果。常用的竞店活动数据指标包括竞店的推广活动频率、店铺促销类型、平台活动类型、活动力度等。

2. 竞品数据指标

（1）竞品价格

竞品价格即竞品的销售价格。

（2）竞品收藏量

竞品收藏量能够反映消费者对它的喜爱程度，通过分析竞品收藏量与自身店铺商品收藏量的差异可看出消费者的偏好程度，分析彼此的竞争优势和劣势。

（3）竞品基本属性

竞品基本属性包括竞品的功能、材质、颜色、造型、卖点等。

（4）竞品评价

竞品评价能够帮助电子商务人员对比评价内容，明确消费者认可和不满之处，由此确定竞品差异，为商品更新迭代提供思路。

二、竞争数据采集工具选择

1. 人工采集

人工采集适用于数据量较小、采集难度较低的情况。利用人工采集竞争数据通常可以分为线上和线下两种采集渠道。竞争数据的线上采集渠道主要包括搜索上市公司的年报、竞争者的新闻报道，分析竞争者的招聘广告等。竞争数据的线下采集集渠道主要包括参加各种交流活动，观察竞店，购买竞品，通过市场调查了解消费者偏好，委托专业机构调查等。

2. 使用工具采集

（1）生意参谋

对淘宝平台上的竞店进行竞争数据采集时，电子商务人员通常使用生意参谋。我们可通过淘宝店铺的后台软件“千牛”，选择其中的“数据”进入生意参谋，如图 2-2-1 所示。生意参谋首页如图 2-2-2 所示。进入“竞争”页面即可对竞争数据进行采集和分析，“竞争”下有“竞争店铺”“竞争商品”“竞争品牌”“竞争动态”“竞争配置”等板块，如图 2-2-3 所示。选择“竞争店铺”中的“监控店铺”可对竞店进行数据监控，如图 2-2-4 所示。

图 2-2-1　进入生意参谋

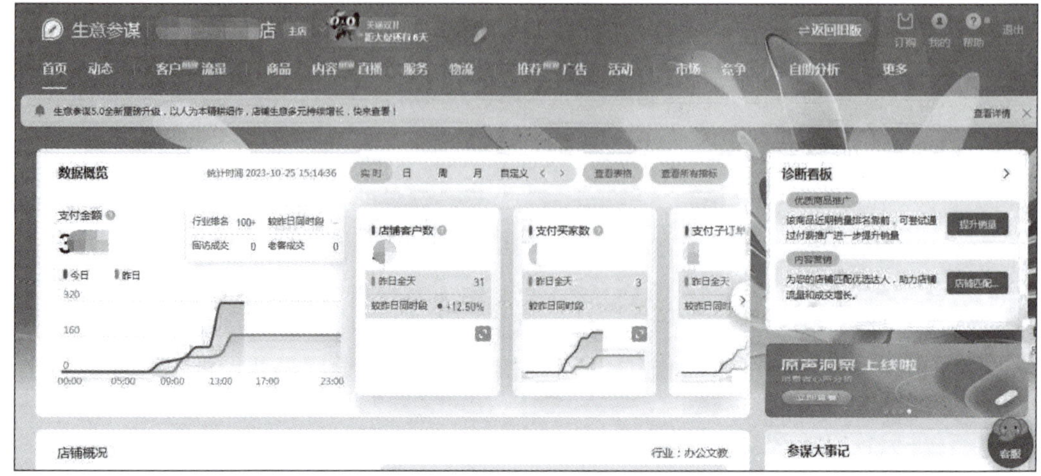

图 2-2-2 生意参谋首页

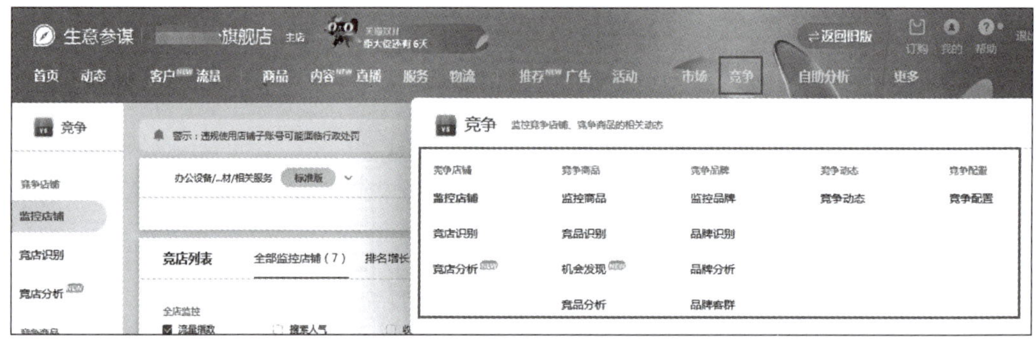

图 2-2-3 生意参谋“竞争”页面

图 2-2-4 生意参谋“监控店铺”页面

（2）店侦探

店侦探是竞争数据采集分析的第三方工具，它能监控各个竞店，采集竞品数据，帮助我们快速掌握竞店销售、引流途径、广告投放、活动推广、买家购买行为等方面的数据。店侦探的竞店管理页面和说明如图 2-2-5 所示，在店侦探首页侧边栏，点击“店铺管理”，进入“店铺管理”页面添加竞店，完成设置即可监控竞店。

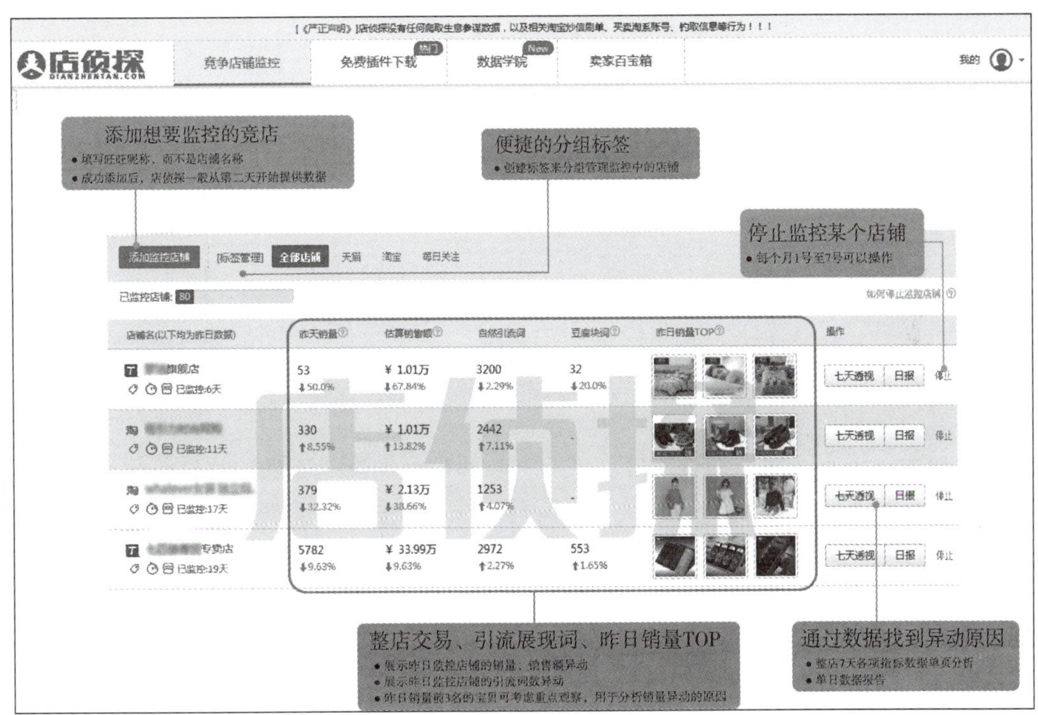

图 2-2-5 店侦探的竞店管理页面和说明

店侦探有免费版、专业版、企业版、旗舰版等不同版本，不同版本的功能、价格差异较大，电子商务企业可根据实际情况选择使用。不同版本的店侦探提供的监控店铺分析均包括整店状况、销售分析、活动分析、宝贝分析、宝贝修改监控等几类功能。每类功能在不同版本中均有更详细的划分，使用时可根据具体数据分析要求进行选择。免费版的功能划分如图 2-2-6 所示。

三、竞争数据采集实施

1. 竞店商品结构数据采集

（1）竞店商品分类和类目分布数据

在进行竞店数据采集时，了解竞店商品分类和类目分布是了解竞店商品布局的直观途径之一。合理的商品布局有以下几项好处：第一，它可以帮助消费者更快地找到

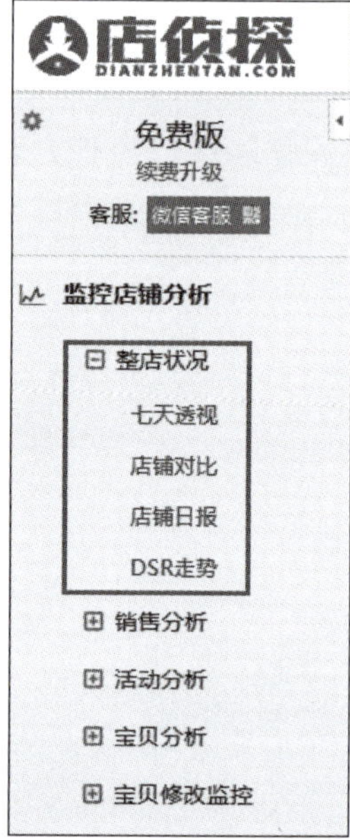

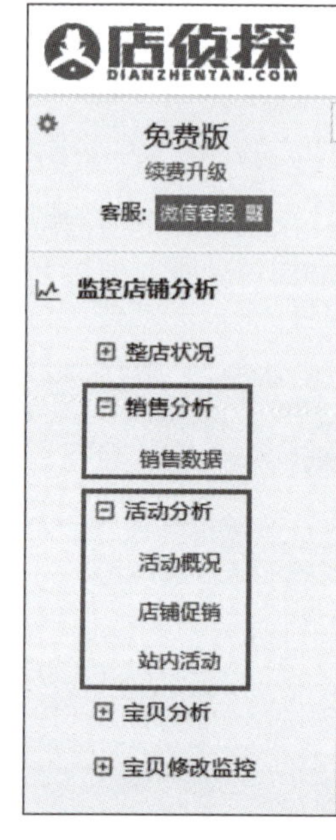

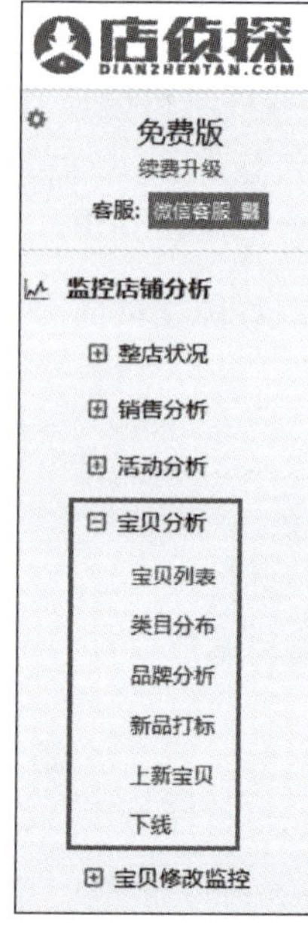

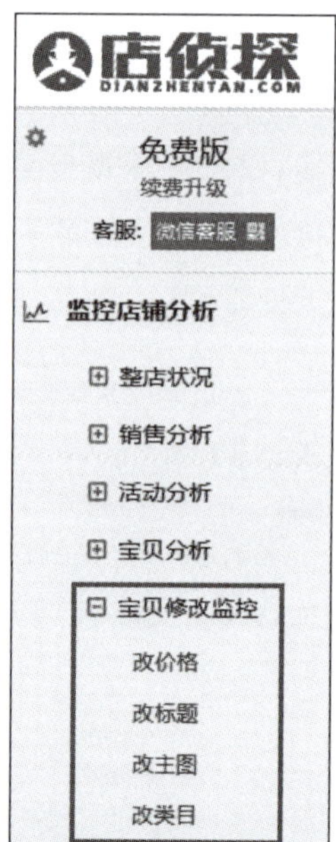

图 2-2-6　免费版店侦探的监控店铺功能划分

需要的商品，优化消费者购物体验；第二，它让商家更容易查找和管理商品，有助于提高店铺运营效率；第三，它有助于提高商品在电子商务平台的搜索结果中的排名，有助于提高商品的曝光度和销量；第四，它可以帮助商家更好地针对不同类别的商品制定营销策略，进而提高促销效果。因此，采集竞店的商品分类结构和类目分布数据可以为商家提供参考，帮助商家更好地规划本店商品分类，高效引导消费者。

竞店商品分类结构和类目分布数据可以从竞店的前台直接采集，如图 2-2-7 所示，以一家主营服装的店铺为例，该店铺将商品分为两级，一级分类包括新品、上装、裙装、裤装和配饰小物，二级分类则对一级分类有更具体的划分。

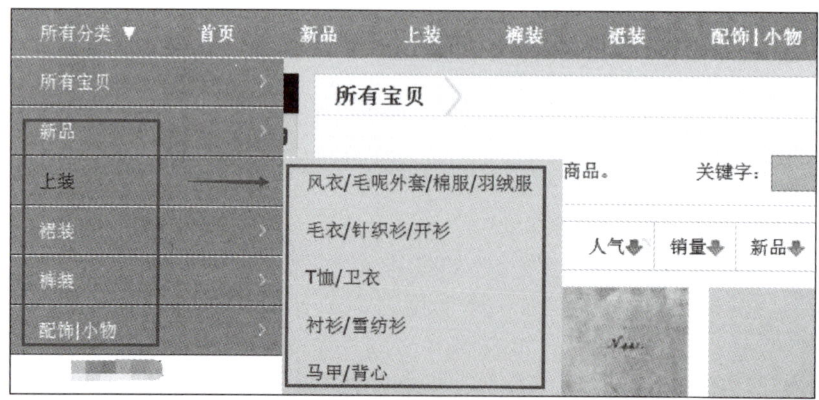

图 2-2-7　竞店商品分类结构和类目分布示例

竞店商品分类结构和类目分布数据还可以使用数据工具采集。以淘宝为例，竞店商品分类结构和类目分布数据的采集和分析可在生意参谋的“竞争”页面的“竞店分析”下的“品类分析”中完成，但仅有旗舰版生意参谋才提供该功能，如图 2-2-8 所示。

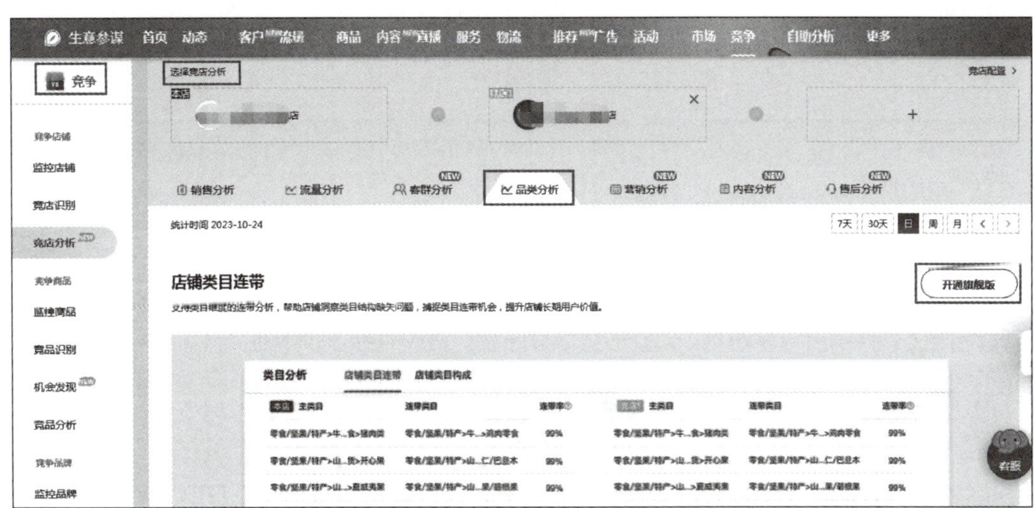

图 2-2-8　生意参谋“品类分析”

（2）竞店商品价格带分布数据

以淘宝为例，竞店商品价格带分布数据可在生意参谋的“竞争”页面下的“竞店分析”中的“销售分析”中查看，商家可根据需要选择查看时间，该功能同时也提供竞店商品类目结构的数据，标准版生意参谋提供该功能，如图 2-2-9 所示。

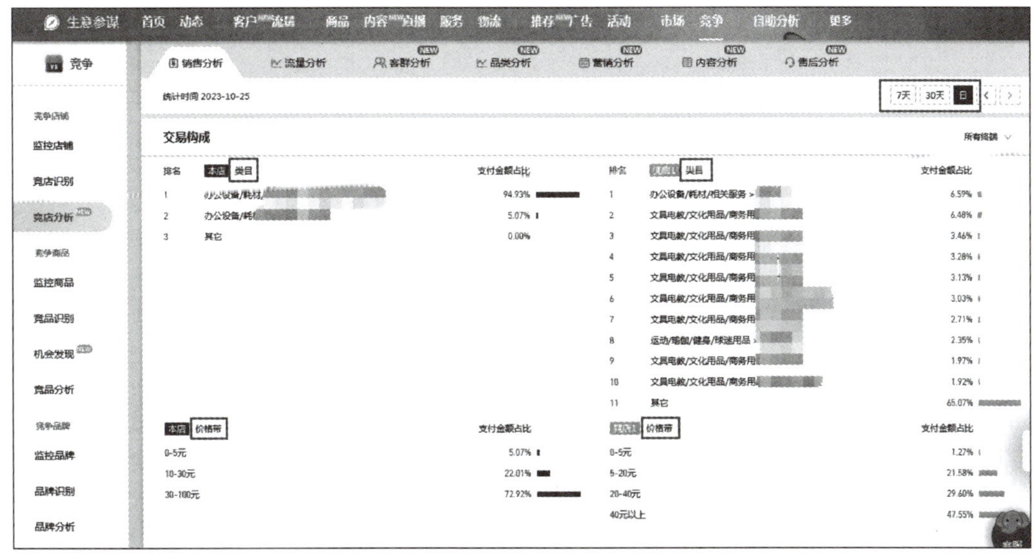

图 2-2-9　生意参谋“销售分析”

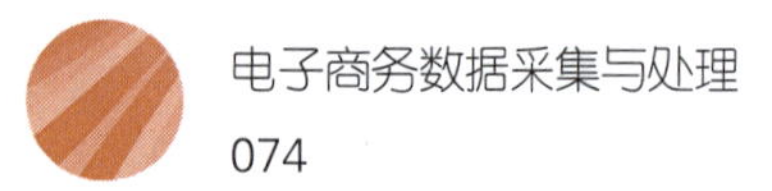

2. 竞店监控数据采集

选定竞店后，商家即可对竞店整体进行监控，采集数据。该操作可在生意参谋的“竞争”页面下的“监控店铺”中完成，如图 2-2-10 所示。用户可选择最多 5 个标签进行“全店监控”及“类目监控”，也可直接选择某个竞店，点击“竞店分析”，进行本店与竞店的对比分析。

图 2-2-10　生意参谋“监控店铺”

“竞店分析”页面提供销售分析、流量分析、客群分析、品类分析、营销分析、内容分析和售后分析等竞店数据分析功能，如图 2-2-11 所示。

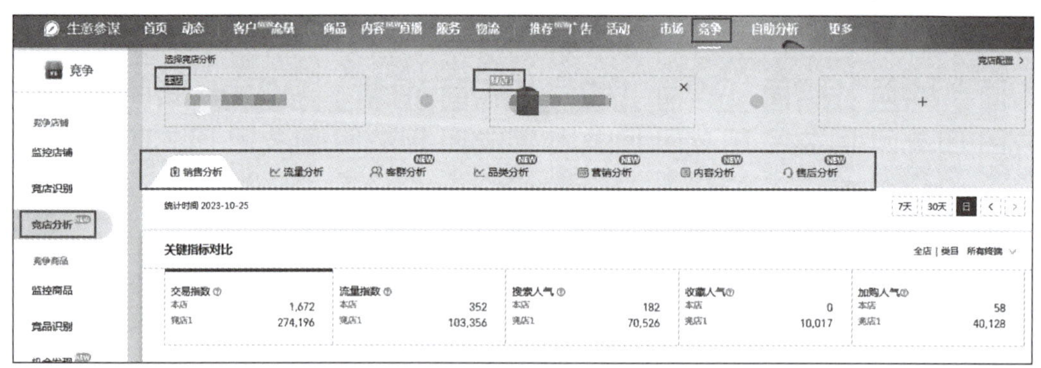

图 2-2-11　生意参谋“竞店分析”

3. 竞品销售数据采集

以淘宝为例，在确定竞品后，商家可使用生意参谋中的监控商品、竞品识别、机会发现、竞品分析等功能采集和分析竞品数据。在生意参谋的“竞争”页面下的“监控商品”中，选择某个竞品后点击“竞品分析”，即可开始对竞品的数据采集与分析，如图 2–2–12 所示。

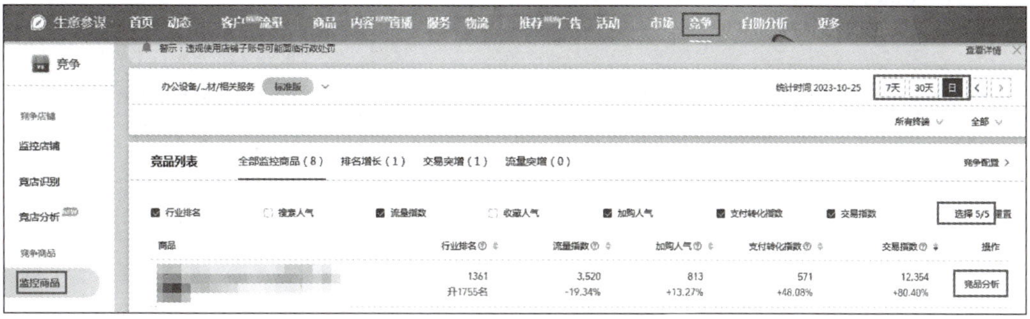

图 2–2–12　生意参谋“竞品分析”

四、竞争数据采集报表

1. 竞店商品结构数据采集报表

常用的竞店商品结构数据采集报表可分为竞店商品分类和类目分布数据采集报表以及竞店商品价格带数据采集报表两类。

（1）竞店商品分类和类目分布数据采集报表

商品分类结构树是一种常用的竞店商品分类和类目分布数据采集报表，它可由数据采集人员从竞店前台采集数据并归纳制作。某女装网店的商品分类结构树如图 2–2–13 所示。

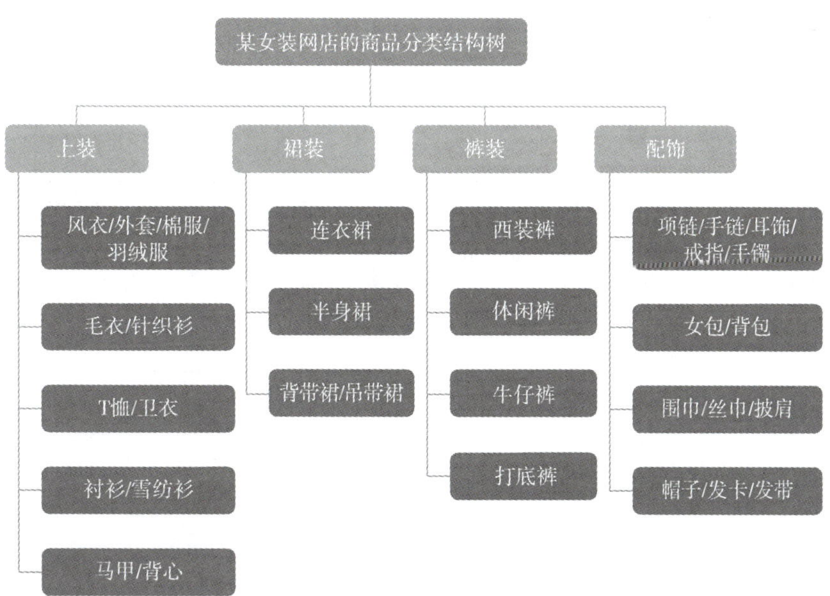

图 2–2–13　某女装网店的商品分类结构树

商品结构数据采集报表可按照商品类目的级别分别列出，以一级类目商品为例，一级类目商品结构数据采集报表见表 2–2–1。

表 2–2–1　一级类目商品结构数据采集报表

一级类目	宝贝数（个）	销量（件）	销售额（元）

（2）竞店商品价格带数据采集报表

竞店商品价格带数据采集报表见表 2–2–2。

表 2–2–2　竞店商品价格带数据采集报表

价格带（元）	商品数量（件）	支付金额比（%）

2. 竞店监控数据采集报表

竞店全店监控数据采集报表见表 2–2–3。

表 2–2–3　竞店全店监控数据采集报表

竞店名称	全店流量指数	全店搜索人气	全店收藏人气	全店加购人气	全店支付转化指数	全店交易指数	全店客群指数	全店预售定金指数	全店预售定金商品数量（件）	全店上新商品数量（件）

竞店类目监控数据采集报表见表 2–2–4。

表 2-2-4　竞店类目监控数据采集报表

竞店名称	类目流量指数	类目搜索人气	类目收藏人气	类目加购人气	类目支付转化指数	类目交易指数	类目客群指数	类目行业排名

3. 竞品数据采集报表

竞品数据采集报表见表 2-2-5。

表 2-2-5　竞品数据采集报表

竞品名称	行业排名	搜索人气	流量指数	收藏人气	加购人气	支付转化指数	交易指数

技能实施

1. 淘宝竞店数据采集

案例 2.2.1：淘宝女装竞店查找

本店为一家在淘宝经营女装的店铺，店铺等级为 4 钻，开店时间为 3 年，店铺动态评分为 4.9，好评率为 98.7%。店铺目前销量最好的商品类目是卫衣。请通过人工查找的方式在淘宝前台查找本店的竞店。

通常情况下，竞店是店铺基础指标比本店略好，与本店销售同品类商品或替代商品，所售商品与本店销售商品的销量和价格相近，且客户群体与本店相似的店铺，因此本案例将分别以“店铺基础指标”“销售同品类商品”和“销量和价格相近”为查找标准，查找竞店。

（1）以“店铺基础指标”为竞店查找标准

操作步骤如下所示。

步骤一：通过淘宝搜索框查找竞店，选择搜索“店铺”，在搜索框中输入“女装卫衣”，点击“搜索”即可搜索经营女装卫衣的店铺。搜索框下方有店铺类型、所在地、指定筛选、好评率四个筛选项，我们可以根据本店的实际情况，选择合适的筛选内容，

使检索结果更为精准，如图 2-2-14 所示。

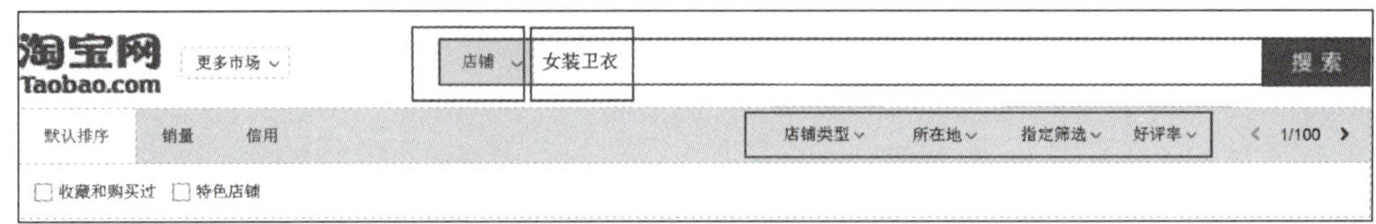

图 2-2-14　搜索“女装卫衣”店铺

步骤二：展开的筛选项内容如图 2-2-15 所示。选择店铺类型为“钻级店”，选择好评率为“98% 以上”作为筛选条件，即可筛选出符合条件的竞店。

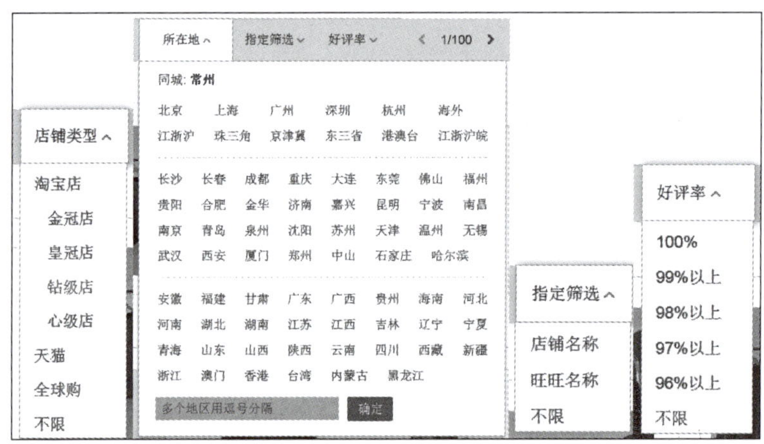

图 2-2-15　搜索店铺展开的筛选项内容

（2）以“销售同品类商品”为竞店查找标准

查找竞店时也可以首先通过查找与本店所经营的“爆款”商品、热销商品或主营商品有关的商品关键词来查找同品类商品，进而确定竞品，再确定竞店。

操作步骤如下所示。

步骤一：通过淘宝搜索框查找竞品，选择搜索“宝贝”，在搜索框中输入“女装卫衣”即可搜索女装卫衣商品，如图 2-2-16 所示。

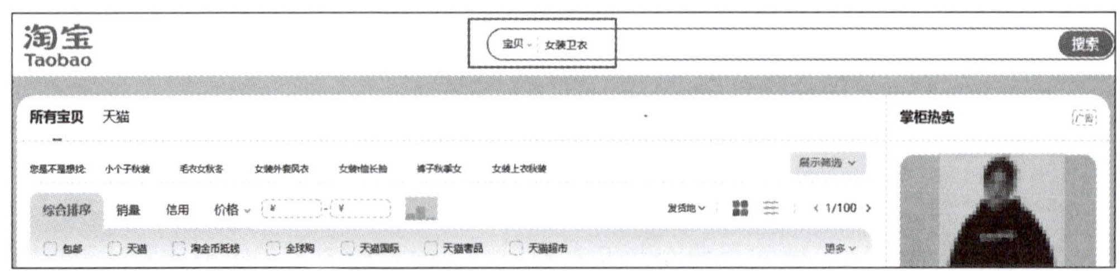

图 2-2-16　搜索“女装卫衣”宝贝

步骤二：搜索框下方有“袖型”“品牌”“材质”“领型”“风格”“尺码”等筛选项，如图 2-2-17 所示。根据本店热销商品的特征，选择合适的筛选内容，可以使检索结果更为精准。例如，选择“蝙蝠袖”“纯棉”“圆领”为筛选条件，可筛选出符合此类特征的竞品。注意，选择筛选条件时应选择本店引流款商品最突出的几项属性。

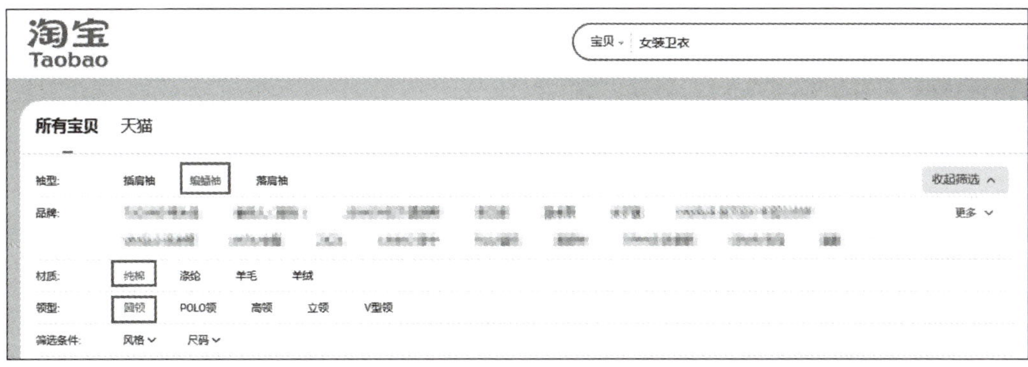

图 2-2-17　搜索“女装卫衣”宝贝的筛选内容

（3）以“销量和价格相近”为竞店查找标准

操作步骤如下所示。

步骤一：通过淘宝搜索框查找竞品，选择搜索“宝贝”，在搜索框输入“女装卫衣”，选择按照“销量”排序，如图 2-2-18 所示。

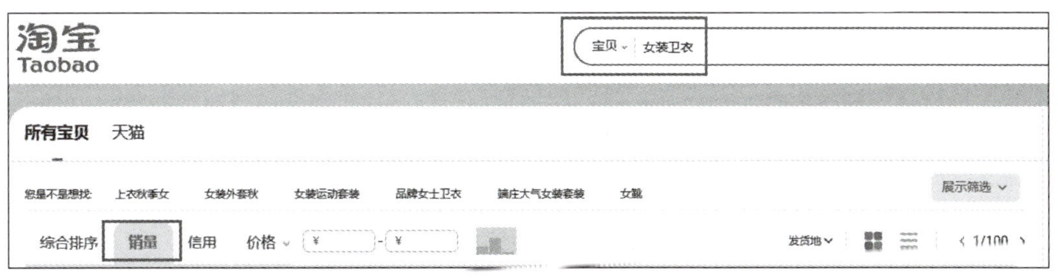

图 2-2-18　搜索“女装卫衣”并按照“销量”排序

步骤二：使用淘宝搜索框下的“价格”筛选项，可以设定筛选商品的价格下限和上限。在本案例中，我们可以使用“价格”筛选项筛选与本店热销商品价格相近的竞品，如图 2-2-19 所示。此处筛选价格在 70～150 元之间的商品。

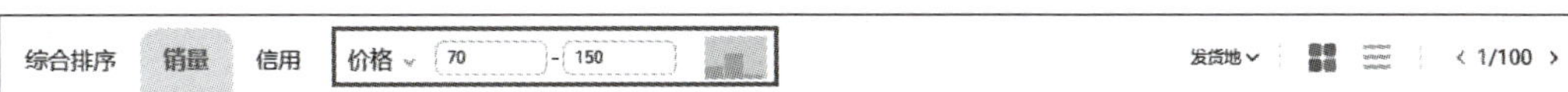

图 2-2-19　筛选指定价格带竞品

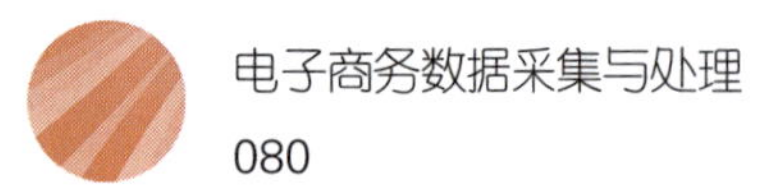

通过“价格”筛选框后的柱形图，我们可以查看买家的价格选择数据，可以看出30% 的消费者选择价格为 0～49 元的商品，如图 2-2-20 所示；60% 的消费者选择价格为 50～124 元的商品，如图 2-2-21 所示；9% 的消费者选择价格为 125～268 元的商品，如图 2-2-22 所示。据此即可判断与本店热销商品销量和价格相近的竞品，继而通过竞品锁定竞店。

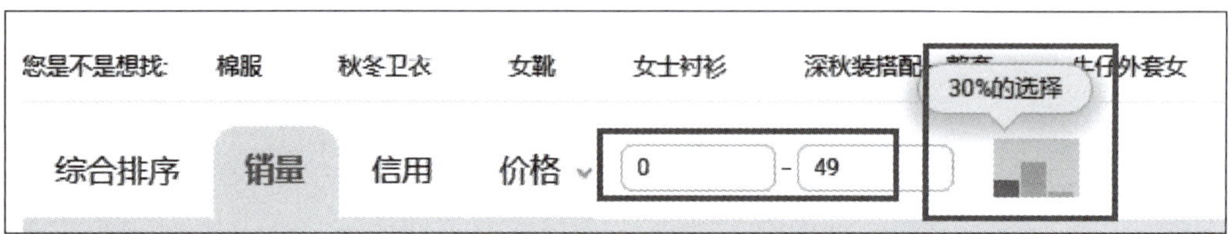

图 2-2-20　30% 的消费者选择的价格带

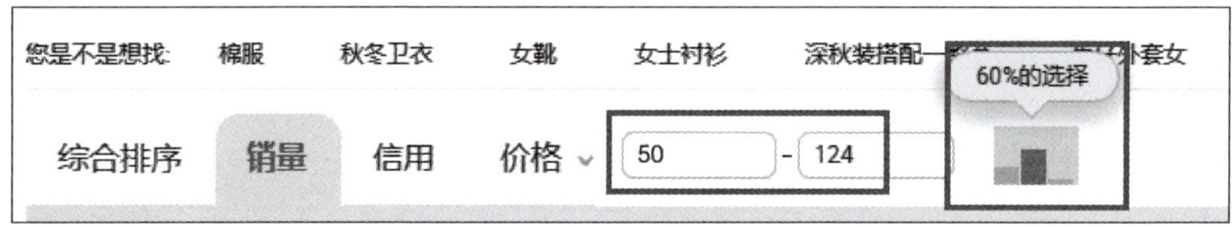

图 2-2-21　60% 的消费者选择的价格带

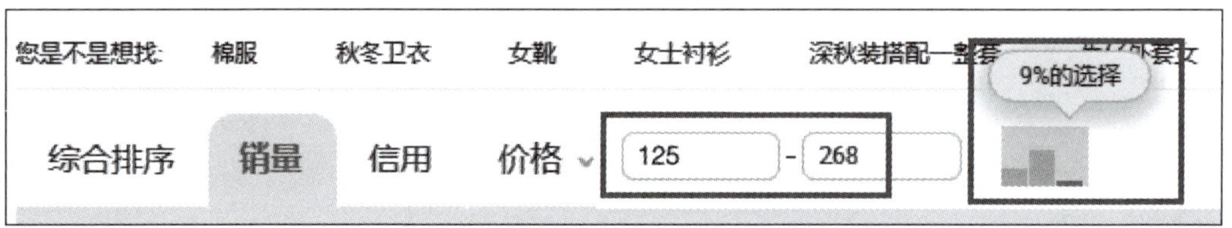

图 2-2-22　9% 的消费者选择的价格带

2. 淘宝店铺商品结构数据采集及数据采集报表制作

案例 2.2.2：竞店基本信息数据采集

请在完成案例 2.2.1 的基础上，对查找到的竞店进行竞店基本信息数据采集。

操作步骤如下所示。

步骤一：打开我们在案例 2.2.1 中查找到的竞店，进入竞店首页，将鼠标指针移动至左上角的店铺名称，查看店铺基本信息页面。淘宝企业店铺的基本信息示例如图 2-2-23 所示，淘宝个人店铺的基本信息示例如图 2-2-24 所示，天猫店铺的基本信息示例如图 2-2-25 所示。

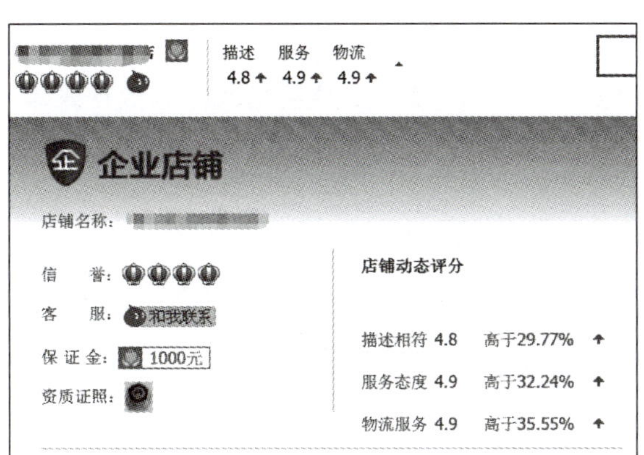

图 2-2-23　某淘宝企业店铺的基本信息

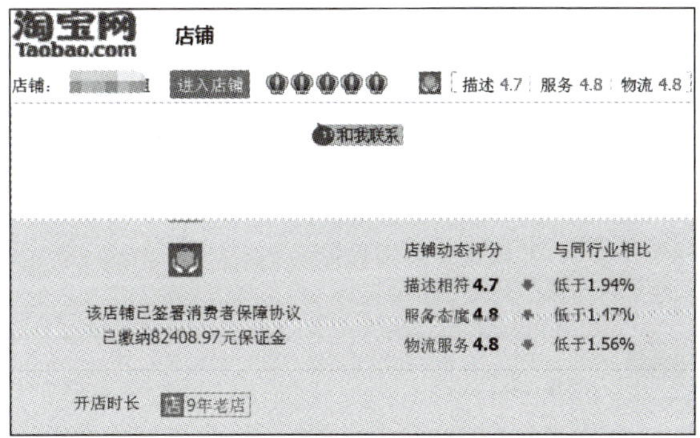

图 2-2-24　某淘宝个人店铺的基本信息

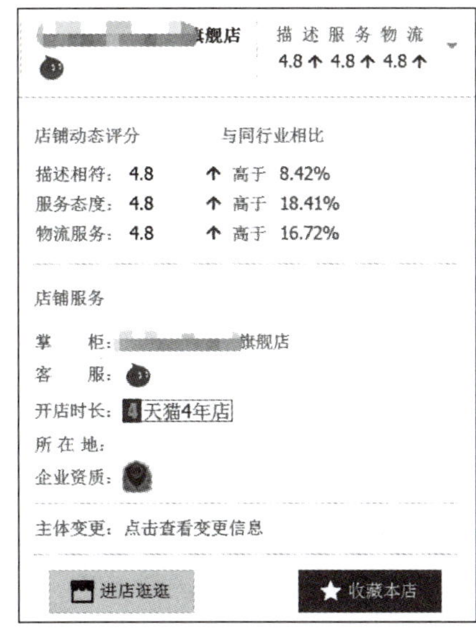

图 2-2-25　某天猫店铺的基本信息

步骤二：填写竞店基本信息数据采集报表。

观察竞店的基本信息，并将其填写到竞店基本信息数据采集报表中。竞店基本信息数据采集报表见表 2-2-6。

表 2-2-6　竞店基本信息数据采集报表

店铺名称	店铺类型	店铺信誉等级	店铺动态评分描述相符	店铺动态评分服务态度	店铺动态评分物流服务	开店时长	保证金

案例 2.2.3：竞店商品分类结构数据采集

请在完成案例 2.2.1 的基础上，进行竞店商品分类结构数据采集。

操作步骤如下所示。

步骤一：打开我们在案例 2.2.1 中查找到的竞店，进入店铺首页，在导航条中可以查看竞店商品的一级分类，如图 2-2-26 所示。

图 2-2-26　某淘宝店一级商品分类

步骤二：在导航条中的“所有分类”下可查看和选择所有商品分类，如图 2-2-27 所示。

步骤三：选择各级子分类，可以检索各子分类的商品数据。以某女装店铺为例，如图 2-2-28 所示，检索可知“所有宝贝”中，“上装”分类下，“卫衣”分类下的商品共有 531 个。该页面允许查看该竞店中的各热销商品的销售情况，例如销量第一的商品的售价为 44 元，该商品已售 2 000 多件。

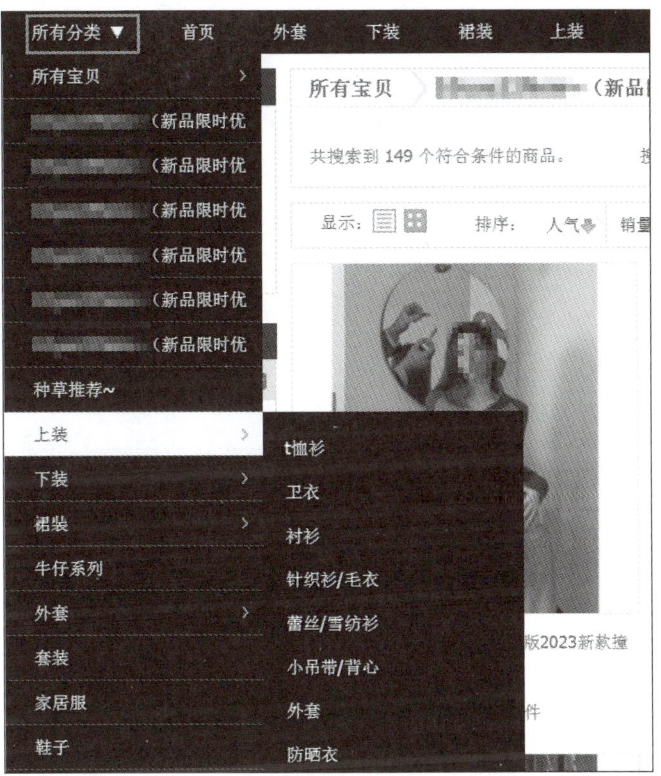

图 2-2-27　某店铺的所有商品分类

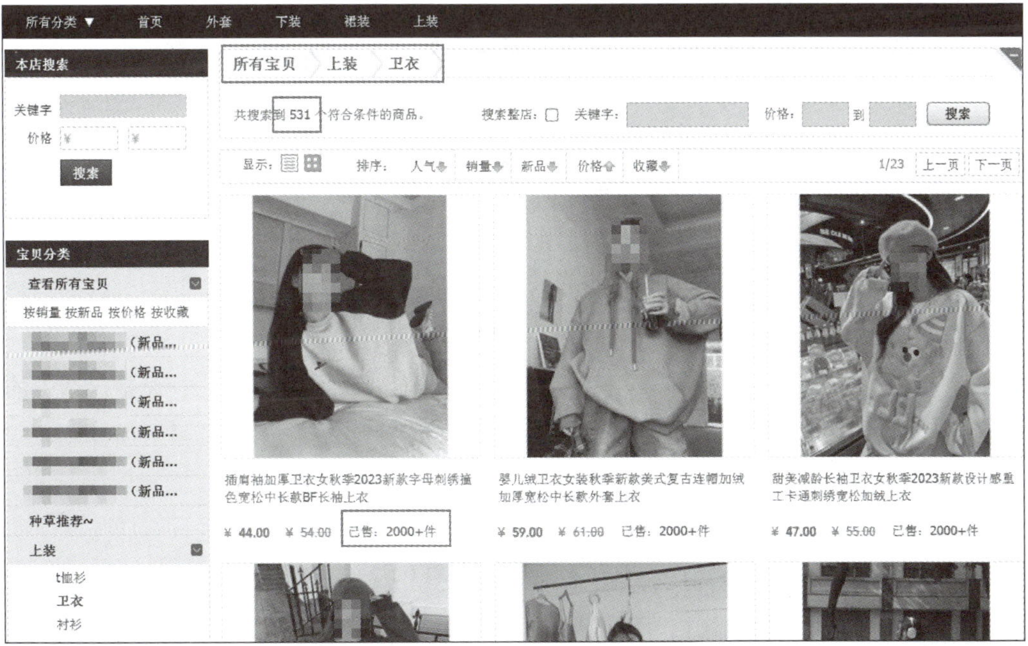

图 2-2-28　检索各子分类的商品数据

步骤四：逐一选择各级子分类，依次检索竞店中各子分类的商品数据并进行记录。

步骤五：整理数据，填写竞店商品分类数据采集报表。竞店商品分类数据采集报表见表 2–2–7。

表 2–2–7　竞店商品分类数据采集报表

分类名称	商品数量（个）	商品销量（件）

3. 使用电子商务平台提供的数据工具采集竞店数据

案例 2.2.4：使用生意参谋进行竞店数据采集

由于人工采集方式存在一定的缺陷，它可能造成采集数据的准确度较低，数据采集人员可以使用网店后台软件或者第三方数据工具完成竞店数据的采集。

请在完成案例 2.2.1 的基础上，使用生意参谋对竞店进行数据采集。

操作步骤如下所示。

步骤一：在我们通过案例 2.2.1 确定需采集数据的竞店后，进入生意参谋，选择“竞争”页面下的“竞争配置”，在“竞争店铺”下的“查询竞店”中选择“+”，在弹出的输入框中输入竞店首页链接或竞店名称即可检索出需要查询的竞店，如图 2–2–29 所示。目前标准版的生意参谋最多允许添加五个竞店。

步骤二：选择“竞争店铺”后即可查看已添加竞店的趋势分析，趋势分析可以在后续的数据分析中成为是否将该店铺添加为监控店铺的重要依据。趋势分析页面中包含流量指数、支付转化指数、交易指数和客群指数等几项数据指标最近一个月的趋势变化折线图，如图 2–2–30 所示。

步骤三：完成竞店添加后，可在“竞争”页面下的“监控店铺”中查看已选中的竞店列表，如图 2–2–31 中的“全部监控店铺”所示。数据采集人员可根据需要，勾选不同的数据指标，对竞店进行相应的数据采集。

步骤四：如果需要查看某一竞店的数据，可点击“竞店分析”，进入竞店与本店的对比分析页面，“竞店分析”的“销售分析”如图 2–2–32 所示，该页面可查看“关键指标对比”“TOP 商品榜”和“交易构成”等数据。

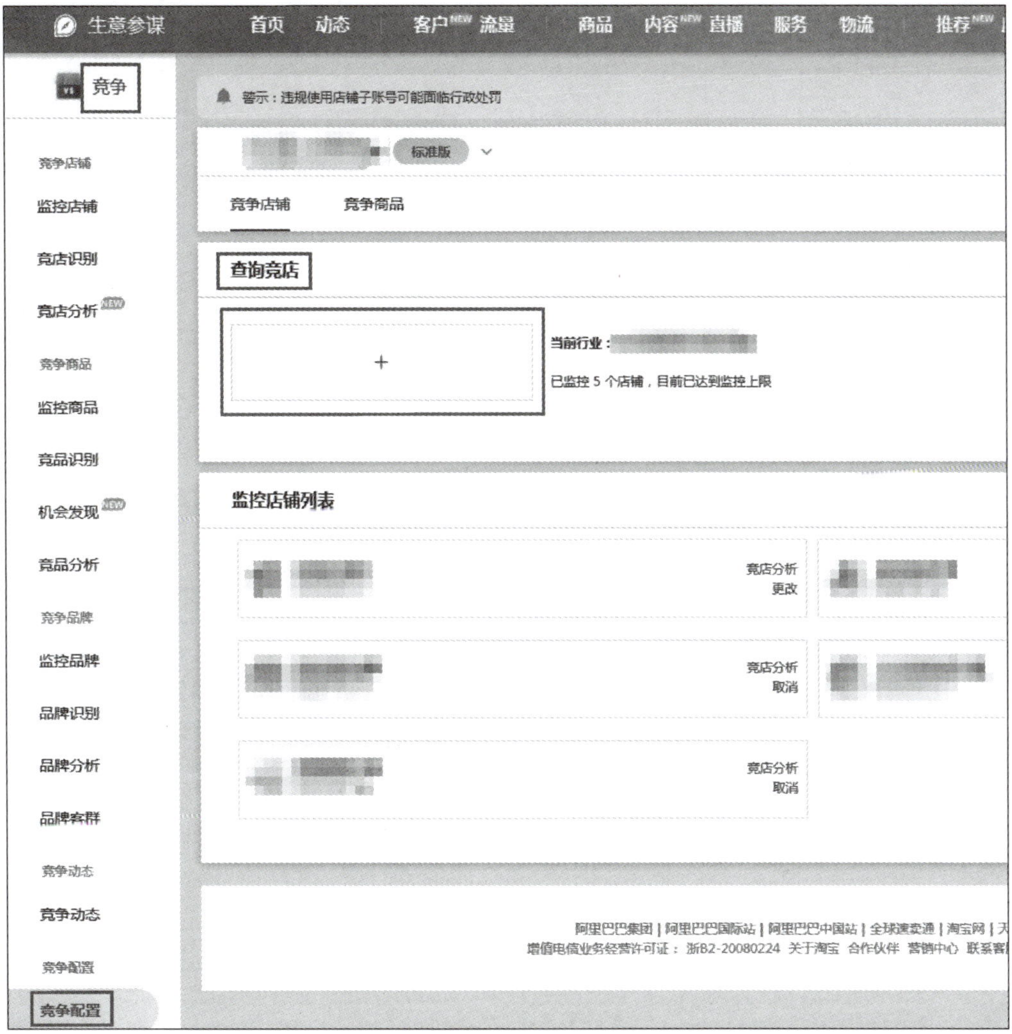

生意参谋　首页　动态　客户　流量　商品　内容　直播　服务　物流　推荐

竞争

警示：违规使用店铺子账号可能面临行政处罚

标准版

竞争店铺
监控店铺
竞店识别
竞店分析
竞争商品
监控商品
竞品识别
机会发现
竞品分析
竞争品牌
监控品牌
品牌识别
品牌分析
品牌客群
竞争动态
竞争动态
竞争配置
竞争配置

竞争店铺　竞争商品

查询竞店

\+

当前行业：

已监控 5 个店铺，目前已达到监控上限

监控店铺列表

竞店分析　更改

竞店分析　取消

竞店分析　取消

阿里巴巴集团 | 阿里巴巴国际站 | 阿里巴巴中国站 | 全球速卖通 | 淘宝网 | 天
增值电信业务经营许可证：浙B2-20080224　关于淘宝　合作伙伴　营销中心　联系客

图 2-2-29　使用生意参谋添加竞店

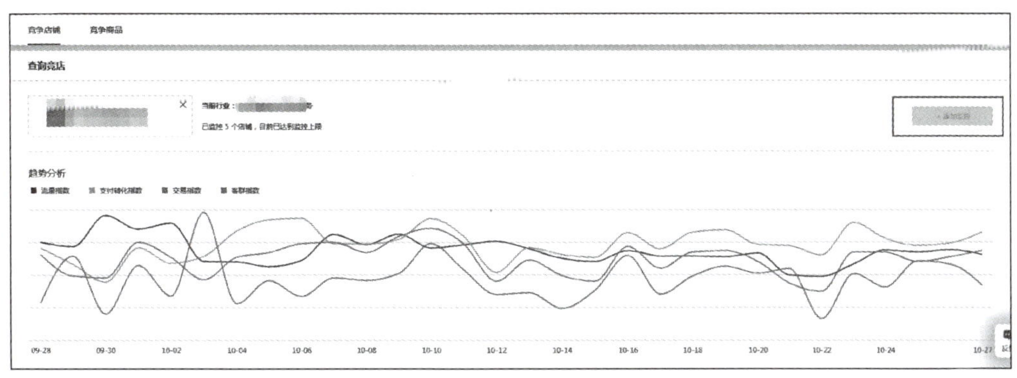

图 2-2-30　已添加竞店的趋势分析

竞店列表　全部监控店铺（7）　排名增长（0）　交易突增（0）　流量突增（0）

全店监控：流量指数　搜索人气　收藏人气　加购人气　支付转化指数　交易指数　客群指数　预售定金指数　预售定金商品件数　上新商品数　已选 5/5

类目监控：流量指数　搜索人气　收藏人气　加购人气　支付转化指数　交易指数　客群指数　行业排名

店铺	全店流量指数	全店加购人气	全店支付转化指数	全店交易指数	类目行业排名	操作
	104,135	40,035	1,364	250,499	12	竞店分析
	28,017	7,944	667	76,565	15	竞店分析
	11,679	2,690	764	31,883	203	竞店分析
	5,392	2,096	1,848	41,673	91	竞店分析
	3,448	978	625	11,762	1998	竞店分析
	2,305	585	1,015	19,564	731	竞店分析
	889	261	1,461	4,654	6974	竞店分析
	360	37	979	1,397	16526	竞店分析

图 2-2-31　竞店列表

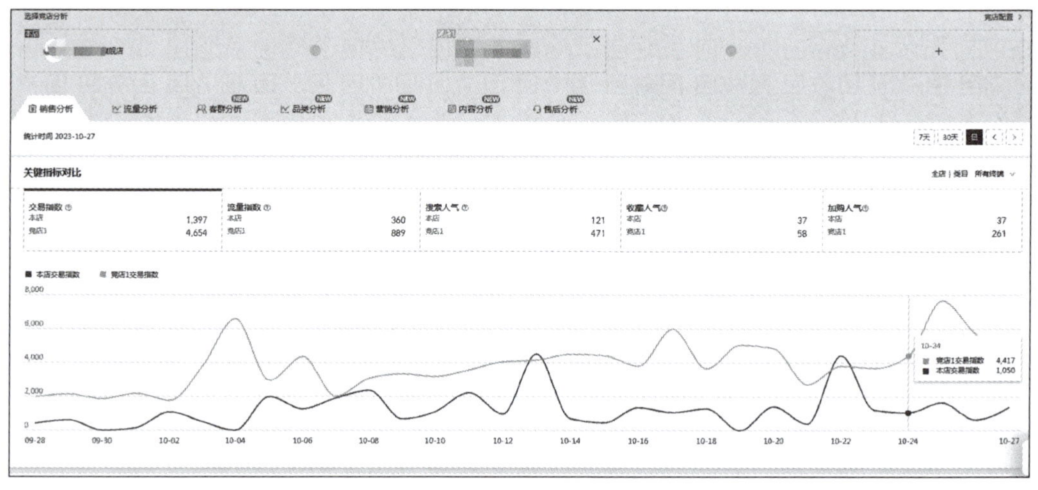

图 2-2-32　竞店分析页面

4. 利用第三方数据采集工具采集竞争数据

案例 2.2.5：当当网竞争数据采集

请使用八爪鱼采集器对当当网进行竞争数据采集。

操作步骤如下所示。

步骤一：登录八爪鱼采集器，如图 2-2-33 所示。

步骤二：进入八爪鱼采集器的操作页面，如图 2-2-34 所示。

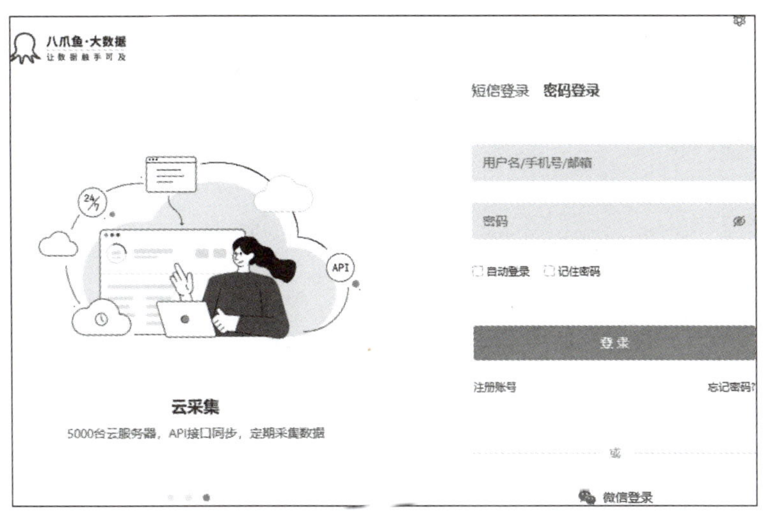

图 2-2-33　登录八爪鱼采集器

图 2-2-34　八爪鱼采集器首页

步骤三：我们可以直接在搜索框中输入需要采集数据的目标网址，也可以在左侧栏内选择“新建”，创建不同类型的采集任务，如图 2-2-35 所示，在本案例中，我们选择第一种方法。

步骤四：在八爪鱼采集器首页的输入框中输入当当网的网址，如图 2-2-36 所示，点击“开始采集”。

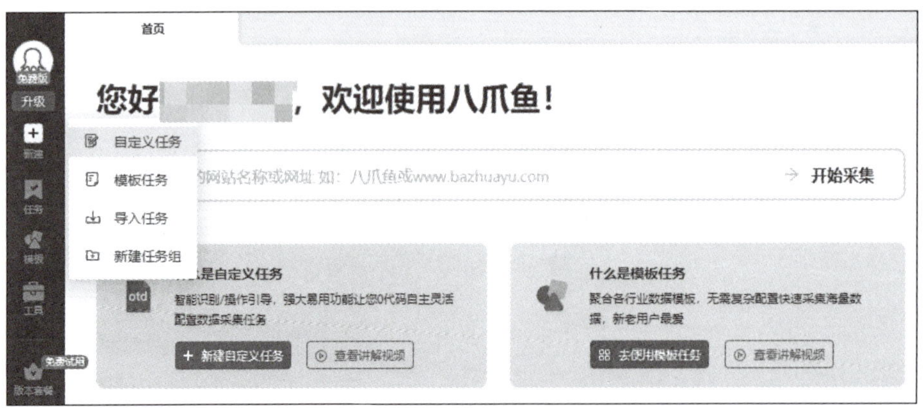

图 2-2-35　八爪鱼采集器"新建"

图 2-2-36　八爪鱼采集器"开始采集"

进入采集页面，如图 2-2-37 所示，采集页面分为几块区域，即网页显示、数据预览、流程图。点击页面右上角的黄色图标会打开"操作提示框"。在数据预览中，我们可以对数据字段进行编辑、添加、删除等操作。在流程图中，点击每个步骤，我们均可以进入基础设置和高级选项设置页面，点击"…"可对当前步骤进行删除等操作。此外，在流程图中，将鼠标光标移动到流程中的"↓"时，屏幕上会出现"+"，点击"+"可添加流程步骤。

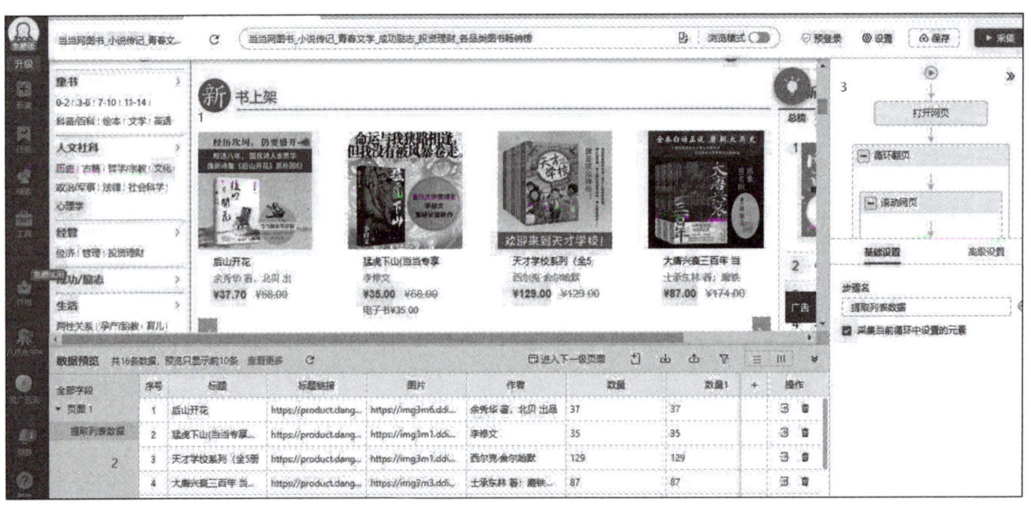

图 2-2-37　八爪鱼采集器的采集界面

步骤五：观察可知，当当网的图书信息以列表的形式呈现，如图 2–2–38 所示。每个列表的结构基本相同，都包含标题、标题链接、图片、作者等内容。八爪鱼采集器可以识别所有列表，并采集我们所需要的数据。

图 2–2–38　当当网网页的信息列表

步骤六：在本案例中，我们需要建立“循环提取数据”的流程。我们可以任意点击选中页面上的一个图书列表，选中的列表会呈绿色框选状态，如图 2–2–39 所示。

图 2–2–39　选中图书信息列表

步骤七：红色虚线框内的内容被称为子元素，需要注意的是，我们要确保待采集的所有内容都在绿色框内。选中图书列表中的子元素，如图 2–2–40 所示。

步骤八：此时，当前图书列表数据的全部具体字段已被识别出来。同时，八爪鱼采集器还自动识别了其他同类元素，如图 2–2–41 所示。

步骤九：在数据预览中，对于列表中已提取的所有字段，我们可以根据实际需求进行修改名称或删除等操作。

图 2-2-40 选中图书列表子元素

图 2-2-41 识别出的元素

步骤十：以上步骤完成后，依次点击右上方的“保存”和“采集”，如图 2-2-42 所示。

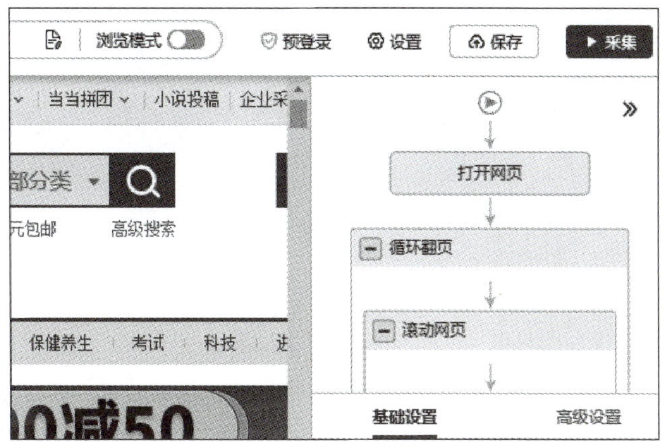

图 2-2-42　保存并采集

步骤十一：启动本地采集，如图 2-2-43 所示。

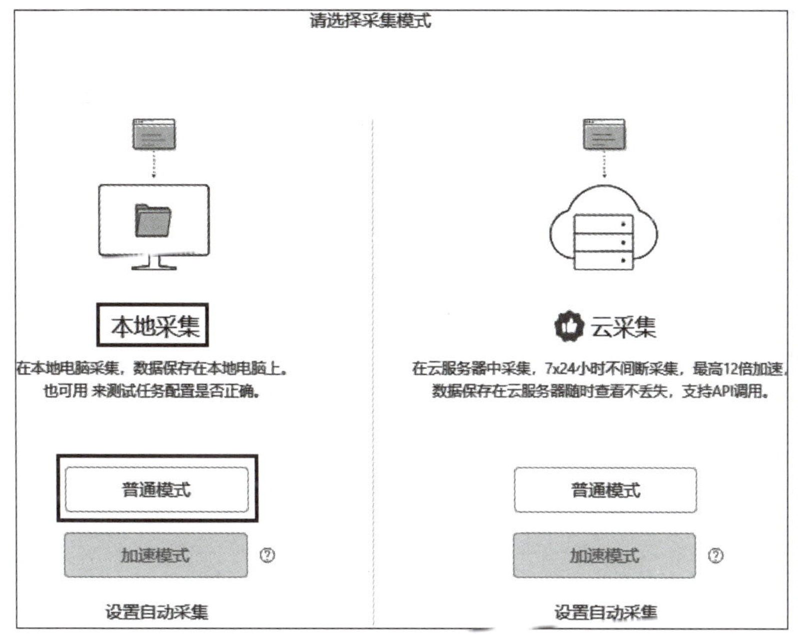

图 2-2-43　启动本地采集

步骤十二：完成当当网的数据采集，采集完成页面如图 2-2-44 所示。

步骤十三：采集完成后，选择合适的导出方式导出数据。八爪鱼采集器提供多种文件类型的导出选择，如图 2-2-45 所示。在本案例中，我们选择将数据导出为 Microsoft Excel 文件形式。

步骤十四：打开导出完成的 Microsoft Excel 文件，我们可以看到成功采集的数据，如图 2-2-46 所示。

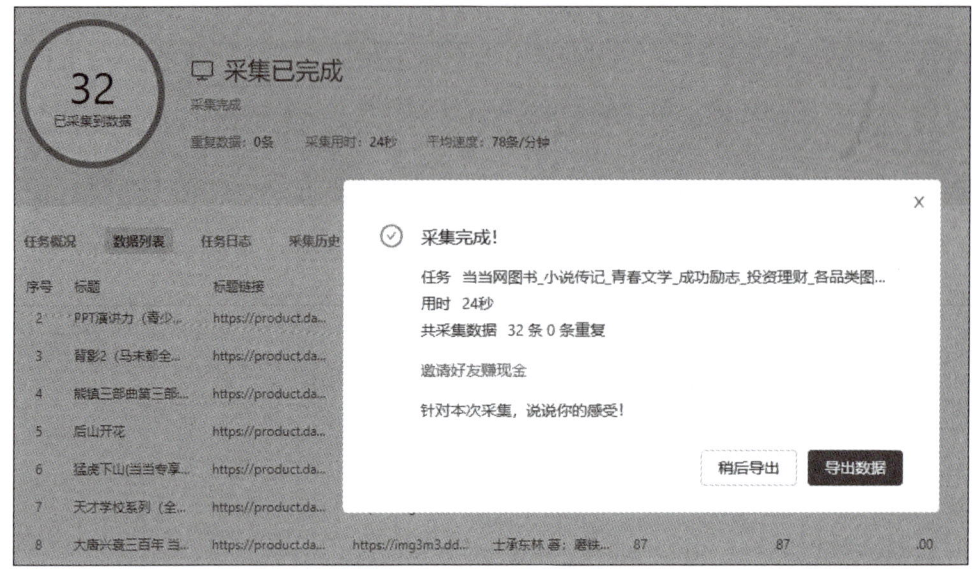

图 2-2-44　采集完成页面

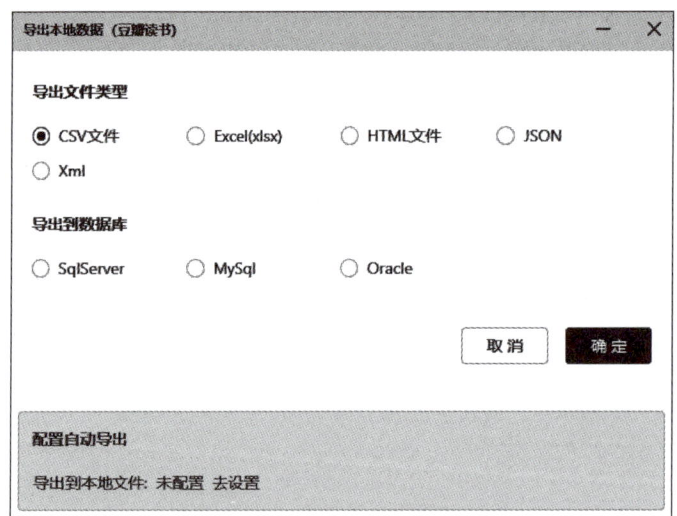

图 2-2-45　数据导出界面

A	B	C	D	E
标题	标题链接	图片	作者	数量
后山开花	https://p	https://i	余秀华 著	37
猛虎下山(	https://p	https://i	李修文	35
天才学校	https://p	https://i	西尔克·;	129
大唐兴衰	https://p	https://i	士承东林	87
不理想的	https://p	https://i	王欣（网	35
神探迈克	https://p	https://i	多多罗 ;	178
欧洲四千	https://p	https://i	凤来仪	79

图 2-2-46　导出的 Microsoft Excel 文件

案例 2.2.6：竞店监控

请使用店侦探，在店侦探中添加竞店，并对竞店进行监控。

操作流程如下所示。

步骤一：打开店侦探并进行登录，进入店侦探首页，如图 2-2-47 所示。

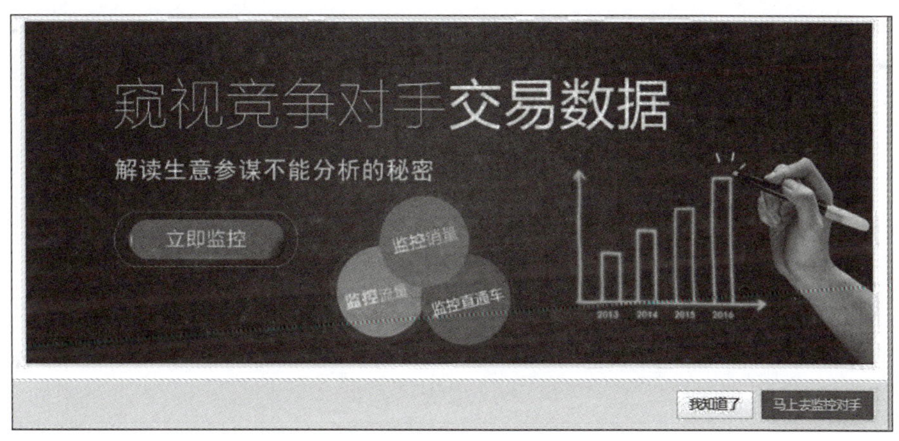

图 2-2-47　店侦探首页

步骤二：在“竞争店铺监控”页面下点击“添加监控店铺”，如图 2-2-48 所示。

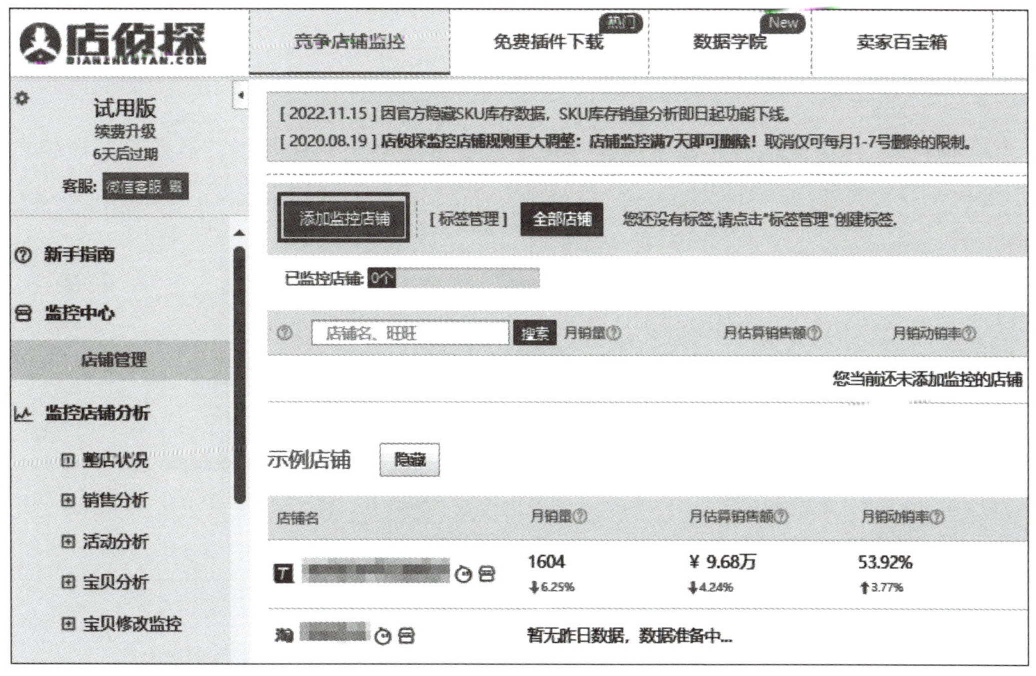

图 2-2-48　“竞争店铺监控”页面

步骤三：进入“添加监控店铺”页面，如图 2-2-49 所示，输入需要监控的竞店中的任意一个宝贝链接，点击“预览店铺”的“添加监控”。为该竞店添加监控后，在第 3 天即可在店侦探中查看竞店数据。

图 2-2-49 “添加监控店铺”页面

步骤四：添加完成的“竞争店铺监控”页面如图 2-2-50 所示，需要被监控的竞店会显示在该页面上。

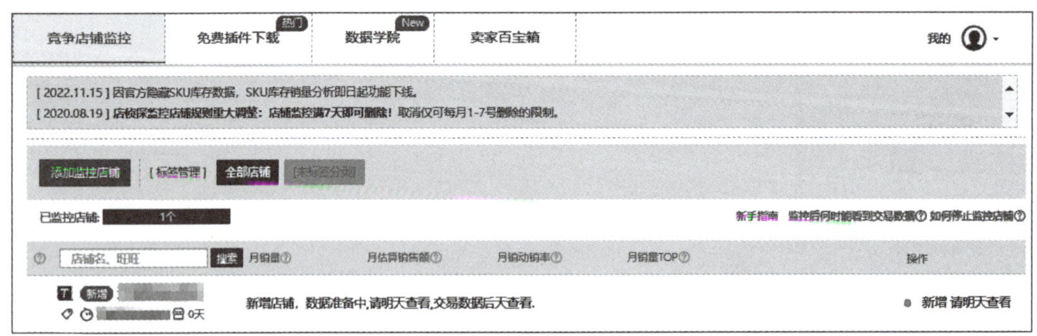

图 2-2-50 添加完成的“竞争店铺监控”页面

案例 2.2.7：竞品子页面的数据采集

请使用火车采集器进行某家居用品网店的竞品子页面的数据采集。

操作步骤如下所示。

步骤一：登录火车采集器，如图 2-2-51 所示。

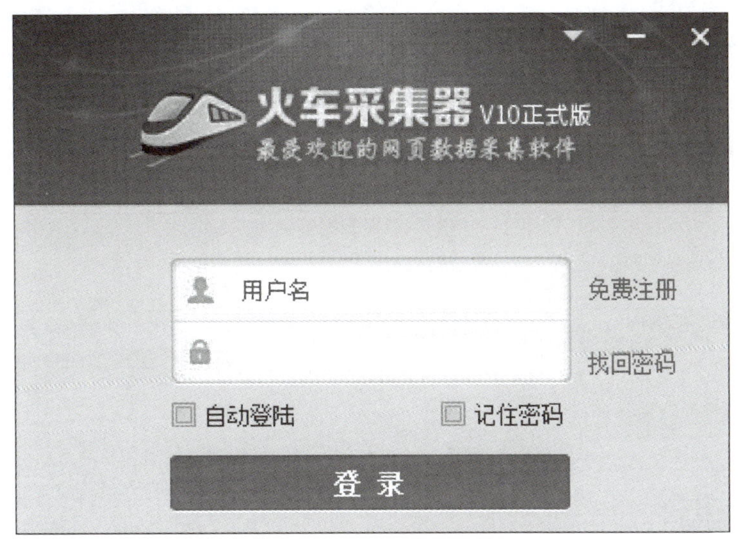

图 2-2-51　火车采集器登录页面

步骤二：进入火车采集器操作页面，如图 2-2-52 所示。

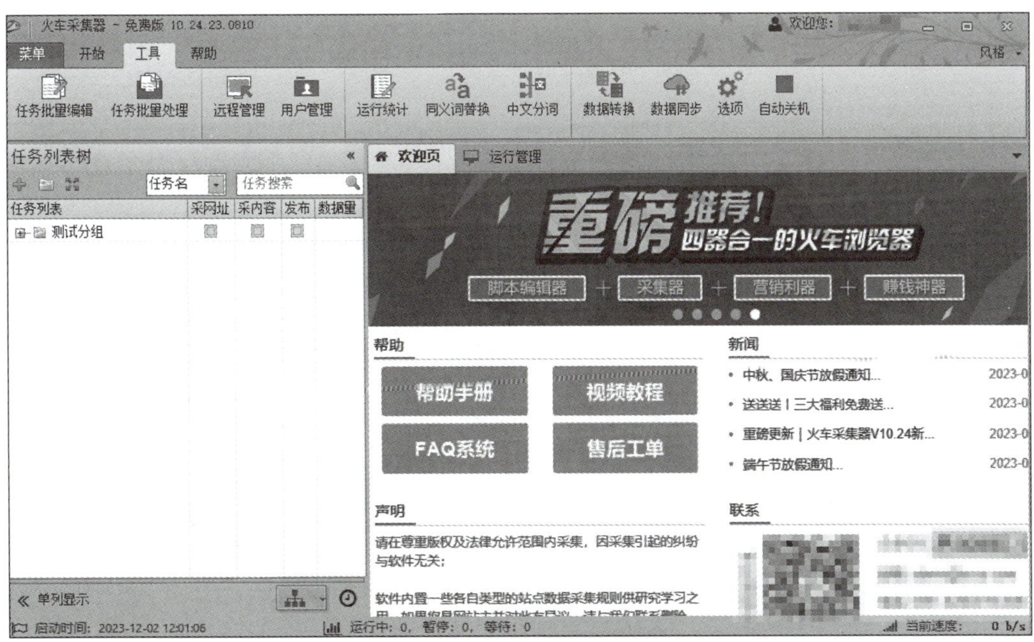

图 2-2-52　火车采集器操作界面

步骤三：点击新建分组，并为其命名，如图 2-2-53 和图 2-2-54 所示。

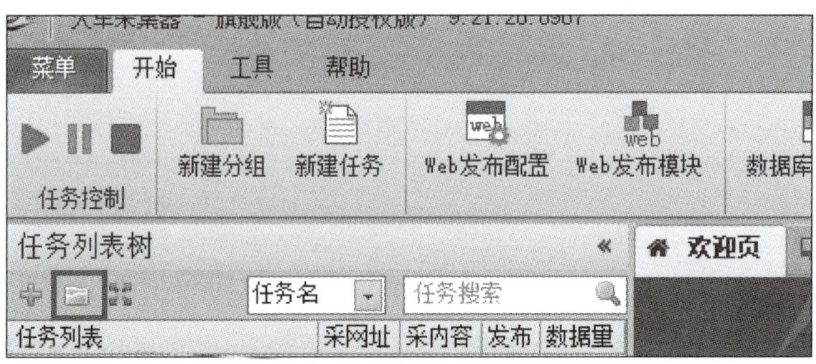

图 2-2-53　火车采集器新建分组

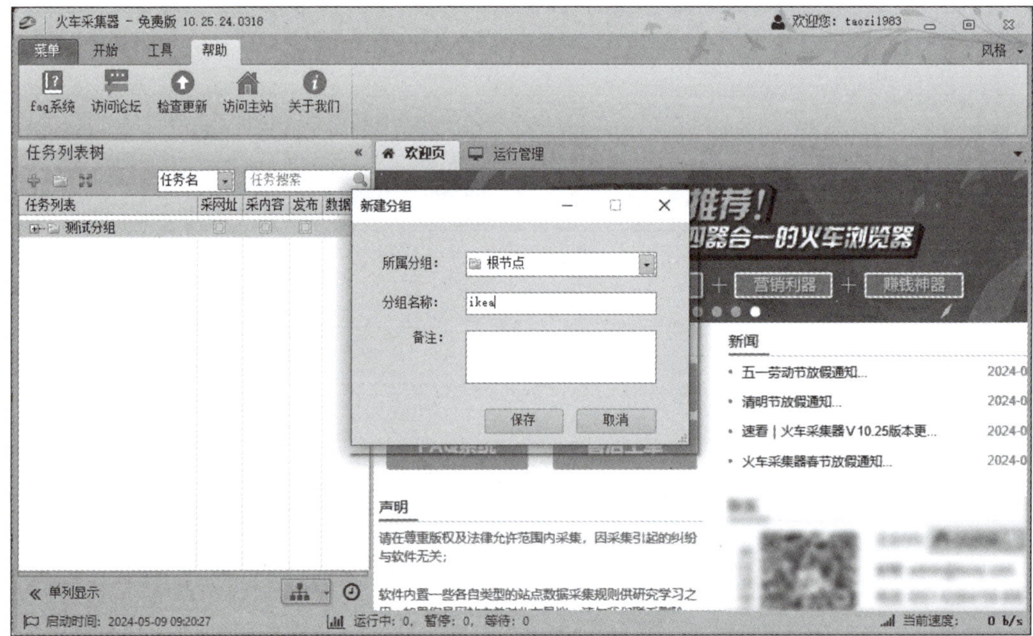

图 2-2-54　新建分组命名

步骤四：选中所建分组，点击“+”新建任务，如图 2-2-55 所示。

图 2-2-55　火车采集器新建任务

步骤五：任务的名称为“某家居用品网店的子网页链接地址的获取”，输入网址“https://www.ikea.cn/”，点击页面右下角的“高级模式”，即可帮助我们筛选出目标网址子页面的链接，如图 2-2-56 所示。

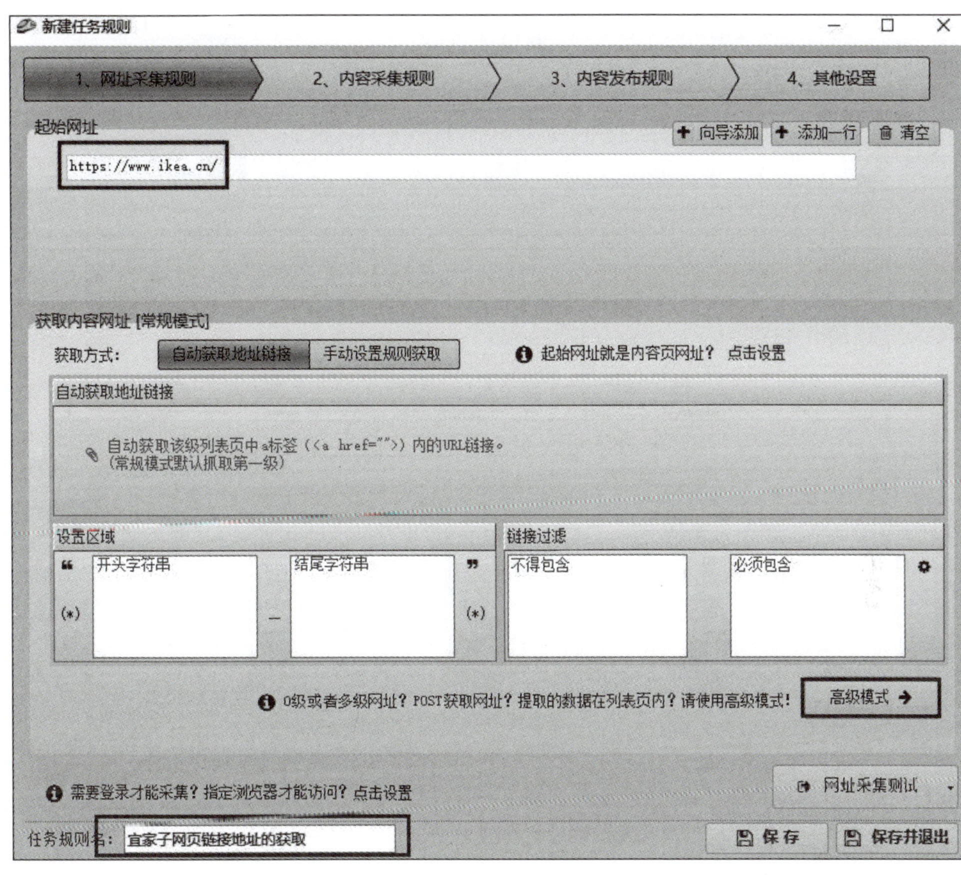

图 2-2-56　筛选链接

步骤六：通过观察我们可以发现，每个子页面的前缀都是 https://www.ikea.cn，如图 2-2-57 所示。

图 2-2-57　子页面前缀示例

步骤七：将“https://www.ikea.cn”输入到“链接过滤”下的“必须包含”框中，如图 2-2-58 所示，点击“网址采集测试”，进行网址采集。

步骤八：成功采集到 69 个子页面的链接，点击页面右下角“保存”，如图 2-2-59 所示。

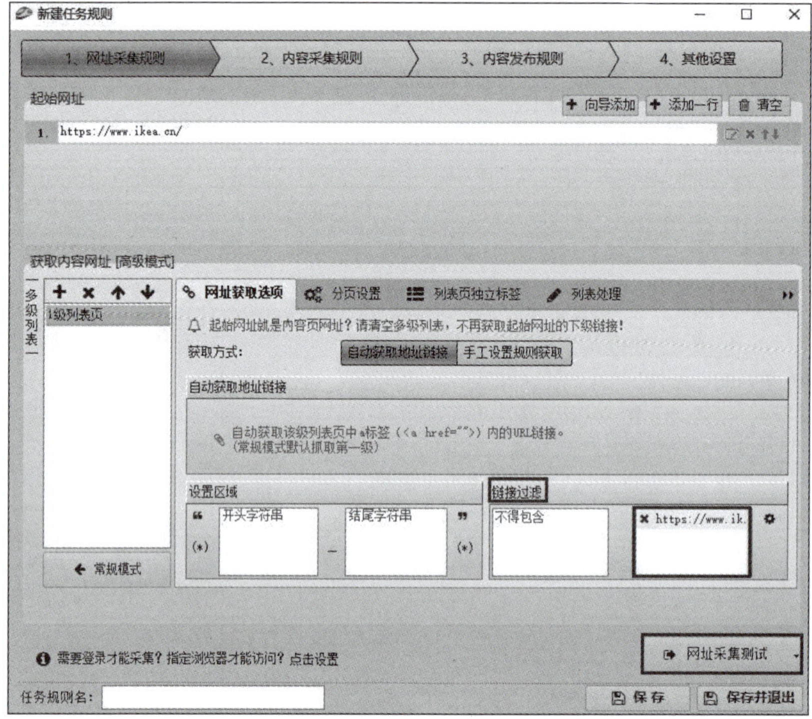

图 2-2-58　网址采集测试

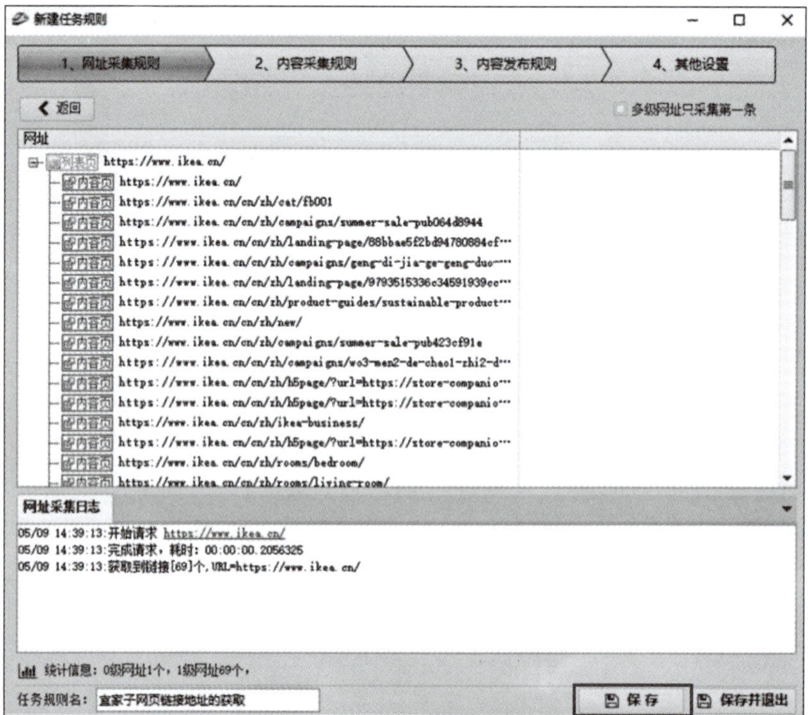

图 2-2-59　子页面链接采集成功

作业布置

1. 假设本店是一家开设在淘宝的皇冠级男鞋网店，店铺主营球鞋类目，主要销售价格为 100 ~ 500 元，请为本店找出 5 家竞店，并完成这 5 家竞店的基本信息数据采集。
2. 选择在上题中找到的一家竞店，绘制该竞店的商品分类结构树。
3. 采集第 2 题中所选竞店的商品分类数据，填写该竞店的商品结构数据采集报表。

项目三 运营数据采集

课题 1 客户数据采集

学习目标

- 知识目标

1. 认识客户数据指标。
2. 熟悉客户数据采集工具。
3. 熟悉客户数据采集报表。

- 技能目标

1. 能熟练使用客户数据采集工具。
2. 能进行客户数据采集。
3. 能制作客户数据采集报表。

理论知识

一、客户数据采集准备

1. 客户数据指标认知

客户数据指标包括客户基础指标、客户价值指标、新客户价值指标、老客户价值指标和客户商品偏好指标等，如图 3-1-1 所示。

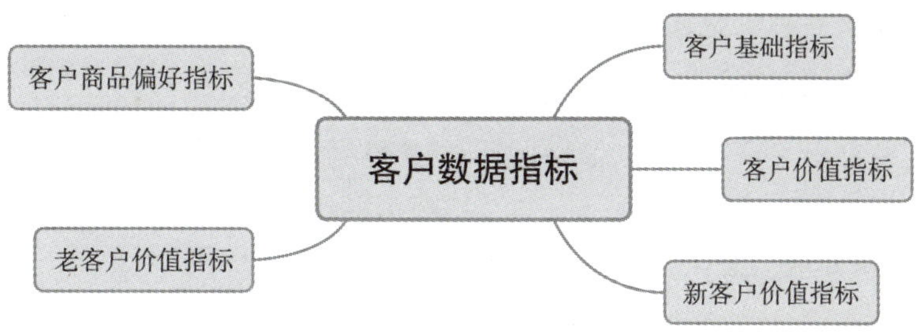

图 3-1-1　客户数据指标

（1）客户基础指标

客户基础指标包括客户的性别、年龄、职业、婚姻状况、所在地域、月均消费水平、受教育程度等。

（2）客户价值指标

1）店铺客户数。店铺客户数是指在统计时间内，店铺的访客、有互动行为的客户、支付买家的去重人数总和。

2）活跃客户数。活跃客户数是指在一定时间内（如 30 天内、60 天内等），经常发生购买行为或其他关键行为的客户数量。客户的活跃度是重要的客户价值指标，活跃客户会经常光顾店铺，并且会为店铺带来一定的价值，而客户活跃度的下降则通常意味着客户的流失。

3）活跃客户比。活跃客户比是指活跃客户数占客户总数的比例。如果一家网店经过一个长生命周期（如 3 个月或半年），活跃客户比还能稳定保持在 5%～10%，那么可以认为这家网店的客户活跃度表现非常好。客户活跃比的计算公式如下：

$$活跃客户比=\frac{活跃客户数}{客户总数}\times 100\%$$

4）流失客户数。流失客户数是指长时间未登录或未产生购买行为的客户数量。

5）客户流失率。客户流失率是指在一段时间内，没有消费的客户数占客户总数的比例。客户流失率是判断客户流失情况的主要指标，直接反映了网店经营与管理的状况。客户流失率的计算公式如下：

$$客户流失率=\frac{一定时间内没有消费的客户数}{客户总数}\times 100\%$$

6）回流客户数。回流客户数是指重新成为网店客户的流失客户数量。

7）收藏客户数。收藏客户数是指在一定时间内，有收藏但没有支付行为的客户数量，淘宝对于此段时间长度的规定是 30 日。

8）加购客户数。加购客户数是指在一定时间内，已将商品加入购物车但没有支付的客户数量。

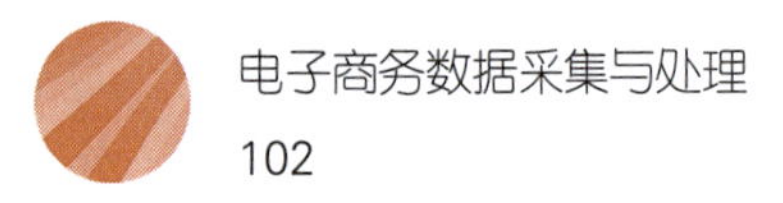

9）平均购买次数。平均购买次数是指在一定时间内，每个客户平均产生购买行为的次数。平均购买次数的计算公式如下：

$$平均购买次数=\frac{总购买次数}{购买客户总数}$$

10）客户回购率。客户回购率是指在下一期内有购买行为的客户占上一期期末的活跃客户的比例。客户回购率体现了客户对店铺、品牌或者商品和服务的重复购买次数。客户回购率越高，表明客户对其忠诚度越高，反之则越低。客户回购率是衡量客户忠诚度的一个重要指标。决定客户回购率的是“回头客”的数量。客户回购率的计算公式如下：

$$客户回购率=\frac{回购客户数}{客户总数}\times 100\%$$

11）客户留存率。客户留存率是指在某时间节点活跃的客户数量与之前某个特定时间周期内登录或消费过的客户数量的比例。客户留存率反映的是客户的转化率，体现的是初期的不稳定客户转化为活跃客户、稳定客户、忠诚客户的过程。根据不同时间点客户留存率的变化，可以分析不同时期客户的变化情况。客户留存率的计算公式如下：

$$客户留存率=\frac{回访客户数}{新增客户数}\times 100\%$$

12）已购客户数。已购客户数是指过去 365 天内有支付行为的客户人数。如果一名客户的支付时间超过 365 天，那么该客户就会自动从已购客户数中剔除。

13）未购客户数。未购客户数是指过去 15 天内有短视频图文互动、访问店铺行为，或者过去 30 天内有领券、商品收藏加购行为，或者过去 90 天内有咨询客服、店播（网店在自己的直播间直播“带货”的活动）互动、加粉（客户关注网店的社交账号或其他联系方式）、入会（成为网店会员）、下单未支付等行为，但过去 365 天内没有支付行为的客户人数。

14）潜在客户数。潜在客户数是指过去 15 天被店铺广告或内容（包括短视频、图文、直播等）曝光过的客户人数，不包括未购客户和已购客户。

15）客单价。客单价是指在统计时间内，每一位成交客户的平均支付金额，也就是平均交易金额。客单价的计算公式如下：

$$客单价=\frac{成交金额}{成交客户数}$$

16）粉丝数。粉丝数是指关注逛逛号（淘宝旗下的内容社区，提供购物、直播、短视频等功能）或店铺直播或店铺本身的客户总数。

17）会员数。会员数是指成为店铺会员的客户总数。

（3）新客户价值指标

1）新客户数。新客户数是指在统计时间内，首次或“超出行为有效期”之后再次与店铺产生访问、互动、支付行为的客户人数。

2）新客户比。新客户比是指在一段时间内，新客户数占客户总数的比例。新客户比的计算公式如下：

$$新客户比=\frac{新客户数}{客户总数}\times 100\%$$

3）新客户获取成本。新客户获取成本是指新客户的获客成本，即店铺获取一名新客户所投入的成本总和，由广告成本、营销人员的薪资和销售人员的薪资等成本之和除以获取的新客户数量计算得出。

4）新客户客单价。新客户客单价是指第一次在店铺中产生消费行为的客户所产生交易额的总和与新客户数量的比值。新客户客单价除了与推广渠道的质量有关，还与店铺活动等有关。

5）新访成交客户数。新访成交客户数是指首次产生访问或互动行为，且当天产生支付行为的客户人数。

其中，互动行为包括收藏、点赞、评论、转发内容（如短视频、图文、直播等），领券，收藏、加购商品，加粉，入会，咨询客服，下单未支付等行为。

6）新访未成交客户数。新访未成交客户数是指首次产生访问或互动行为，但当天未产生支付行为的客户人数。

（4）老客户价值指标

1）消费频率。消费频率是指客户在一定时间内的消费次数，消费频率越高，说明客户的忠诚度和价值越高。

2）最近一次购买时间。最近一次购买时间能够体现客户最近一次购买时间与现在时间的距离。

3）消费金额。消费金额是指客户在最近一段时间内购买的金额，消费金额越高的客户越有价值。

4）重复购买次数。重复购买次数是指在某个时期内产生两次及两次以上购买行为的客户人数。

5）重复购买率。重复购买率是指在某个时期内产生两次及两次以上购买行为的客户数（即复购客户数）占购买客户总数的比例。重复购买率的计算公式如下：

$$重复购买率=\frac{复购客户数}{购买客户总数}\times 100\%$$

6）回访成交客户数。回访成交客户数是指在之前产生过访问或互动行为的未购客户中，在统计时间内产生支付行为的客户人数。

7）回访未成交客户数。回访未成交客户数是指在之前产生过访问或互动行为的未购客户中，在统计时间内再次产生访问或互动行为的客户人数。

8）老客复购数。老客复购数是指在过去 365 天内产生过购买行为的客户中，在统计时间内再次产生支付行为的客户人数。

9）老客未复购数。老客未复购数是指在过去 365 天内产生过购买行为的客户中，在统计时间内产生访问或互动行为，但没有再次产生支付行为的客户人数。

（5）客户商品偏好指标

客户商品偏好指标包括商品的款式、适用场景、品质、风格、工艺、口味、图案、功能、材质、价格等方面的商品属性。

2. 客户数据采集工具选择

客户数据采集工具的选择需要根据数据分析任务的需求来确定。通常情况下，客户数据分析分为三个维度：一是老客户的基本情况分析，即客户画像分析，通常用于精准分析喜爱本店铺的客户群体的特征；二是老客户的行为分析，通常用于分析老客户的购买偏好、行为特征等；三是潜在客户分析，通常用于开发新客户的活动策略参考。

采集老客户的基本情况和行为数据时，我们通常可以选择电子商务平台提供的数据工具，例如淘宝提供的生意参谋、京东提供的京东商智、拼多多开放平台的数据采集工具等。

采集潜在客户数据时，我们通常可以选择第三方数据采集工具，如八爪鱼采集器、店侦探、百度指数、百度统计、淘数据、火车采集器等。

二、客户数据采集实施

1. 客户数据指标选择

客户数据指标的选择通常需要根据客户数据分析的具体内容决定。客户数据分析通常从客户画像和客户行为两个维度展开。

客户画像通常与客户基础属性有关，它包含了能够反映客户个体特性的相关数据。采集客户画像数据时，我们可以选择客户的性别、年龄、地域、品牌偏好、购物时间偏好、商品评价偏好等数据指标。

客户行为通常与客户购买行为相关，采集用户行为数据时，我们可以选择所购商品的名称、数量、金额、评价、浏览量、收藏量，以及客户的购买次数、时间等数据指标。

2. 客户画像数据采集

（1）使用生意参谋采集

淘宝商家可直接使用生意参谋采集客户画像数据。在生意参谋的“客户”页面下的“客户概况”中的“店铺客户”页面中，用户可以查看与客户概况有关的数据，如图 3-1-2 所示。该页面包含了“店铺客户”“店铺客户资产”“店铺运营投入”等客户数据。

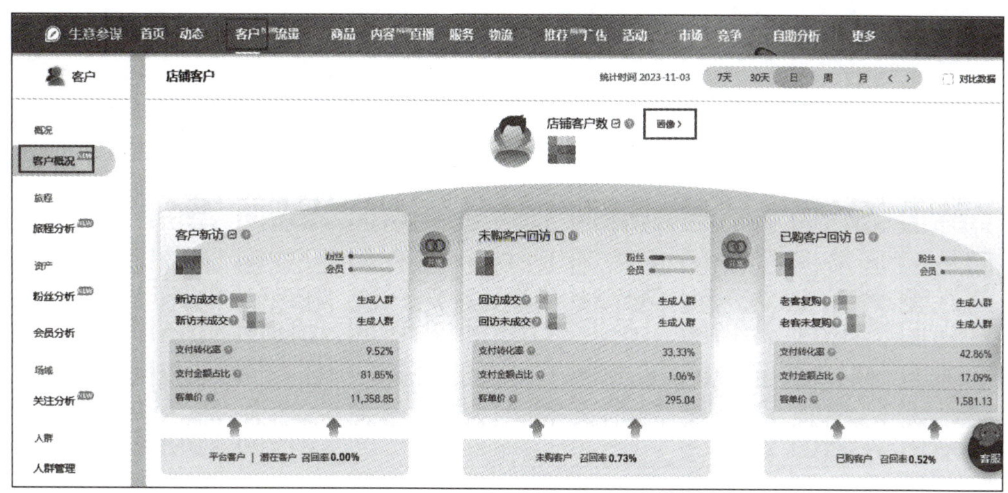

图 3-1-2　生意参谋“店铺客户”内容

点击图 3-1-2 中的“画像”，可进入“客户画像”页面，如图 3-1-3 所示。该页面包括“逛店偏好”“预测消费层级”“预测性别占比”“预测年龄占比”“预测地域分布（市）”“预测地域分布（省）”“预测职业分布”“预测学历占比”“浏览品牌偏好”“粉丝浏览类目偏好（除虚拟类目）”“兴趣爱好（偏好度）”等客户数据。

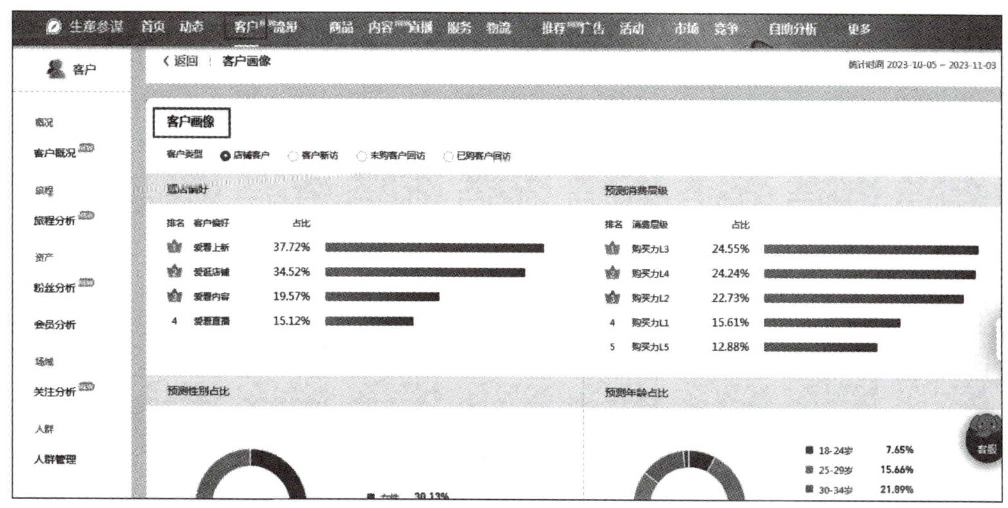

图 3-1-3　生意参谋“客户画像”

（2）使用第三方数据采集工具采集

以“百度指数”为例，进入百度指数官方网站并登录，在搜索框输入想查询的关键词，即可采集该关键词的“人群画像”数据。商家可通过搜索与本店主营商品相关的关键词，查看百度指数中该关键词的“人群画像”，包括人群的“地域分布”“年龄分布”“性别分布”“兴趣分布”等方面的数据，并据此判断对本店主营商品感兴趣的潜在客户的特征。

3. 客户行为数据采集

以淘宝平台入驻店铺为例，我们可以在生意参谋的“商品”页面下的“品类 360”中的“品类排行”中采集客户行为数据，如图 3-1-4 所示。“标准类目”允许查看“标准类目排行”数据，类目排行允许查看各级类目和子类目的浏览量、加购人数、加购件数、收藏量、支付买家数等客户行为数据。

但需要注意的是，查看“品类 360”数据需要开通专业版生意参谋。

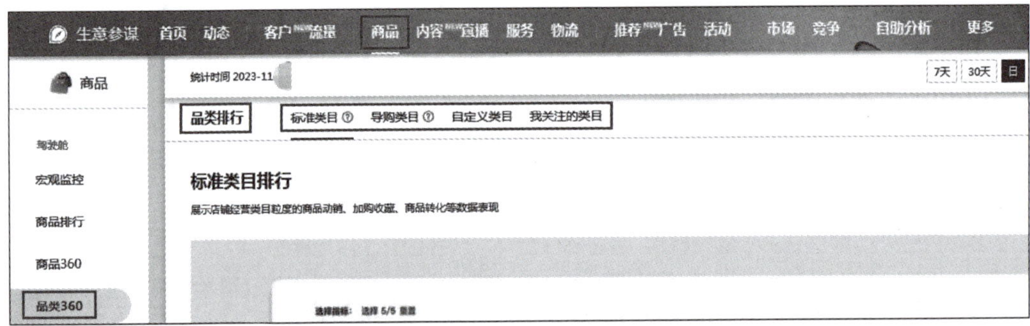

图 3-1-4　生意参谋“品类 360”

三、客户数据采集报表制作

1. 客户画像数据采集报表

客户画像数据采集报表可以分为客户基础数据采集报表、客户地域数据采集报表等类型，示例见表 3-1-1 和表 3-1-2。

表 3-1-1　客户基础数据采集报表

客户名称	级别	性别	年龄	地区	职业	使用终端

表 3-1-2　客户地域数据采集报表

统计终端	地域	访客数（人）	下单转化率

2. 客户行为数据采集报表

客户行为数据采集报表可以分为客户交易行为数据采集报表、客户访问时段数据采集报表等类型，示例见表 3-1-3 和表 3-1-4。

表 3-1-3　客户交易行为数据采集报表

客户名称	送货地址	使用终端	交易笔数（笔）	交易总额（元）	下单时间	客户级别

表 3-1-4　客户访问时段数据采集报表

统计终端	统计时段	访客数（人）	下单客户数（人）

技能实施

案例 3.1.1：自营淘宝店铺客户画像数据采集

请使用生意参谋的“客户”进行自营淘宝店铺的客户画像数据采集。

操作步骤如下所示。

步骤一：登录淘宝，进入商家后台，通过商家后台进入生意参谋。

步骤二：点击顶端功能菜单中的“客户”，弹出下拉菜单，点击进入“客户概况”，如图 3-1-5 所示。

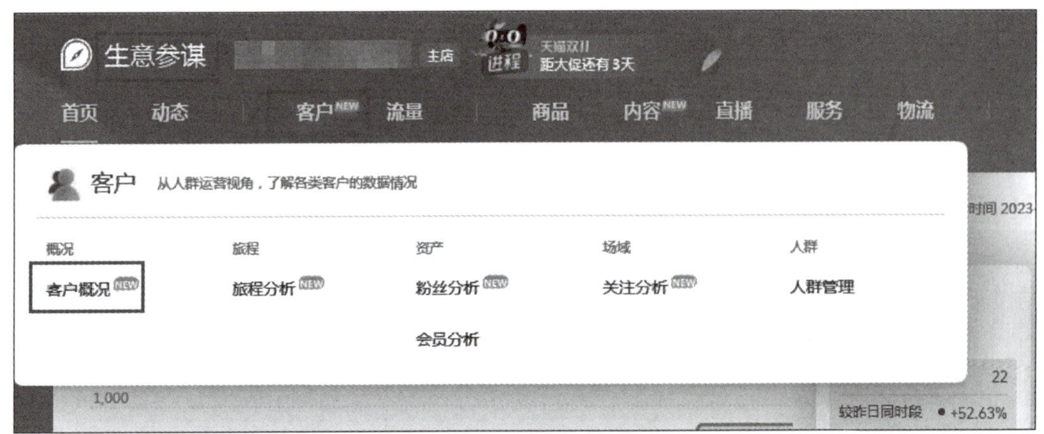

图 3-1-5　生意参谋“客户”

步骤三：在“客户概况”页面中，点击“店铺客户”中的“画像”，即可进入“客户画像”页面，如图 3-1-6 所示。

图 3-1-6　生意参谋“客户概况”

步骤四：在“客户画像”页面中采集“店铺客户”“客户新访”“未购客户回访”“已购客户回访”等类型客户的客户画像数据，如图 3-1-7 所示。

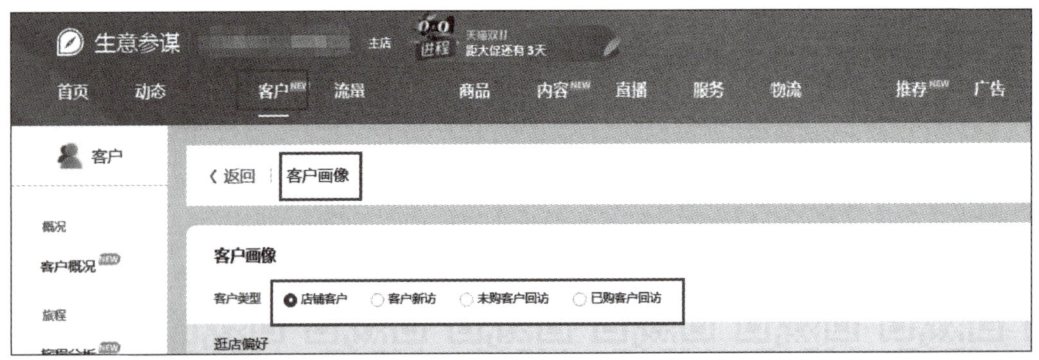

图 3-1-7　生意参谋“客户画像”

步骤五：查看客户画像的各项数据，店铺的部分客户画像数据示例如图 3-1-8 至图 3-1-11 所示。

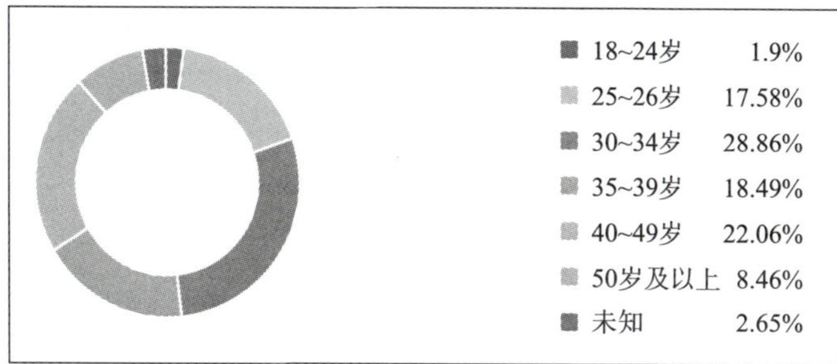

图 3-1-8　客户年龄占比

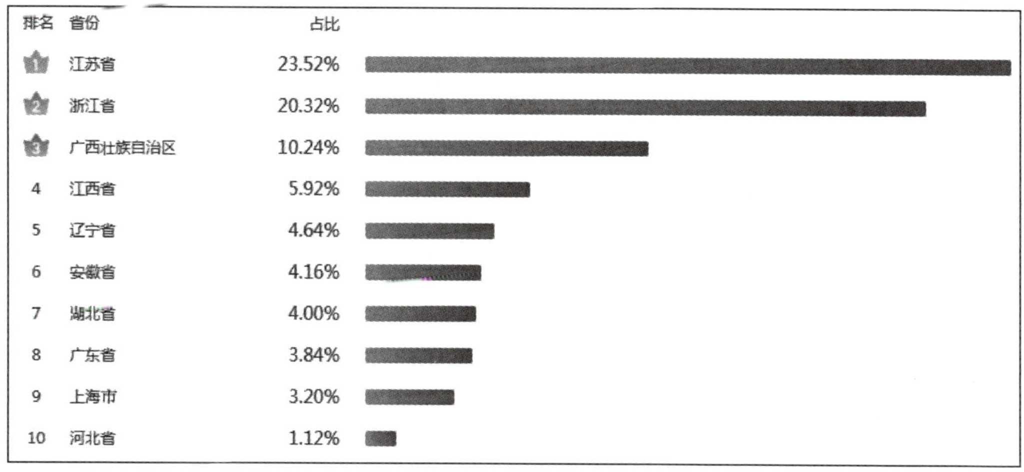

排名	省份	占比
1	江苏省	23.52%
2	浙江省	20.32%
3	广西壮族自治区	10.24%
4	江西省	5.92%
5	辽宁省	4.64%
6	安徽省	4.16%
7	湖北省	4.00%
8	广东省	3.84%
9	上海市	3.20%
10	河北省	1.12%

图 3-1-9　客户地域分布

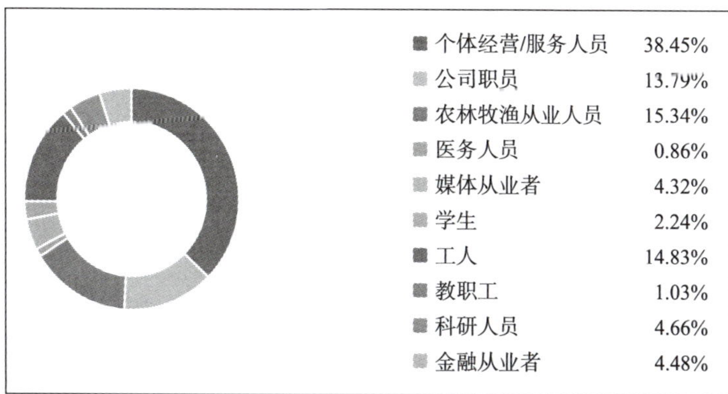

图 3-1-10　客户职业分布

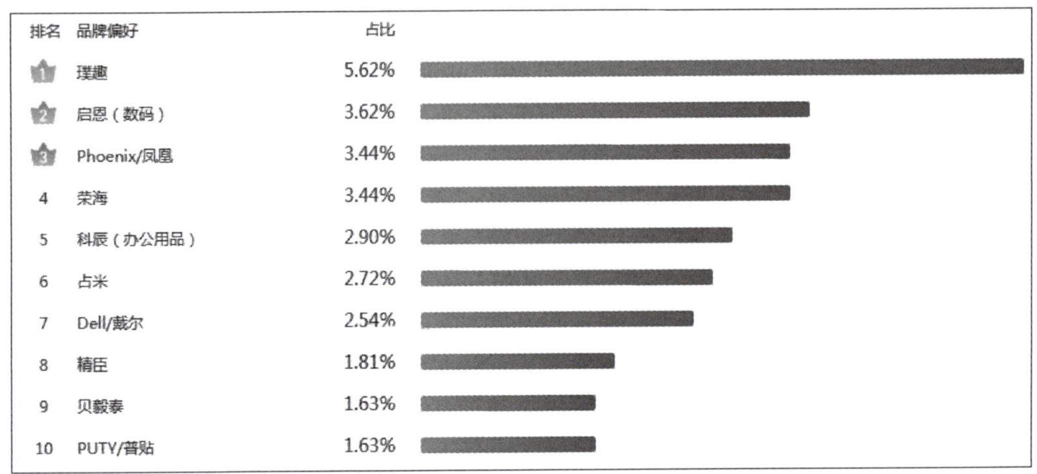

图 3-1-11　客户品牌偏好

案例 3.1.2：自营淘宝店铺客户行为数据采集

请使用生意参谋的“流量”进行自营淘宝店铺的客户行为数据采集。

操作步骤如下所示。

步骤一：登录淘宝，进入商家后台，通过商家后台进入生意参谋。

步骤二：点击顶端功能菜单中的“流量”，弹出下拉菜单，点击进入“访客分析”，在该页面中可采集“访客分布”数据，包括“时段分布”“地域分布”“特征分布”“行为分布”等几个方面。店铺访客的访问时段分布数据示例如图 3-1-12 所示。店铺访客的消费层级分布数据示例如图 3-1-13 所示。店铺的新老访客分布数据示例如图 3-1-14 所示。

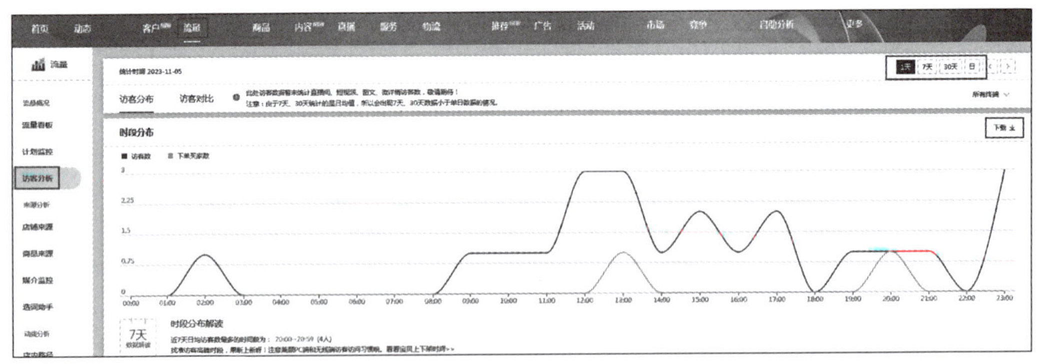

图 3-1-12　店铺访客的访问时段分布数据示例

步骤三：点击“下载”即可将上述客户行为数据下载到本地。

消费层级

消费层级(元)	访客数	占比	下单转化率
0~25.0	15	53.57%	6.67%
60.0~140.0	4	14.29%	25.00%
25.0~60.0	3	10.71%	33.33%
140.0~320....	3	10.71%	33.33%
320.0~905....	2	7.14%	50.00%
905.0以上	1	3.57%	100.00%

图 3-1-13　店铺访客的消费层级分布数据示例

店铺新老访客

访客类型	访客数	占比	下单转化率
新访客	24	88.89%	12.50%
老访客	3	11.11%	33.33%

图 3-1-14　店铺的新老访客分布数据示例

案例 3.1.3：对“办公用品”进行需求人群画像数据采集

请使用百度指数对“办公用品”的需求人群画像数据进行采集。

操作步骤如下所示。

步骤一：打开百度指数官方网站并登录。

步骤二：在搜索框中输入“办公用品”，进入“趋势研究”页面，点击“人群画像”，如图 3-1-15 所示。

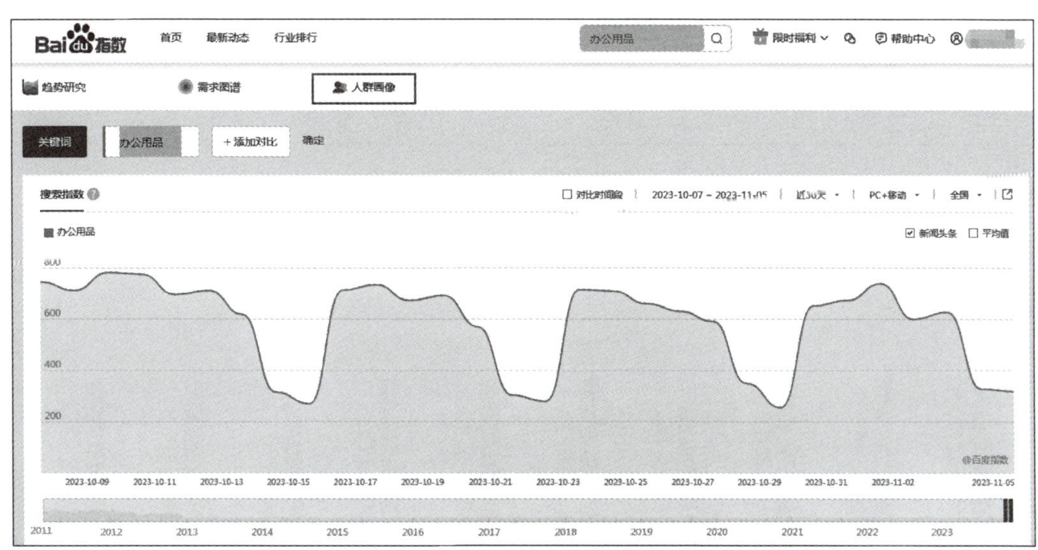

图 3-1-15　百度指数“办公用品”人群画像

步骤三：“人群画像”页面中包含“地域分布”“人群属性”“兴趣分布”等数据。“办公用品”人群画像的地域分布数据如图 3-1-16 所示。“办公用品”人群画像的人群属性数据如图 3-1-17 所示。“办公用品”人群画像的兴趣分布数据如图 3-1-18 所示。

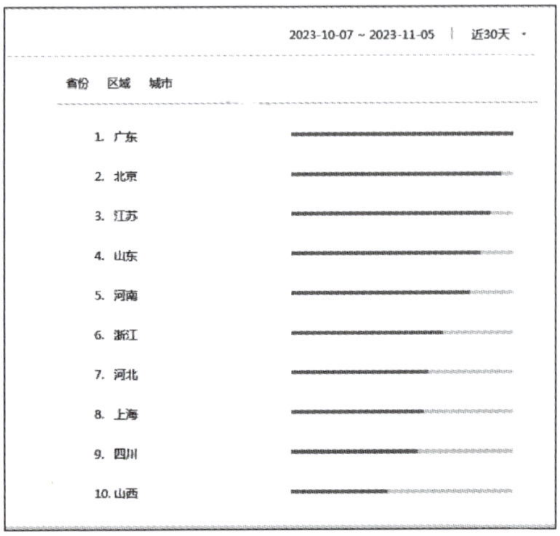

图 3-1-16 “办公用品”人群画像的地域分布数据

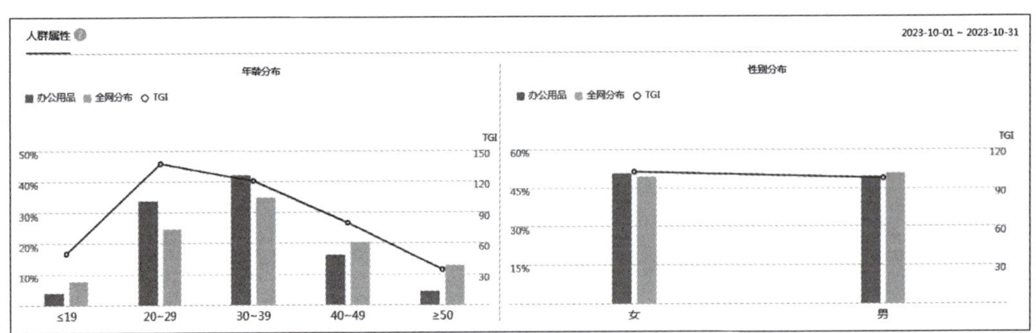

图 3-1-17 “办公用品”人群画像的人群属性数据

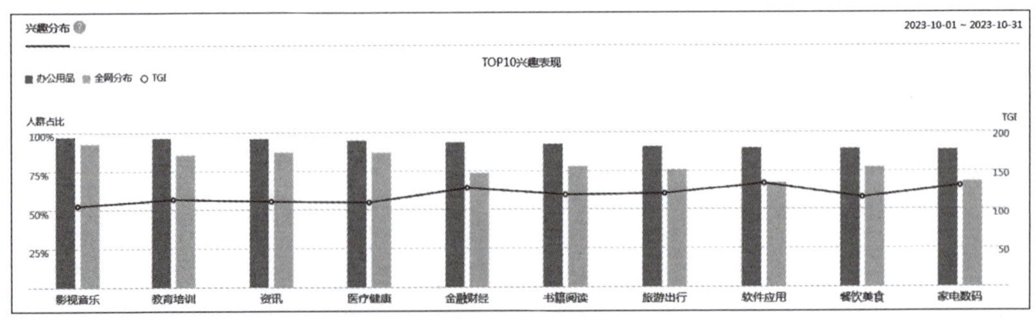

图 3-1-18 “办公用品”人群画像的兴趣分布数据

作业布置

1. 对自营淘宝店铺进行客户画像数据采集。
2. 对自营淘宝店铺进行客户行为数据采集。
3. 对照自营淘宝店铺的经营类目和主营商品，使用百度指数进行人群画像数据采集。

课题 2　销售数据采集

学习目标

● 知识目标

1. 认识销售数据指标。
2. 熟悉销售数据采集工具。
3. 熟悉销售数据采集报表。

● 技能目标

1. 能熟练使用销售数据采集工具。
2. 能进行销售数据采集。
3. 能制作销售数据采集报表。

理论知识

一、销售数据采集准备

1. 销售数据指标认知

销售数据指标包括购物车类指标、下单类指标、支付类指标、交易类指标、利润效果类指标等，如图 3-2-1 所示。

（1）购物车类指标

1）加购次数。加购次数是指在统计时间内，商品被加入购物车的次数总和。

2）加购买家数。加购买家数是指在统计时间内，将商品加入购物车的买家数总和。

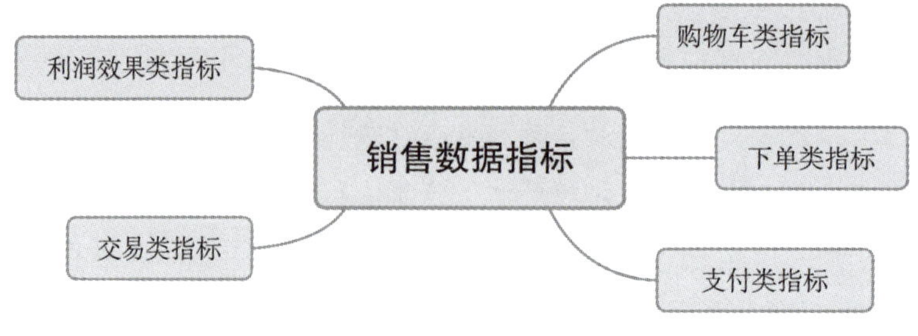

图 3-2-1　销售数据指标

3）加购商品数。加购商品数是指在统计时间内，被加入购物车的 SKU（stock keeping unit，最小存货单位）数量。

4）购物车支付转化率。购物车支付转化率是指在统计时间内，将商品加入购物车的支付买家数与将商品加入购物车的全部买家数的比值。

（2）下单类指标

1）下单笔数。下单笔数是指在统计时间内，提交订单的总数量。

2）下单金额。下单金额是指在统计时间内，提交订单的总金额。

3）下单买家数。下单买家数是指在统计时间内，提交订单的买家总数量。

4）订单转化率。订单转化率是指在统计时间内，有效订单数和访客数的比值。计算公式如下：

$$订单转化率=\frac{有效订单数}{访客数}\times 100\%$$

（3）支付类指标

1）支付金额。支付金额是指在统计时间内，买家下单并成功支付的订单金额总额，支付金额的统计规则有以下几个要点。

①对于预售订单而言，未支付尾款时，定金部分不计入该指标，付清尾款后，定金和尾款计入支付尾款当天的支付金额。

②该指标不剔除售中及售后的退款金额。

③该指标已剔除天猫 U 先、Lazada、门店线下 O2O（online to offline，线上到线下的商业模式）交易、跨境海外转运单等订单的金额。

④部分特殊业务不统计在内，如 88VIP 会员卡、盒马、淘票票、新零售等。

⑤运费、购物金（购物金在充值和购物时会计入两次）会被包含在支付金额内，而优惠券、品类券、红包则不会。

2）支付买家数。支付买家数是指在统计时间内，实际完成支付的买家的去重数量。该指标的统计规则有以下几个要点。

①该指标未剔除退款买家。

②去重是指无论一个消费者购买了多少件商品，都只被统计为一个买家。假设消费者甲在某一天购买 A 商品时完成了一单支付，而后为购买 B 商品，当天又完成了一单支付，或者消费者甲在某一天购买了 A 商品的多个 SKU，上述两种情况均只计入一个支付买家。

③预售订单和定金的数据均不计入该指标，应待尾款付清后，计入付尾款当日的支付买家数。

3）支付商品数。支付商品数是指在统计时间内，实际完成了支付的商品数量。

4）浏览—支付买家转换率。浏览—支付买家转换率是指在统计时间内，支付买家数和访客数的比值。计算公式如下：

$$\text{浏览—支付买家转换率} = \frac{\text{支付买家数}}{\text{访客数}} \times 100\%$$

5）下单—支付金额转化率。下单—支付金额转化率是指在统计时间内，完成支付的金额和下单金额的比值。计算公式如下：

$$\text{下单—支付金额转化率} = \frac{\text{支付金额}}{\text{下单金额}} \times 100\%$$

6）下单—支付时长。下单—支付时长是指从下单时间到支付时间之间的时长。

（4）交易类指标

1）交易成功订单数。交易成功订单数是指在统计时间内，买家收到货，且卖家收到款的订单数量。

2）交易成功买家数。交易成功买家数是指在统计时间内，买家收到货，且卖家收到款的买家去重数。

3）交易成功商品数。交易成功商品数是指在统计时间内，买家收到货，且卖家收到款的商品数量。

4）交易失败订单数。交易失败订单数是指在统计时间内，由各种原因导致交易失败的订单总数。

5）交易失败订单金额。交易失败订单金额是指在统计时间内，由各种原因导致交易失败的订单总金额。

6）交易订单失败买家数。交易订单失败买家数是指在统计时间内，由各种原因导致交易失败的去重买家数。

7）交易失败商品数。交易失败商品数是指在统计时间内，由各种原因导致交易失败的商品总数。

8）退款数量。退款数量是指在统计时间内，发生退款的订单总数。

9）退款金额。退款金额是指在统计时间内发生的退款总金额。

10）退款率。退款率是指近 30 天内成功退款的订单笔数与支付完成订单笔数的比值。

11）退货数量。退货数量是指在统计时间内，发生退货的订单总数。

12）退货买家数量。退货买家数量是指在统计时间内，发生退货的买家去重数。

13）订单退货率。订单退货率是指退货数量与同期商品成交总量的比值。计算公式如下：

$$订单退货率=\frac{退货数量}{同期商品成交总量}\times 100\%$$

（5）利润效果类指标

1）销售量。销售量是指在统计时间内，实际销售出去的商品数量。

2）销售额。销售额是指在一定统计时间内的销售总金额，计算公式如下：

$$销售额=访客数\times 成交转化率\times 客单价$$

3）销售毛利。销售毛利是指销售收入净额和销售成本的差。计算公式如下：

$$销售毛利=销售收入净额-销售成本$$

4）销售毛利率。销售毛利率是指销售毛利与销售额的比值。计算公式如下：

$$销售毛利率=\frac{销售毛利}{销售额}\times 100\%$$

5）销售利润。销售利润是指电子商务企业所有销售业务实现的利润总额。计算公式如下：

$$\begin{aligned}销售利润=&营业收入-营业成本-税金及附加-销售费用-管理费用-财务费用+\\&其他收益（或-投资损失）+投资收益（或-投资损失）+公允价值变动\\&收益（或-公允价值变动损失）+资产处置收益（或-资产处置损失）\end{aligned}$$

6）销售利润率。销售利润率是指销售利润与销售额的比值。计算公式如下：

$$销售利润率=\frac{销售利润}{销售额}\times 100\%$$

7）投资回报率。投资回报率是指销售利润与投资总额的比值。计算公式如下：

$$投资回报率=\frac{销售利润}{投资总额}\times 100\%$$

8）客单价。客单价是指在统计时间内，所有买家的平均支付金额。计算公式如下：

$$客单价=\frac{成交总金额}{成交客户总数}$$

9）件单价。件单价是指在统计时间内，所有商品的平均售出价格。计算公式如下：

$$件单价=\frac{成交总金额}{成交商品数量}$$

2. 销售数据采集工具选择

自营店铺的销售数据采集通常选择使用电子商务平台提供的数据采集工具完成，例如淘宝提供的生意参谋、京东提供的京东商智、拼多多开放平台的数据采集工具等。

二、销售数据采集实施

1. 交易数据采集

以淘宝为例，商家可直接在生意参谋和淘宝商家后台中采集交易数据。

在生意参谋中的“交易”页面中，商家可查看“交易概况”“交易构成”“交易明细”数据，如图 3-2-2 所示。

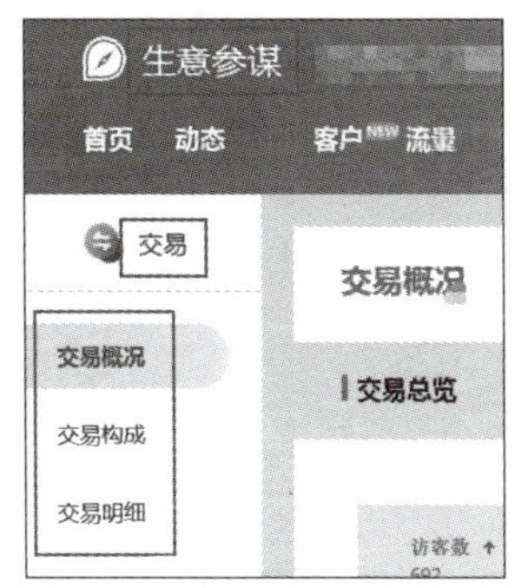

图 3-2-2 生意参谋“交易”

“交易概况”包括“交易总览”“交易趋势”等数据。“交易构成”包括“终端构成”“类目构成”“品牌构成”“价格带构成”“资金回流构成”等数据。“交易明细”包括“订单编号”“订单创建时间”“支付时间”“支付金额”“确认收货金额”“商品成本”“运费成本”等数据。点击“下载”即可将选定周期的交易数据下载到本地。

淘宝商家后台中的“交易”页面下的“订单管理”中的“已卖出宝贝”版块允许商家查看“近三个月订单”和“三个月前订单”的相关数据，点击“批量导出”即可将这些数据下载到本地，如图 3-2-3 所示。

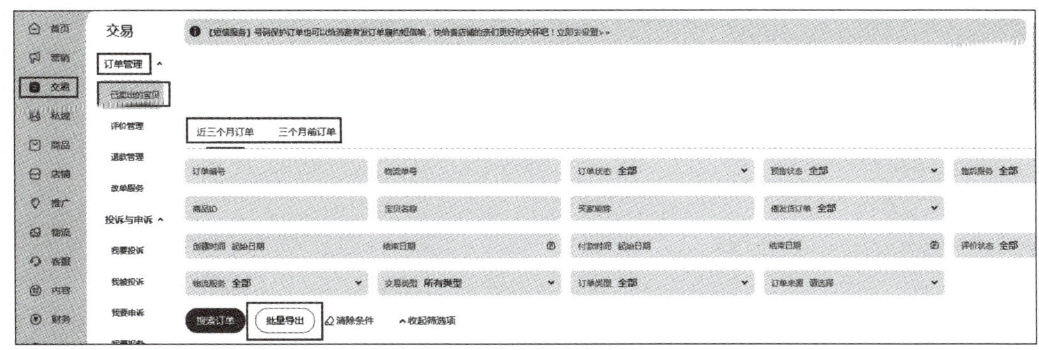

图 3-2-3 淘宝商家后台交易数据的采集

此外，数据采集人员也可以利用筛选功能，设定订单信息、订单状态、订单类型等筛选条件，进行特定订单的搜索，完成指定交易数据的采集。

2. 服务数据采集

以淘宝为例，商家可直接在淘宝商家后台中采集服务数据。

淘宝商家后台的“店铺”页面下的“店铺体验分”中的“新灯塔考核”允许商家查看“物流体验”“咨询体验”“售后体验”“纠纷体验”等服务数据，如图 3-2-4 所示。

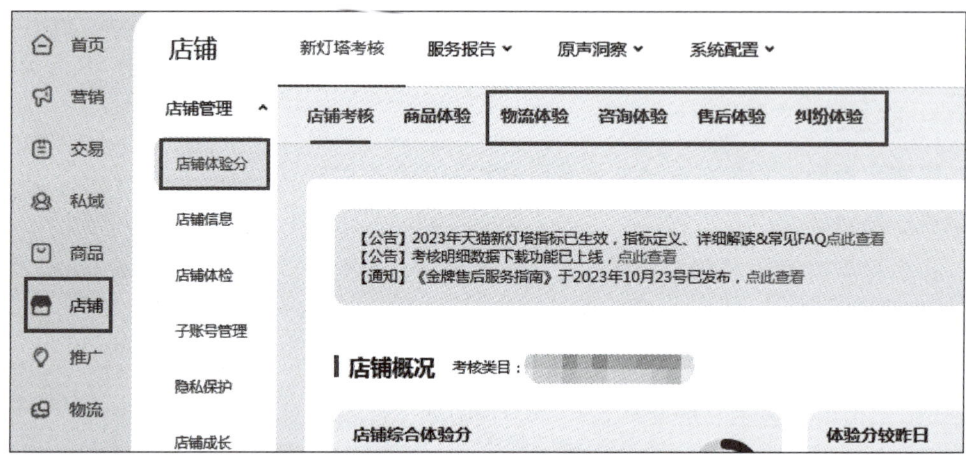

图 3-2-4 淘宝商家后台“新灯塔考核”

淘宝商家后台的“店铺”页面下的“店铺体验分”中的“服务报告”允许商家查看“客户之声”的“体验报告”，包括“大促报告”“商品报告”等服务数据，如图 3-2-5 所示。

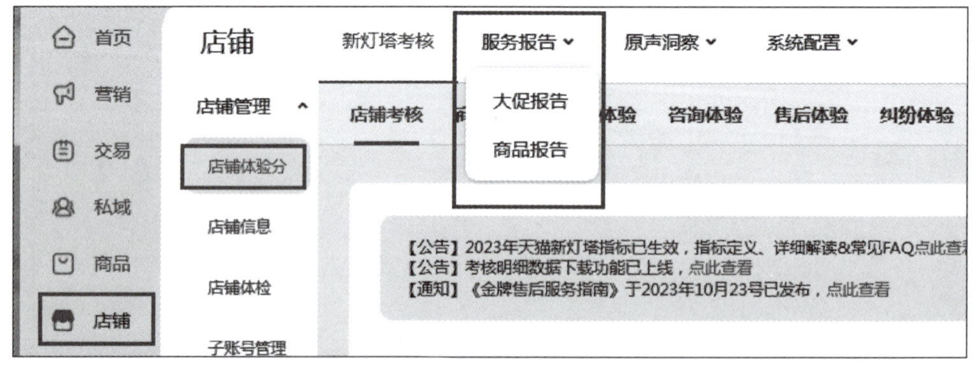

图 3-2-5 淘宝商家后台“服务报告”

“客户之声”中除了“新灯塔考核”和“体验报告”，还有“原声洞察”“体验洞察”等服务数据，如图 3-2-6 所示。其中，“原声洞察”中有“评价洞察”“退款洞察”“咨询洞察”等服务数据，“体验洞察”中有“问题订单”数据。

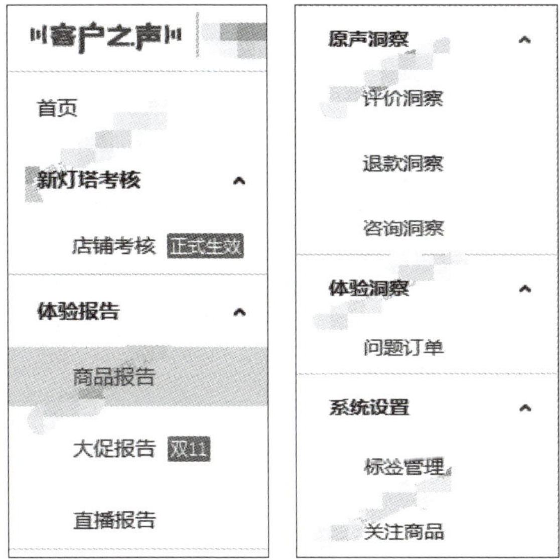

图 3-2-6　淘宝商家后台“客户之声”

三、销售数据采集报表制作

1. 交易数据采集报表

交易数据采集报表包括网店销售数据采集报表、监控店铺销售数据采集报表等，见表 3-2-1 和表 3-2-2。

表 3-2-1　网店销售数据采集报表

订单日期	订单号	商品名称	商品规格	商品单价（元）	商品数量（件）	折扣率（%）	实际收款（元）	交易状态	买家 ID（买家账号）	收件人	联系电话	收货地址

表 3-2-2　监控店铺销售数据采集报表

日期	月销量（件）	月估算销售额（元）	月销售商品种类（种）	月销动销率（%）

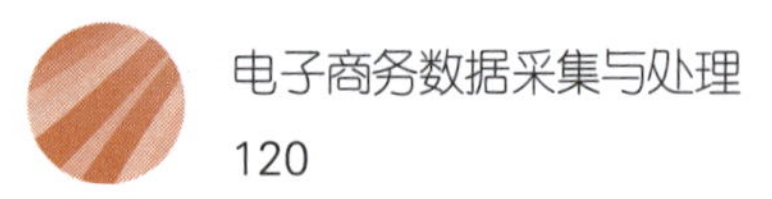

2. 服务数据采集报表

以淘宝店铺为例，服务数据采集报表示例见表 3-2-3。

表 3-2-3　淘宝店铺服务数据采集报表

物流体验			咨询体验		售后体验		纠纷体验	
揽收及时率（%）	物流到货时长（小时）	物流差评率（%）	旺旺人工响应时长（秒）	旺旺满意度（%）	退款处理时长（天）	平台售后任务处理时长（小时）	平台求助率（%）	平台判责率（%）

技能实施

案例 3.2.1：自营淘宝店铺交易数据采集

请使用生意参谋进行自营淘宝店铺近 30 天的交易数据采集。

操作步骤如下所示。

步骤一：登录淘宝，进入商家后台，通过商家后台进入生意参谋。

步骤二：点击“交易”，进入“交易”下的“交易概况”页面，如图 3-2-7 所示。

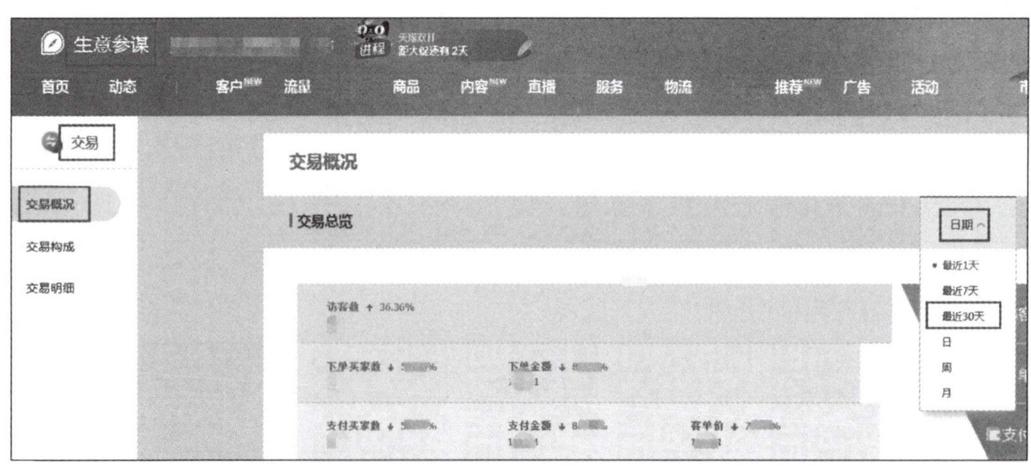

图 3-2-7　生意参谋“交易概况”

步骤三：点击“日期”，选择“最近 30 天”，该功能允许查看近 30 天的“交易总览”数据，如图 3–2–8 所示。

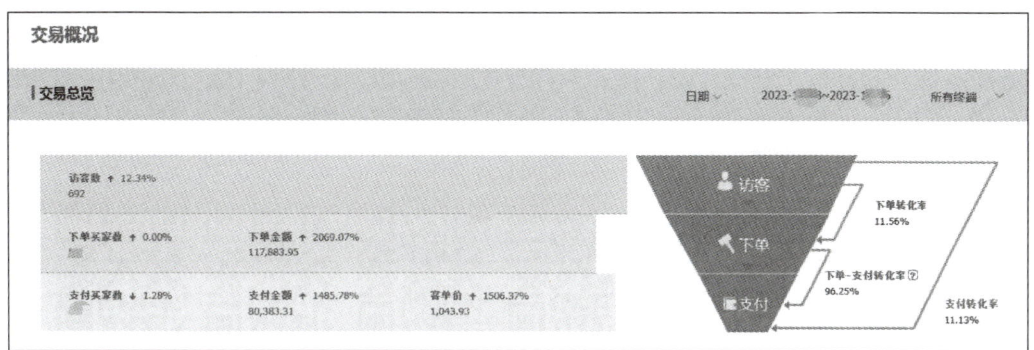

图 3–2–8　生意参谋“交易总览”

步骤四：选择“交易总览”下方的“交易趋势”，点击“指标”，可以勾选需要采集的数据指标，如图 3–2–9 所示。

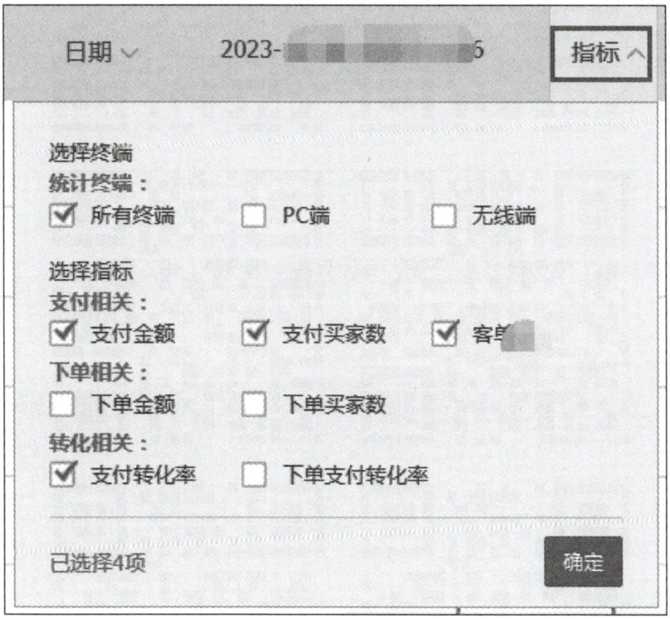

图 3–2–9　交易趋势“指标”

在“交易趋势”折线图中移动鼠标光标，可查看对应日期下的各类数据指标，如图 3–2–10 所示。点击“下载”，可将数据下载到本地。

步骤五：选择“交易构成”，选择“最近 30 天”，即可查看“交易构成”中的“终端构成”数据，如图 3–2–11 所示。点击“下载”，可将数据下载到本地。

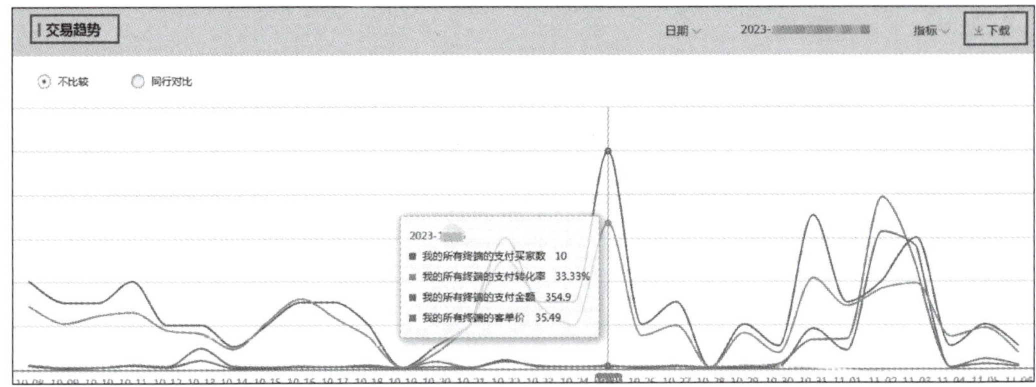

图 3-2-10 “交易趋势”折线图

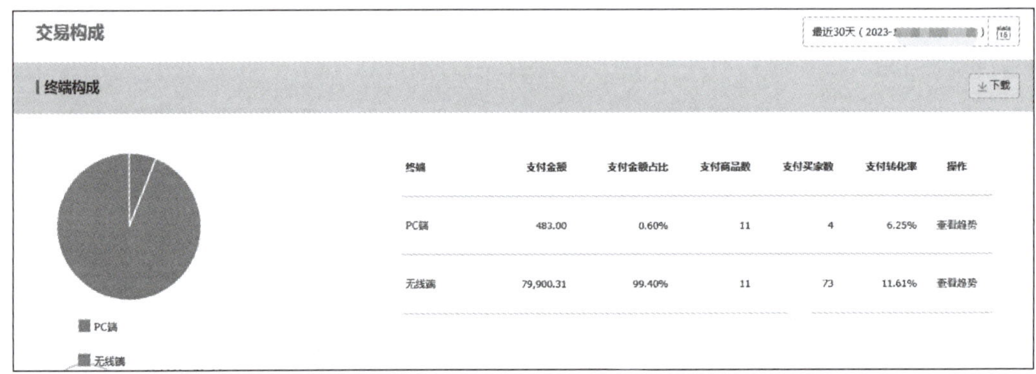

终端	支付金额	支付金额占比	支付商品数	支付买家数	支付转化率	操作
PC端	483.00	0.60%	11	4	6.25%	查看趋势
无线端	79,900.31	99.40%	11	73	11.61%	查看趋势

图 3-2-11 交易构成“终端构成”

“交易构成”中的“类目构成”数据如图 3-2-12 所示。点击“下载”，可将数据下载到本地。

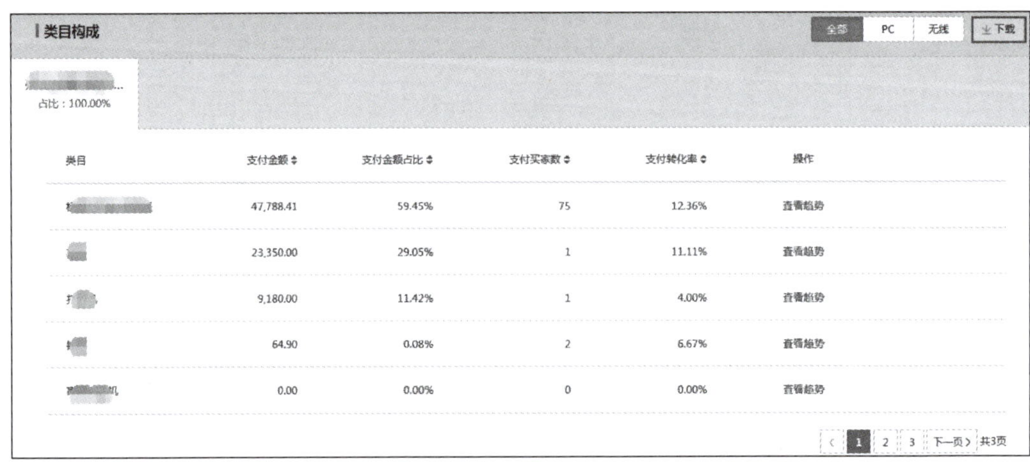

类目	支付金额	支付金额占比	支付买家数	支付转化率	操作
	47,788.41	59.45%	75	12.36%	查看趋势
	23,350.00	29.05%	1	11.11%	查看趋势
	9,180.00	11.42%	1	4.00%	查看趋势
	64.90	0.08%	2	6.67%	查看趋势
	0.00	0.00%	0	0.00%	查看趋势

图 3-2-12 交易构成“类目构成”

“交易构成”中的“品牌构成”数据、“价格带构成”数据和“资金回流构成”数据如图 3–2–13 至图 3–2–15 所示。

品牌构成　　全部　PC　无线　下载

品牌名称	支付金额	支付金额占比	支付金额较上期	支付买家数	支付件数	操作
[illegible]	65,326.56	81.27%	↑1276.41%	72	5,714	店铺详情 行业详情

图 3–2–13　交易构成“品牌构成”数据

价格带构成　　全部　PC　无线　下载

价格带	支付买家占比	支付买家数	支付金额	支付转化率	操作
0-5元	2.60%	2	64.90	6.90%	查看趋势
5-10元	0.00%	0	0.00	0.00%	查看趋势
10-30元	70.13%	54	42,154.09	10.84%	查看趋势
30-100元	28.57%	22	5,634.32	15.17%	查看趋势
100-500元	1.30%	1	23,350.00	2.27%	查看趋势
500元以上	1.30%	1	9,180.00	2.78%	查看趋势

图 3–2–14　交易构成“价格带构成”数据

资金回流构成

未确认收货时长	支付金额占比	支付金额	支付商品数	支付买家数	操作
1-2天	52.02%	500.00	1	1	买家详情
3-5天	47.98%	461.08	3	4	买家详情

包裹签收后未确认收货的订单，离超时自动确认收货时长，不足一天不统计

图 3–2–15　交易构成“资金回流构成”数据

步骤六：选择“交易”中的“交易明细”，选择统计日期即可查询指定日期的交易明细数据，如图 3–2–16 所示。

步骤七：点击“交易明细”中“商品成本”和“运费成本”下方的“配置”，可进入“财务分析”页面。“商品成本配置”页面如图 3–2–17 所示，该页面允许商家逐

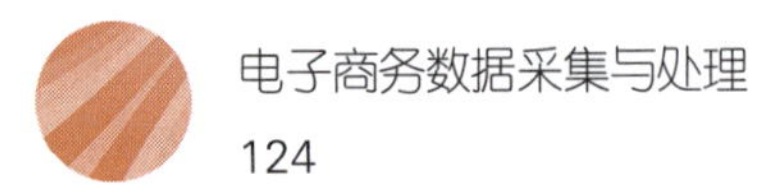

一或批量配置商品的成本。“运费配置”页面如图 3–2–18 所示。上述两种成本配置将会为“财务分析”提供利润计算的依据，为未来的销售数据采集和分析打好基础。

图 3–2–16 生意参谋“交易明细”

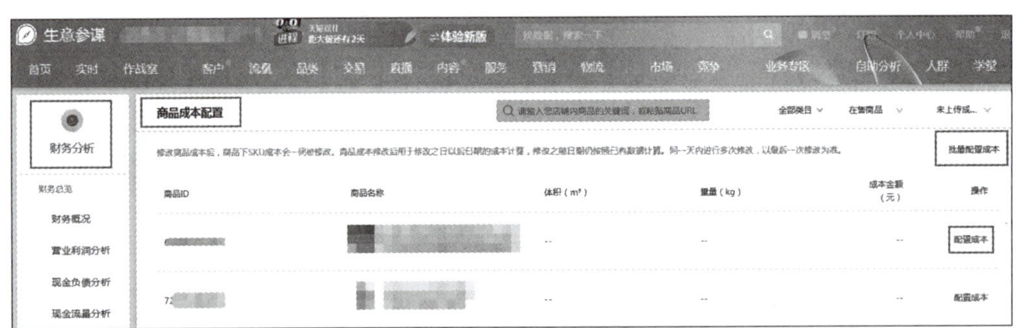

图 3–2–17 财务分析“商品成本配置”

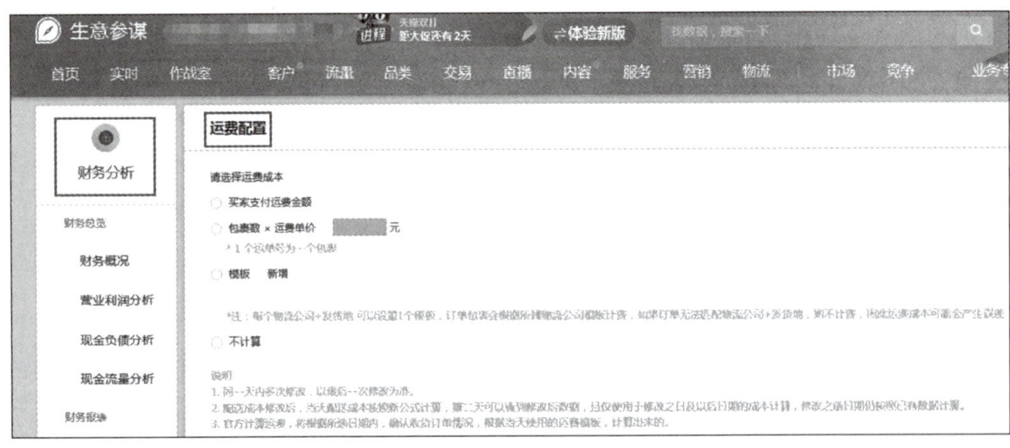

图 3–2–18 财务分析“运费配置”

案例 3.2.2：自营淘宝店铺订单数据采集

请使用淘宝后台进行自营淘宝店铺近 3 个月的订单数据采集。

操作步骤如下所示。

步骤一：登录淘宝，进入商家后台，点击页面右侧的“交易”，进入“订单管理”页面，如图 3-2-19 所示，商家可以在该页面中查看“已卖出的宝贝”的“近三个月订单”。

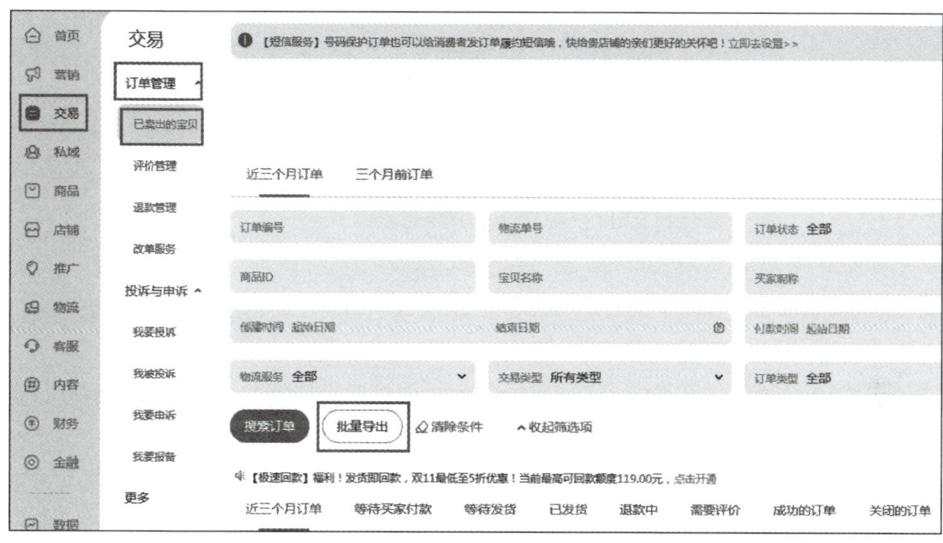

图 3-2-19　订单管理“已卖出宝贝”

步骤二：点击“订单管理”中“已卖出的宝贝”页面中的“批量导出”，可在“批量导出订单”对话框中生成并导出“订单报表”，如图 3-2-20 所示。

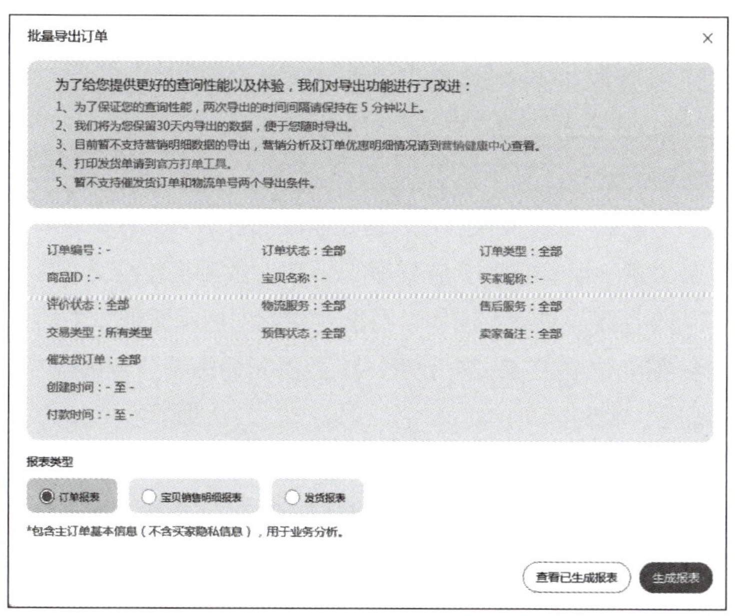

图 3-2-20　已卖出的宝贝“批量导出订单”对话框

由于订单数据中包含大量的个人信息，淘宝商家后台会弹出“请您注意”提示框，提醒商家注意保护消费者的信息安全，如图 3–2–21 所示。

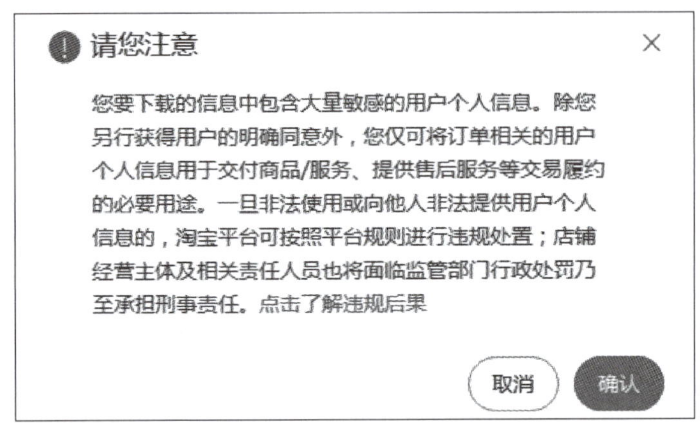

图 3–2–21 “请您注意”提示框

步骤三：在“订单管理”的“订单导出报表”页面，选择“下载订单报表”或“下载宝贝报表”即可下载订单数据，如图 3–2–22 所示。

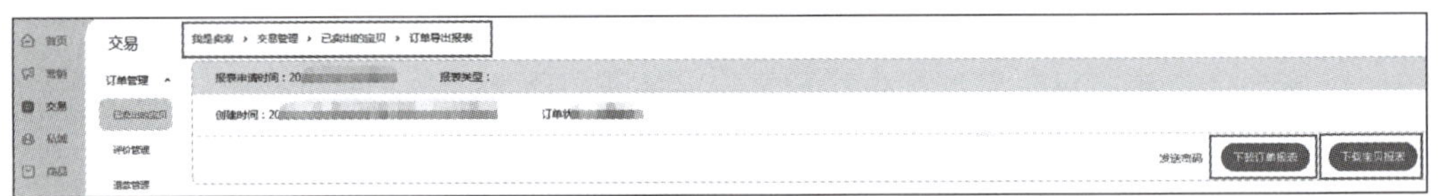

图 3–2–22 “订单导出报表”页面

案例 3.2.3：自营淘宝店铺服务数据采集

请使用生意参谋进行自营淘宝店铺的服务数据采集。

操作步骤如下所示。

步骤一：登录淘宝，进入商家后台，通过商家后台进入生意参谋。

步骤二：在生意参谋首页的“店铺概况”中，找到“综合体验星级”中的“详情”，如图 3–2–23 所示。进入“店铺”页面，找到“店铺管理”中的“店铺体验分”下的“新灯塔考核”，如图 3–2–24 所示，该页面允许查看“店铺概况”数据，也允许导出“店铺概况”雷达图。

步骤三：在“新灯塔考核”下的“店铺考核”页面中，我们可以查询“店铺概况”“成长阶段”“考核详情”“店铺权益”等数据，其中，“考核详情”示例如图 3–2–25 所示。

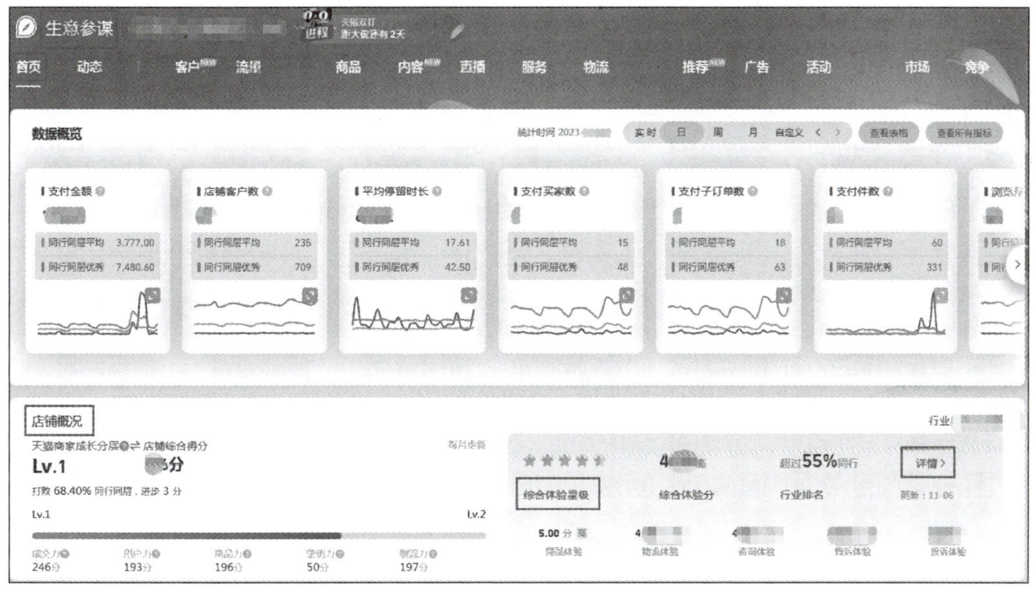

图 3-2-23　生意参谋“店铺概况”

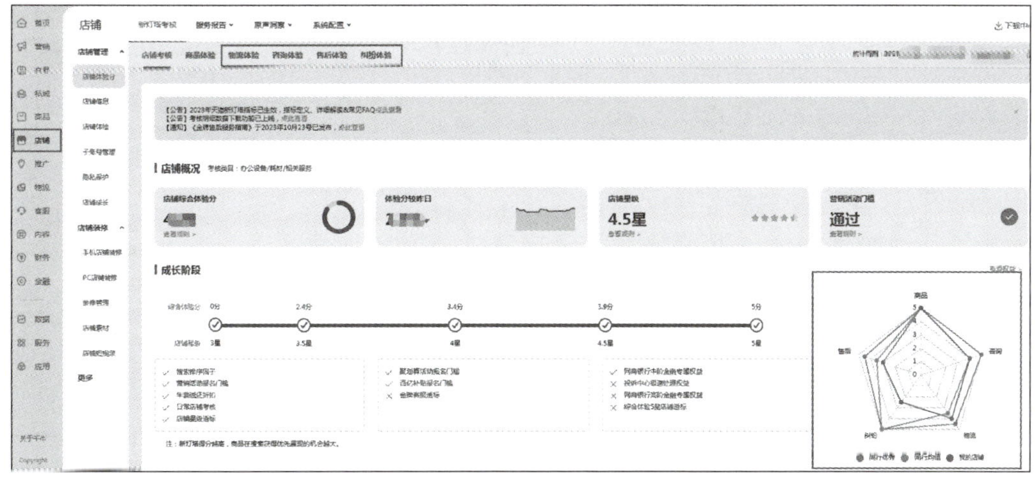

图 3-2-24　“店铺概况”数据和雷达图

步骤四：在“新灯塔考核”下点击“物流体验”，可以进入“物流体验”的诊断页面，该页面提供“诊断建议”“诊断指标”和“诊断明细”功能，“诊断指标”如图 3-2-26 所示。“诊断明细”包括“物流到货时长订单 TOP100”“揽收网点诊断明细 TOP100”“未及时揽收订单 TOP100”“物流 DSR 差评明细订单 TOP100”等数据。

店铺　　新灯塔考核　服务报告　原声洞察　系统配置　　下载中心

店铺考核　商品体验　物流体验　咨询体验　售后体验　纠纷体验　　统计周期：2023

考核详情　　导出

考核维度	考核得分	体验指标	指标得分	指标表现	考核标准	操作
商品体验	5.00 较昨日 0.00%	首次品退率	5.0分	0.0000%		诊断提升
		商品DSR差评率	5.0分	0.00%		
物流体验	[illegible] 较昨日 11.11%	24小时揽收及时率	[illegible]	93.85%		诊断提升
		物流到货时长	[illegible]	46.72小时		
咨询体验	[illegible] 较昨日 0.00%	旺旺人工响应时长	[illegible]	54.67秒		诊断提升
		旺旺满意度	-	-		
售后体验	[illegible] 较昨日 0.00%	退款处理时长	[illegible]	1.46天		诊断提升
		平台售后任务处理时长	[illegible]	7.29小时		
纠纷体验	[illegible] 较昨日 0.00%	平台求助率	[illegible]	2.5862%		诊断提升
		平台判责率	3.0分	1.7241%		
附加分	0.50	当日/次日达订单占比	0.50分	29.20%	考核标准：当次日达订单占比大于等于15%	诊断提升
成交能力	[illegible]	类目成交排名		**.**%	考核标准：5星要求前30%，4.5星要求前80%	

图 3-2-25　店铺管理“考核详情”

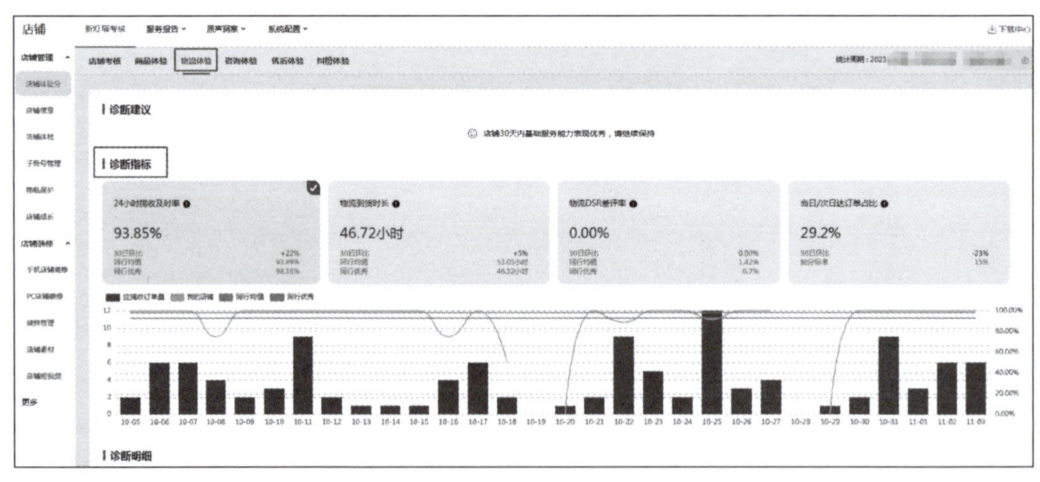

图 3-2-26　店铺管理的物流“诊断指标”

步骤五：在“新灯塔考核”下点击“咨询体验”，可以进入“咨询体验”的诊断页面，该页面提供“诊断建议”“诊断指标”和“诊断明细”功能，其中，“诊断指标”如图 3-2-27 所示，“诊断明细”包括“人工客服接待分时段明细”“子账号明细”“旺旺满意度场景分布”“不满意评价子账号明细 TOP100”等数据。

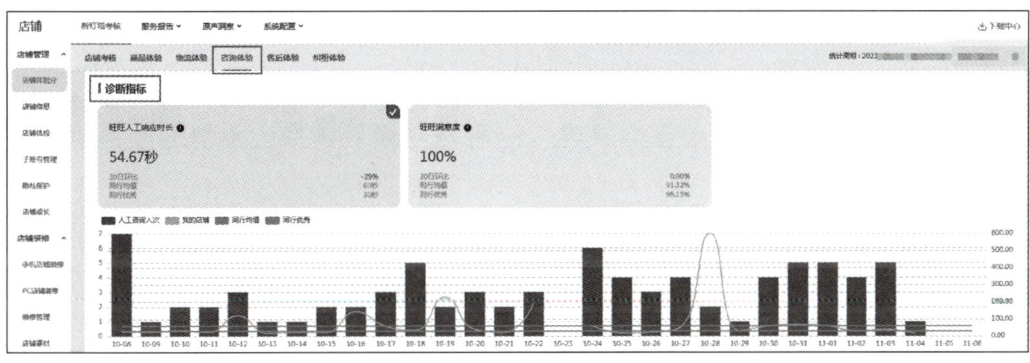

图 3-2-27　店铺管理的咨询“诊断指标”

步骤六：点击“新灯塔考核”中的“售后体验”，可进入“售后体验”的诊断页面，该页面包括“诊断建议”“诊断指标”“诊断明细”功能，其中，本店铺的售后“诊断指标”如图 3-2-28 所示，“诊断明细”包括“退款原因明细”“退款场景明细”“退款超长时间退款明细 TOP100”“平台售后任务处理时长 TOP100 明细”等数据。

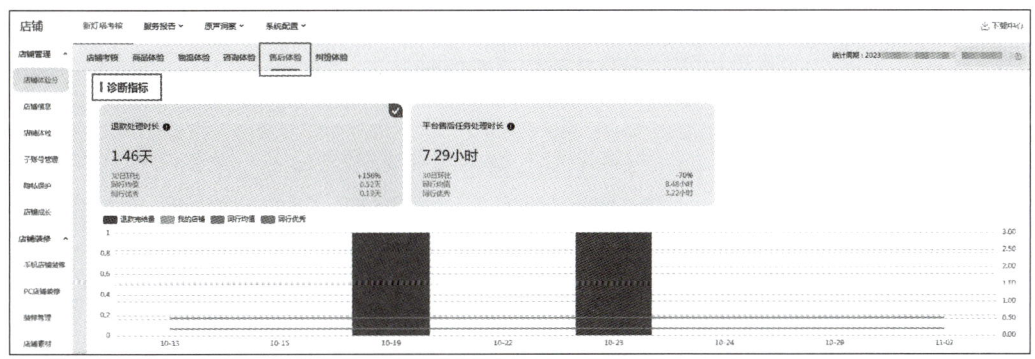

图 3-2-28　店铺管理的售后体验“诊断指标”

步骤七：分别在“物流体验”“咨询体验”“售后体验”的“诊断明细”页面中选择需要采集的数据，点击页面右上角的“导出”，数据将会进入“下载中心”。

打开“下载中心”，所有已导出的数据列表会在此处列出，如图 3-2-29 所示。点击需要下载的数据列表右边的“下载”即可将该数据下载到本地。

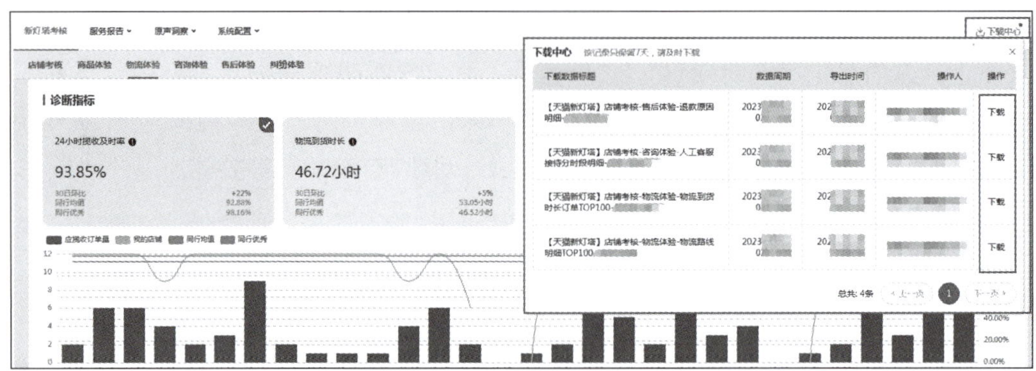

图 3-2-29　店铺管理“下载中心”

案例 3.2.4：自营淘宝店铺交易数据自助采集

请使用生意参谋的“自助分析”进行自营淘宝店铺 30 天交易数据采集。

操作步骤如下所示。

步骤一：登录生意参谋，进入首页，选择“自助分析”页面下的“取数”，如图 3-2-30 所示。

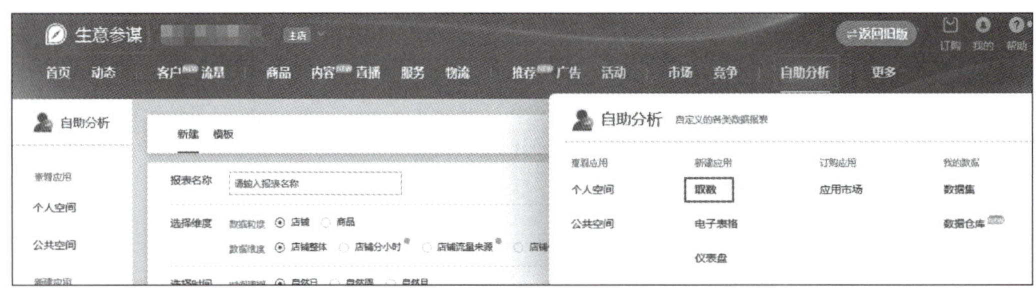

图 3-2-30　生意参谋“自助分析”

步骤二：在“新建”下的“报表名称”输入框中为报表命名，此处将报表命名为“店铺 30 天交易数据报表”。选择“数据粒度”为“店铺”，选择“数据维度”为“店铺整体”，选择“时间周期”为“自然日”，选择“更新设置”为“自动更新”，“查询时间”显示为“最近 30 天”。在“选择终端”处勾选“所有终端”，在“选择主题”处勾选“交易”，得到“待选指标”，如图 3-2-31 所示。

在“待选指标”中选择需要采集的交易指标，点击“生成报表”即可完成店铺 30 天交易数据的自助采集。

步骤三：选择“下载报表”，将数据报表下载到本地，如图 3-2-32 所示。

步骤四：选择“加入我的报表”，“店铺 30 天交易数据报表”即可进入“取数报表”列表中，如图 3-2-33 所示。

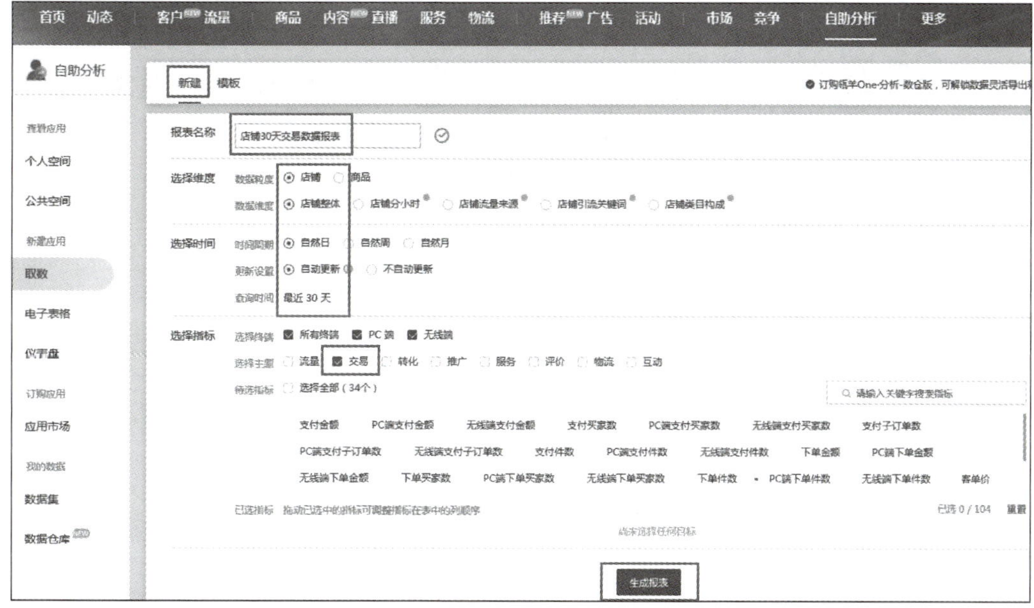

图 3-2-31　交易数据的自助采集报表设置

图 3-2-32　交易数据的自助采集报表下载

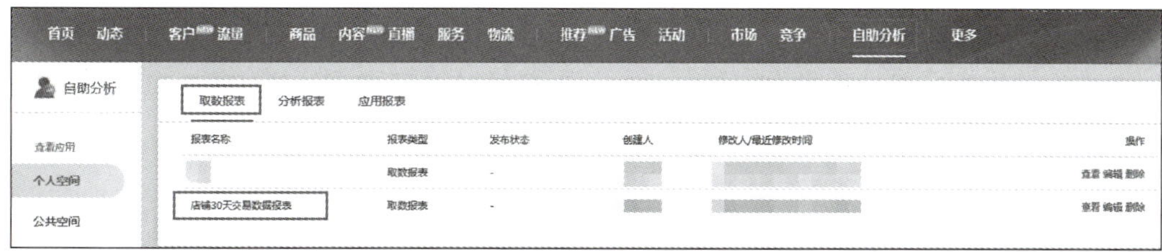

图 3-2-33　生意参谋“取数报表”

1. 对自营淘宝店铺进行近 30 天的交易数据采集。
2. 对自营淘宝店铺进行近 3 个月的订单数据采集。
3. 对自营淘宝店铺进行服务数据采集。

作业布置

课题 3　推广数据采集

学习目标

● 知识目标

1. 认识推广数据指标。
2. 熟悉推广数据采集工具。
3. 熟悉推广数据采集报表。

● 技能目标

1. 能熟练使用推广数据采集工具。
2. 能进行推广数据采集。
3. 能制作推广数据采集报表。

理论知识

一、推广数据采集准备

1. 推广数据指标认知

推广数据指标包括流量渠道数据指标、推广活动预热数据指标和推广活动效果数据指标等，如图 3-3-1 所示。

（1）流量渠道数据指标

1）流量来源。流量来源是指客户进入店铺的渠道，如自主搜索、聚划算、直通车等。

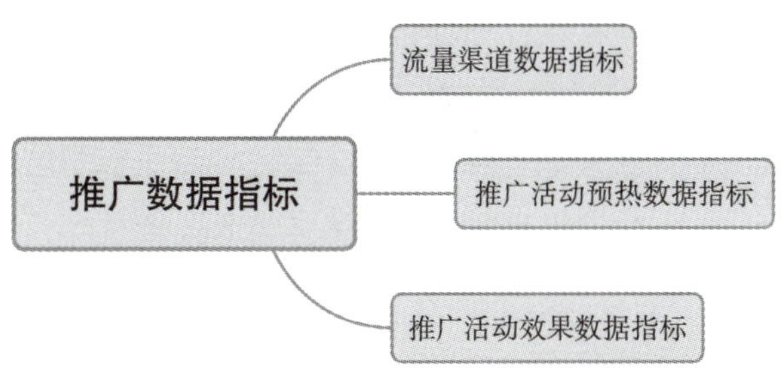

图 3-3-1　推广数据指标

2）访客数（unique visitor，UV）。访客数是指在统计周期内，客户访问店铺（包括观看店铺自播直播间，观看店铺自制全屏页短视频 3 秒及以上，浏览店铺自制图文 3 秒及以上，浏览全屏微详情，访问宝贝详情页及店铺其他页面等行为）的去重人数。访客数的统计以人为单位，当同一位客户多次查看店铺，例如，上午一次、下午一次，访客数计为 1。

3）浏览量（page view，PV）。浏览量是指在统计周期内，客户访问店铺（包括观看店铺自播直播间，观看店铺自制全屏页短视频 3 秒及以上，浏览店铺自制图文 3 秒及以上，浏览全屏微详情，访问宝贝详情页及店铺其他页面等行为）的次数。该指标反映店铺页面或商品详情页对客户的吸引力。浏览量的统计以次为单位，当同一位客户多次查看店铺，例如，上午一次、下午一次，浏览量计为 2。

4）直播间访客数。直播间访客数是指在统计周期内，观看店铺自播直播间（不含达人）的去重人数，一位客户在统计时间内多次访问，直播间访客数计为 1。

5）短视频访客数。短视频访客数是指在统计周期内，观看店铺自制短视频（全屏页）3 秒及以上的去重人数，一个客户在统计周期内多次访问，短视频访客数计为 1。

6）图文访客数。图文访客数是指在统计周期内，浏览店铺自制图文 3 秒及以上的去重人数，一个客户在统计周期内多次访问，图文访客数计为 1。

7）店铺页访客数。店铺页访客数是指在统计周期内，访问店铺首页、活动页等店铺页面的去重人数，一个客户在统计周期内多次访问，店铺页访客数计为 1。

8）平均停留时长。平均停留时长是指客户在统计周期内，访问店铺的时长的平均值。该指标能够反映店铺黏性，访客在线时间越长，则店铺的黏性越高，也就说明该店铺为访客提供了有价值的商品和服务，那么该店铺实现访客价值转化的机会也就越多。计算公式如下：

$$平均停留时长=\frac{店铺所有访客的总停留时长}{访客数}$$

9）跳失率。跳失率是指在统计周期内，访客中没有发生点击行为（如收藏、加购、咨询、点击评价、点击超链接等）的人数与总访客数的比值。该指标越低表示流量的质量越好。多天的平均跳失率为各天跳失率的日均值。计算公式如下：

$$跳失率=\frac{访客中没有发生点击行为的人数}{访客数}\times 100\%$$

（2）推广活动预热数据指标

1）预热加购人数。预热加购人数是指从推广活动预热开始，截至选定日期，商品加入购物车的去重客户人数。

2）预热加购件数。预热加购件数是从指推广活动预热开始，截至选定日期，被加入购物车的商品件数。

3）预热收藏人数。预热收藏人数是指从推广活动预热开始，截至选定日期，收藏商品的去重客户人数。

4）预热收藏次数。预热收藏次数是指从推广活动预热开始，截至选定日期，商品被收藏的次数。

5）预热访客数。预热访客数是指从推广活动预热开始，截至选定日期，访问店铺的去重客户人数。

6）预热加购转化率是指预热加购人数与预热访客数的比值，计算公式如下：

$$预热加购转化率=\frac{预热加购人数}{预热访客数}\times 100\%$$

7）预热收藏转化率是指预热收藏人数与预热访客数的比值，计算公式如下：

$$预热收藏转化率=\frac{预热收藏人数}{预热访客数}\times 100\%$$

（3）推广活动效果数据指标

1）关注数。关注数是指在统计周期内，新增的店铺关注人数，该指标不考虑取消关注的情况。

2）展现量。展现量是指在统计周期内，通过搜索关键词展现店铺或店铺商品的次数。

3）点击量。点击量是指在统计周期内，某个或者某些关键词广告被点击的次数。

4）点击率。商品的点击率可直观地反映商品的吸引力，点击率越高说明商品对客户的吸引力越大。计算公式如下：

$$点击率=\frac{点击量}{展现量}\times 100\%$$

5）点击转化率。点击转化率反映在所选周期内，推广点击转化成交的比例。计算公式如下：

$$点击转化率=\frac{总成交笔数}{点击量}\times 100\%$$

6）平均点击花费。平均点击花费是指推广单元每一次被点击产生的平均花费金额。计算公式如下：

$$平均点击花费=\frac{总花费}{点击量}$$

7）收藏店铺数。收藏店铺数是指推广单元在推广展示位被点击后，客户在所选转化周期内，通过该推广商品收藏店铺的次数。

8）收藏商品数。收藏商品数是指推广商品推广展示位被点击后，客户在所选转化周期内，收藏该推广商品的次数。

9）收藏转化率。收藏转化率是指在统计周期内，将店铺或商品添加收藏的客户数占该店铺或该商品总访问数的比值。计算公式如下：

$$收藏转化率=\frac{添加收藏的客户数}{该店铺（或商品）的总访问数}\times 100\%$$

10）直接成交金额。直接成交金额是指关键词在天猫直通车展示位被点击后，客户在所选转化周期内，直接在推广商品的详情页面中将商品拍下并通过支付宝交易的成交金额（含运费）。

11）直接成交笔数。直接成交笔数是指关键词在推广展示位被点击后，客户在所选转化周期内，直接在推广商品的详情页面中将商品拍下并通过支付宝交易的成交笔数。

12）间接成交金额。间接成交金额是指关键词在推广展示位被点击后，客户在所选转化周期内，通过推广商品的详情页面跳转至店铺内其他商品的详情页面，将商品拍下并通过支付宝交易的成交金额（含运费）。

13）间接成交笔数。间接成交笔数是指关键词在推广展示位被点击后，客户在所选转化周期内，通过推广商品的详情页面跳转至店铺内其他商品的详情页面，将商品拍下并通过支付宝交易的成交笔数。

14）总成交金额。总成交金额是指推广单元在推广展示位被点击后，客户在所选转化周期内，所有通过支付宝交易的成交金额（含运费）。计算公式如下：

$$总成交金额=直接成交金额+间接成交金额$$

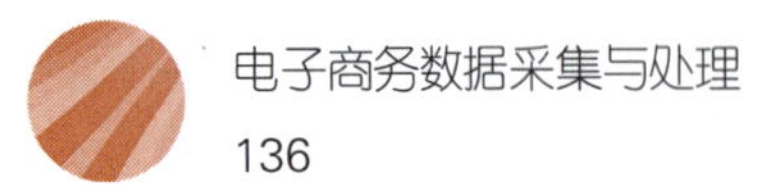

15）总成交笔数。总成交笔数是指推广单元在推广展示位被点击后，客户在所选转化周期内，所有通过支付宝交易的成交笔数。计算公式如下：

总成交笔数 = 直接成交笔数 + 间接成交笔数

16）总购物车数。总购物车数是指推广单元在推广展示位被点击后，客户在所选转化周期内，所有将商品加入购物车的次数，计算公式如下：

总购物车数 = 直接购物车数 + 间接购物车数

17）花费。花费是指推广单元在推广展示位上被客户点击所消耗的费用。

18）投入产出比。投入产出比反映在所选转化周期内推广带来的总成交金额与推广点击的花费的比值。计算公式如下：

$$投入产出比 = \frac{推广带来的总成交金额}{推广点击的花费} \times 100\%$$

2. 推广数据采集工具选择

我们通常选择使用电子商务平台提供的工具进行自营店铺的推广数据采集，如淘宝的生意参谋、京东的京东商智、拼多多开放平台的数据采集工具等。

我们通常选择使用第三方工具进行竞争者的推广数据采集，如百度统计、店侦探、八爪鱼采集器、淘数据、火车采集器等。

二、推广数据采集实施

1. 推广活动效果数据指标选择

以淘宝直通车为例，推广活动效果数据指标可分为 5 类。基础指标及其包含数据内容如图 3–3–2 所示，潜在转化指标及其包含数据内容如图 3–3–3 所示，预售转化指标及其包含数据内容如图 3–3–4 所示，成交转化指标及其包含数据内容如图 3–3–5 所示，购物金指标及其包含数据内容如图 3–3–6 所示。

采集推广数据时可根据具体的分析内容进行推广活动效果数据指标的选取。

图 3–3–2　推广基础指标及其包含数据内容

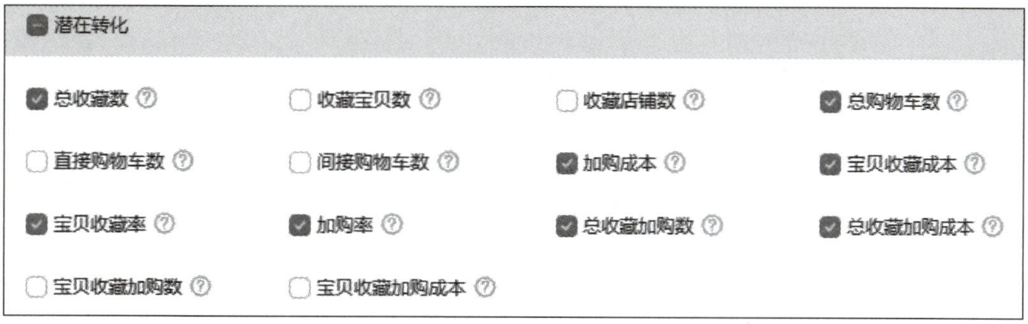

潜在转化

总收藏数　收藏宝贝数　收藏店铺数　总购物车数
直接购物车数　间接购物车数　加购成本　宝贝收藏成本
宝贝收藏率　加购率　总收藏加购数　总收藏加购成本
宝贝收藏加购数　宝贝收藏加购成本

图 3-3-3　潜在转化指标及其包含数据内容

预售转化

总预售成交金额　总预售成交笔数　直接预售成交金额　直接预售成交笔数
间接预售成交金额　间接预售成交笔数

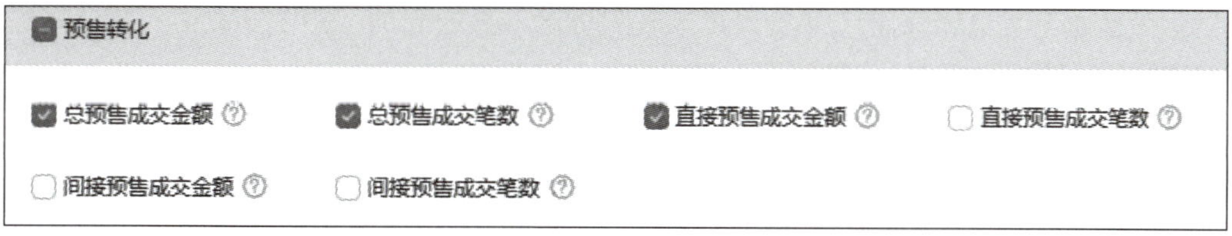

图 3-3-4　预售转化指标及其包含数据内容

成交转化

总成交金额　直接成交金额　间接成交金额　总成交笔数
直接成交笔数　间接成交笔数　投入产出比　点击转化率
直接点击转化率　新成交用户数　新成交用户占比

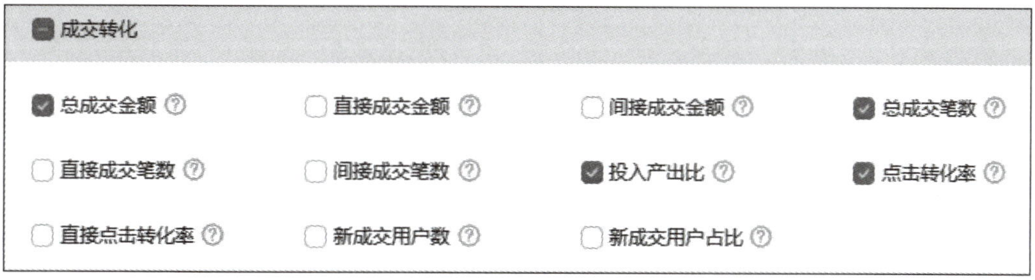

图 3-3-5　成交转化指标及其包含数据内容

购物金

购物金充值笔数　购物金充值金额

图 3-3-6　购物金指标及其包含数据内容

2. 自有推广数据采集

以淘宝直通车为例，我们可以直接在淘宝的商家后台采集推广数据。选择生意参谋页面下的“推广”中的“直通车”可进入直通车首页，该页面允许查看“实时数据汇总”，如图 3-3-7 所示。

图 3-3-7　直通车首页

在直通车首页，点击“查看实时报表”可进入直通车的“报表”页面，查看直通车活动的“实时概况”，如图 3-3-8 所示。

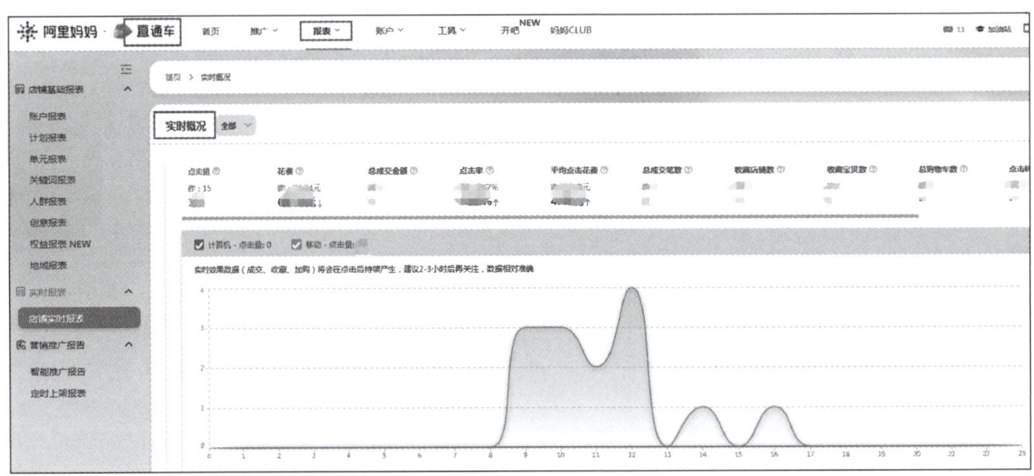

图 3-3-8　直通车“报表”页面

3. 第三方监控数据采集

以百度统计为例，百度统计允许用户对竞店进行推广数据采集。登录百度统计后，选择“使用设置”，点击“新增网站”即可输入竞店的网址信息，创建站点，如图 3-3-9 所示。

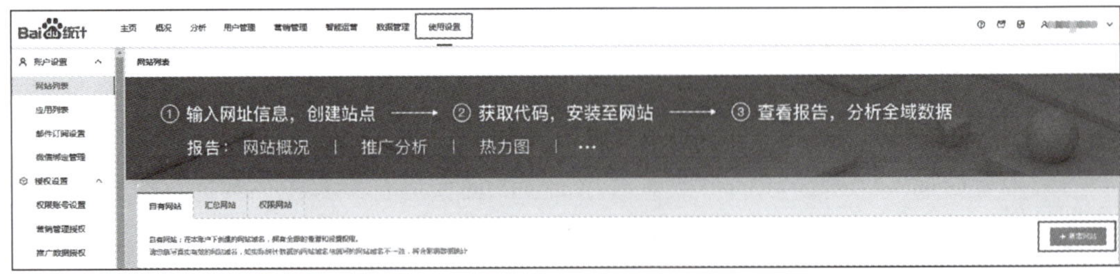

图 3-3-9　百度统计“新增网站”1

“新增网站”需要填写的信息包括网站域名、网站首页、网站名称、行业类别等，如图 3–3–10 所示。

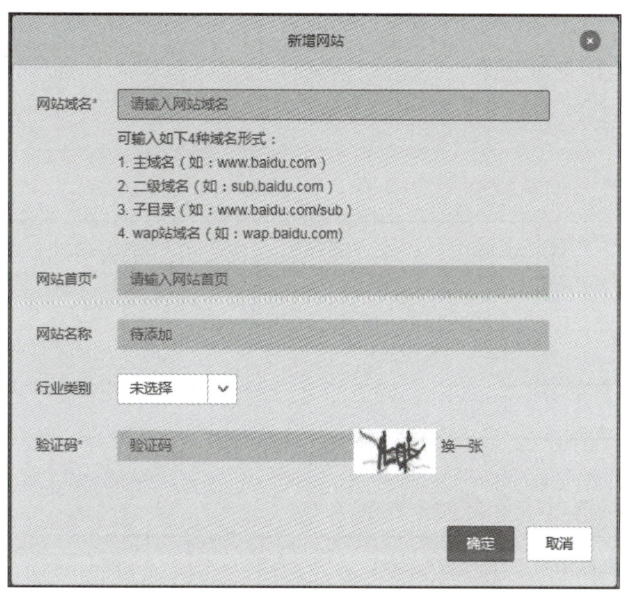

图 3–3–10　百度统计“新增网站”2

完成后可获取代码，将百度统计安装至竞店网站，完成统计后即可查看统计报告，分析全域数据，包括“网站概况”“推广分析”“热力图”等，也可定制分析报告，如图 3–3–11 所示。

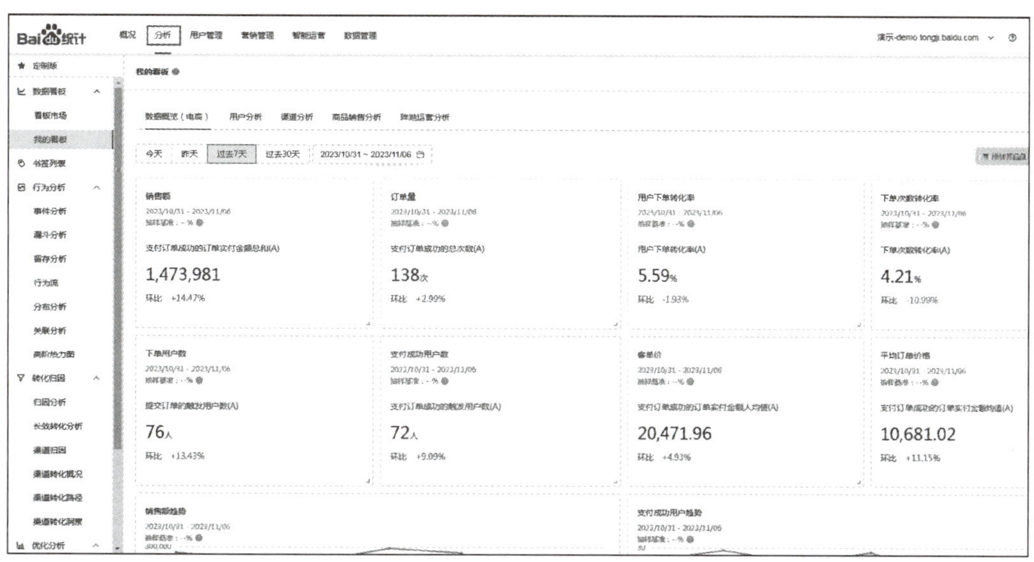

图 3–3–11　百度统计“数据概览（电商）”演示

三、推广数据采集报表制作

1. 自营店铺推广数据采集报表

自营店铺推广数据采集报表包括免费流量渠道数据采集报表、付费流量渠道数据采集报表、推广数据采集报表、活动数据采集报表、营销工具推广效果数据采集报表等，见表 3-3-1 至表 3-3-5。

表 3-3-1　免费流量渠道数据采集报表

时间	流量来源	浏览量	点击量	成交订单数

表 3-3-2　付费流量渠道数据采集报表

时间	流量来源	成交占比	投入成本（元）	成交金额（元）	投入产出比

表 3-3-3　推广数据采集报表

关键词	展现量	点击量	点击率	花费（元）	直接成交金额（元）	直接成交笔数	间接成交金额（元）	间接成交笔数	投入产出比	总成交金额（元）	总成交笔数	点击转化率

表 3-3-4　活动数据采集报表

时间	流量来源	访客数（人）	收藏数	加购数	成交订单数	收藏转化率	加购转化率	支付转化率

表 3-3-5　营销工具推广效果数据采集报表

营销工具	支付件数	支付买家数（元）	支付金额（元）	客单价（元）	人均支付件数	连带率

2. 第三方监控数据采集报表

第三方监控数据采集报表常采用透视数据采集报表的形式展示数据，店侦探监控店铺 7 天透视数据采集报表示例见表 3-3-6。

表 3-3-6　店侦探监控店铺 7 天透视数据采集报表

项目 \ 日期			×月×日	×月×日	×月×日	×月×日	×月×日	×月×日	×月×日
销售数据		月销量（件）							
		月估算销售额（元）							
		月销商品数							
		月销动销率							
商品数据		总商品数							
		新品打标							
		上新							
		下线							
		改价							
		改标题							
营销数据	促销	满减							
		搭配减							
		免邮							
	站内活动	聚划算							
		淘抢购							
		天天特价							

续表

项目 \ 日期			×月×日	×月×日	×月×日	×月×日	×月×日	×月×日	×月×日
营销数据	站内活动	淘清仓							
		淘金币							
		集分宝							

技能实施

案例 3.3.1：自营淘宝店铺流量数据采集

请使用生意参谋进行自营淘宝店铺近 30 天的流量数据采集。

操作步骤如下所示。

步骤一：登录淘宝，进入商家后台，通过商家后台进入生意参谋。

步骤二：点击页面顶端的“流量”，进入“流量”页面下“来源分析”的“店铺来源”页面，选择“构成”，采集“流量来源构成”数据，如图 3-3-12 所示。

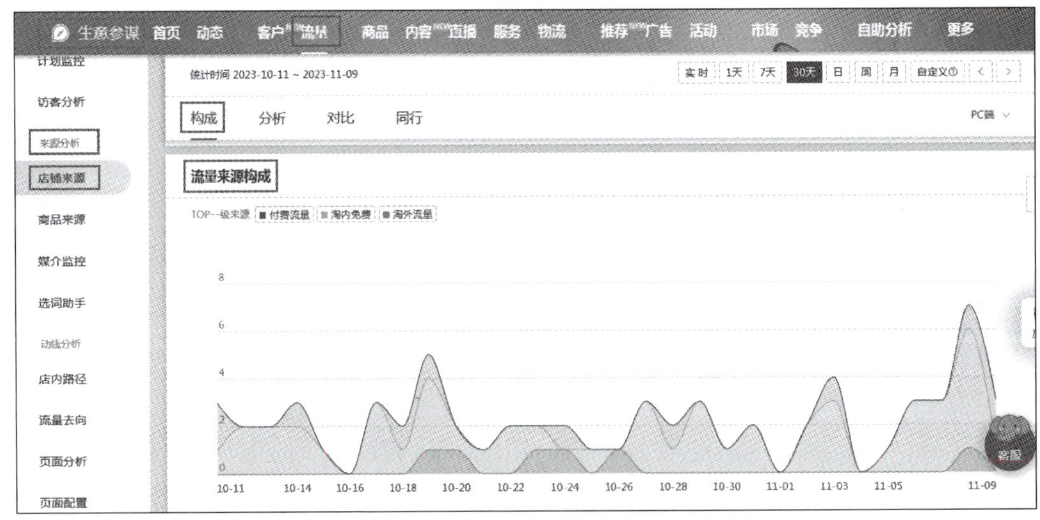

图 3-3-12　生意参谋“流量来源构成”

步骤三：在“店铺来源”页面的右上角，选择采集时间为“30 天”，采集端口为“PC 端”或“无线端”，选择“流量指标”可直接查看各级流量渠道的对应数据。点击“下载”，将“流量来源构成”数据下载到本地，如图 3-3-13 所示。

图 3-3-13　生意参谋“流量来源”

案例 3.3.2：自营淘宝店铺直通车推广数据采集及监控设置

请使用生意参谋进行自营淘宝店铺近 7 天的直通车推广数据采集及监控设置。

操作步骤如下所示。

步骤一：登录淘宝，进入商家后台，通过商家后台进入生意参谋。

步骤二：点击页面顶端的“广告”，再点击页面下的“直通车”，进入“直通车”页面，选择“7 天”，查看直通车“推广概况”和“推广详情”数据。“推广概况”示例如图 3-3-14 所示。

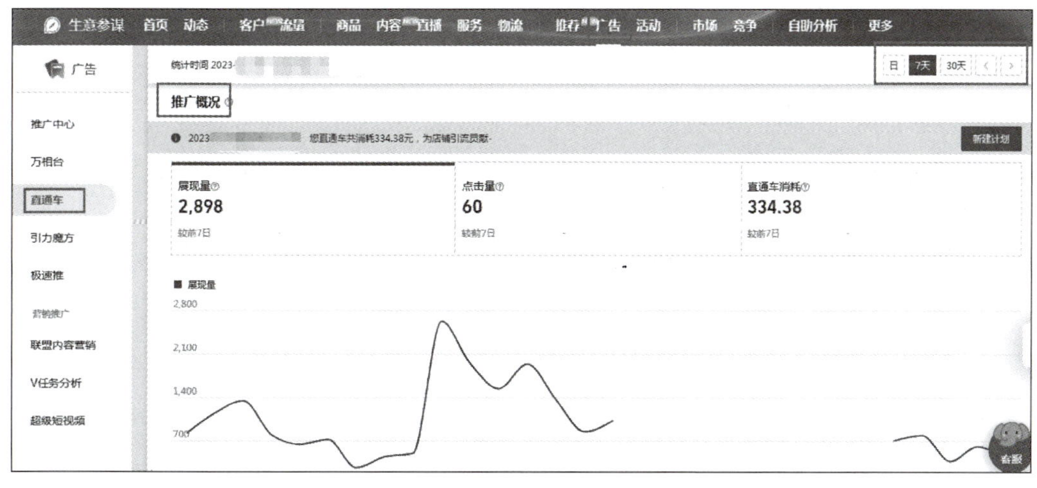

图 3-3-14　生意参谋“推广概况”

步骤三：根据“推广概况”和“推广详情”页面显示的数据，完成数据采集报表的填写。直通车推广数据采集报表示例见表 3-3-7。

表 3-3-7　直通车推广数据采集报表

采集周期	展现量	点击量	直通车消耗

步骤四：打开淘宝商家后台，点击页面左侧的“推广”，进入“推广”页面，如图 3-3-15 所示，点击“直通车”图标，进入阿里妈妈“直通车”首页。

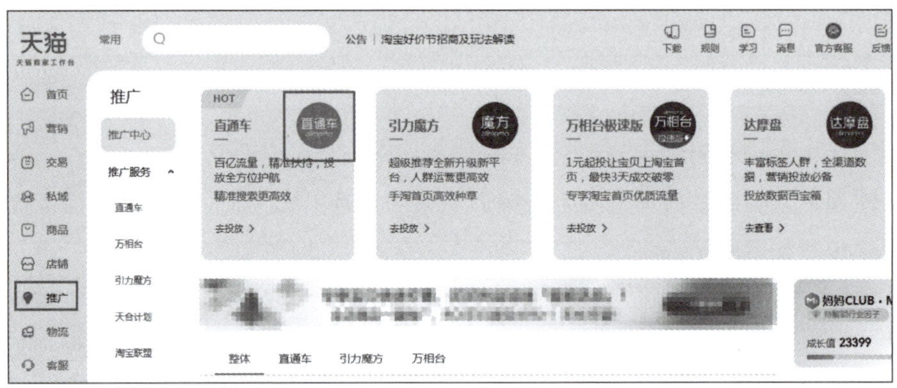

图 3-3-15　阿里妈妈“直通车”

步骤五：阿里妈妈“直通车”首页提供“实时数据汇总”，使用该功能可监控店铺直通车推广数据，如图 3-3-16 所示。

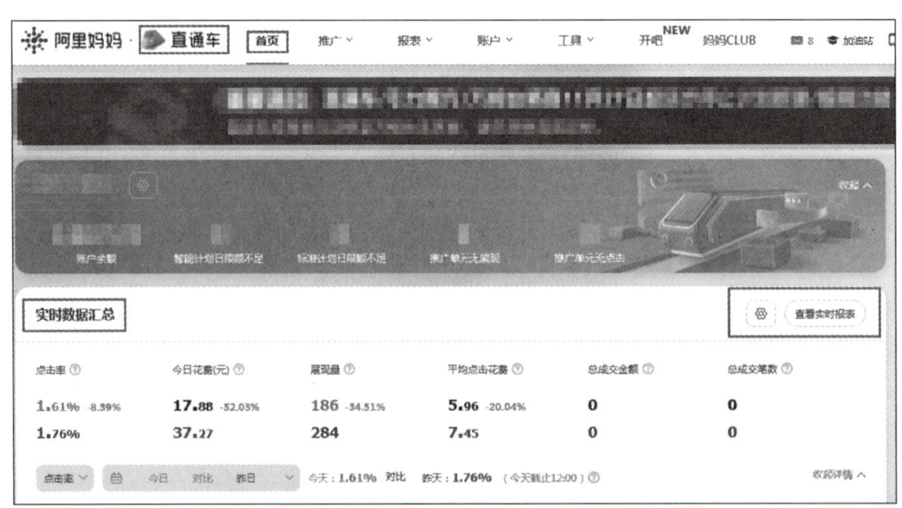

图 3-3-16　直通车“实时数据汇总”

步骤六：点击右上角的⚙，如图 3-3-17 所示，打开“选择数据字段”对话框，对“实时数据汇总”中展示的数据指标字段进行勾选。

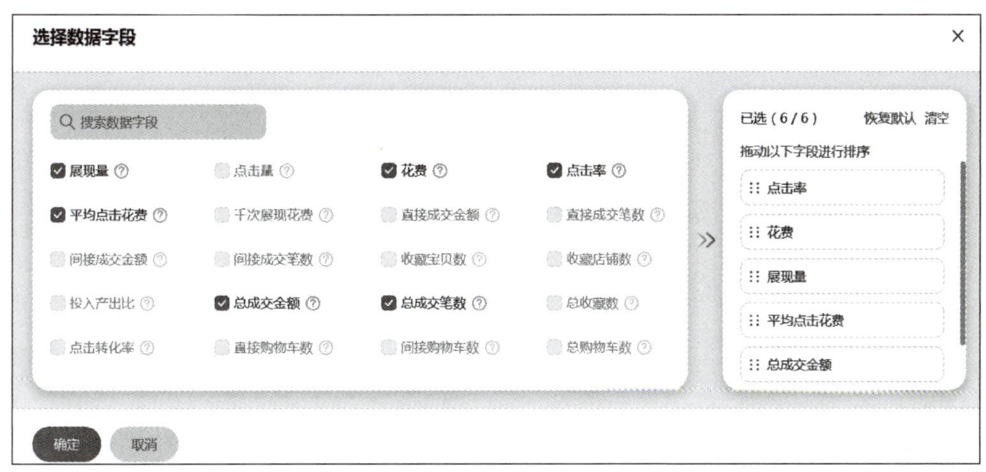

图 3-3-17　直通车“选择数据字段”

步骤七：点击“实时数据汇总”页面右上角的“查看实时报表”，进入直通车的“店铺实时报表”页面。该页面提供店铺直通车的“实时概况”，可以实现对店铺直通车的数据监控，如图 3-3-18 所示。

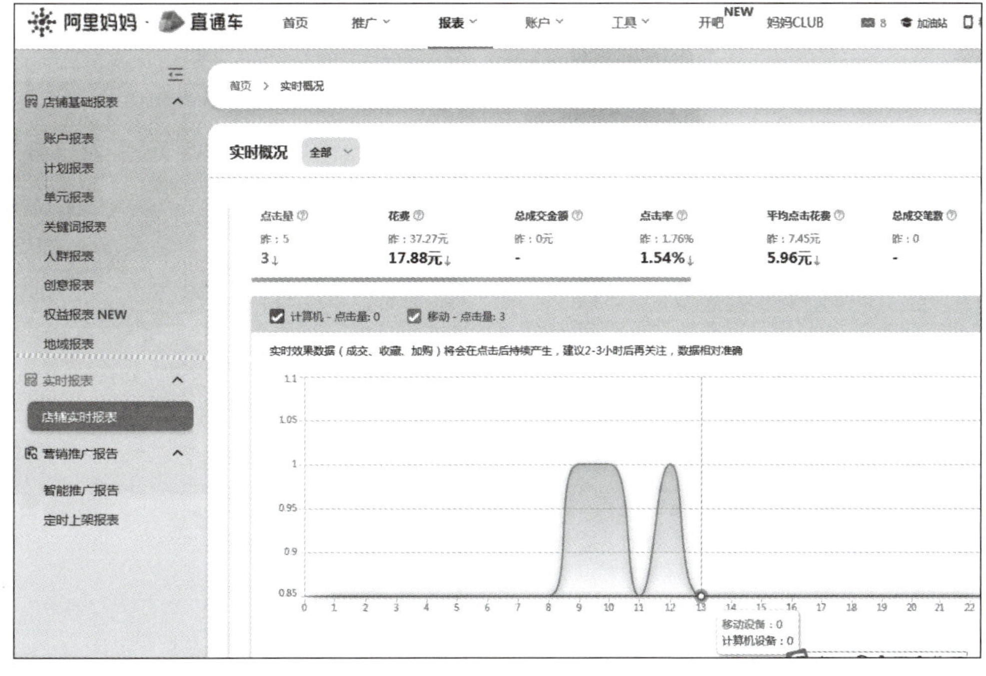

图 3-3-18　直通车“店铺实时报表”

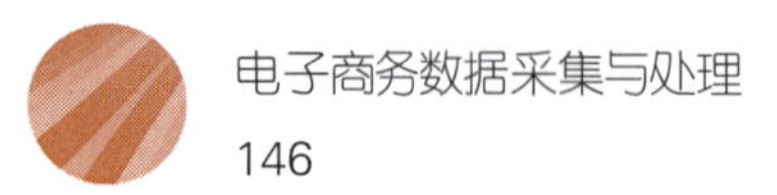

案例 3.3.3：自营京东店铺商品流量数据采集

请使用京东商智的“流量概况”进行自营京东店铺的商品流量数据采集。

操作步骤如下所示。

步骤一：登录京东商智，选择数据存放文件夹，如图 3-3-19 和图 3-3-20 所示。

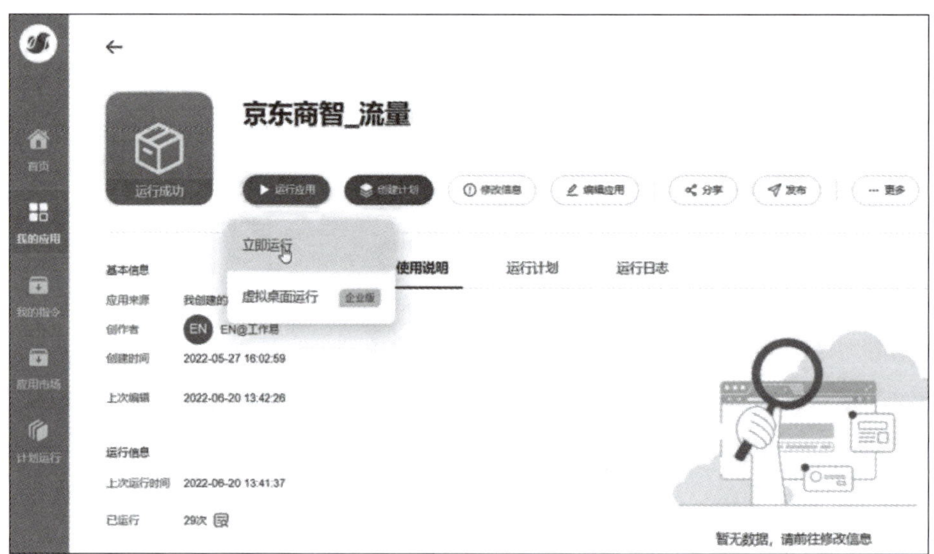

图 3-3-19　登录京东商智

运行应用

京东商智_流量

运行参数

* 账号

* 密码

请输入密码

* 数据存放文件夹

请填写数据存放的文件夹路径

图 3-3-20　选择数据存放文件夹

步骤二：在京东商智中选择“流量概况”，查看店铺内商品的流量情况，如图 3-3-21 所示。

图 3-3-21　京东商智“流量概况”

案例 3.3.4：淘宝自营店铺推广数据采集

请使用生意参谋进行淘宝自营店铺近 30 天的推广数据采集。

操作步骤如下所示。

步骤一：登录淘宝，进入商家后台，通过商家后台进入生意参谋。在生意参谋中，选择“商品”下的“营销工具”，如图 3-3-22 所示。

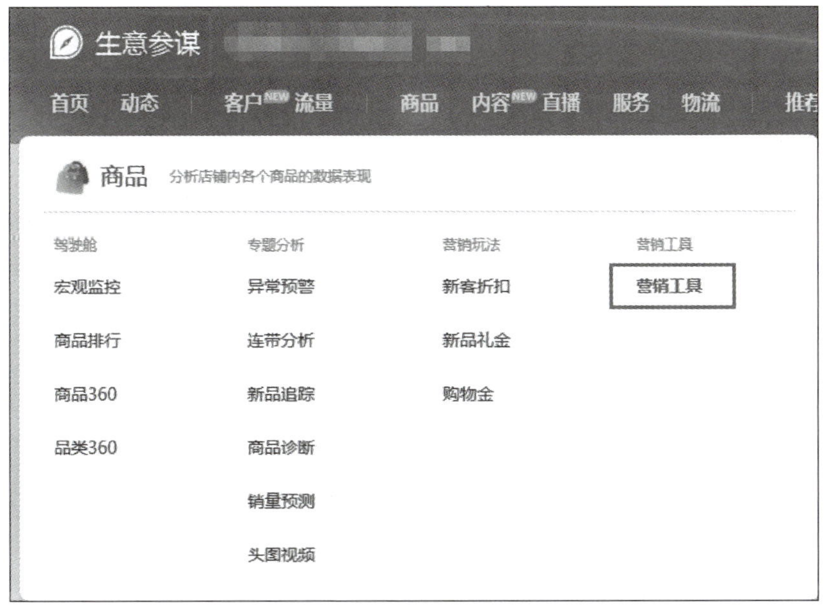

图 3-3-22　生意参谋“营销工具”

步骤二：在页面的右上角选择“30 天”，查看“单品宝”工具效果总览，如图 3-3-23 所示。

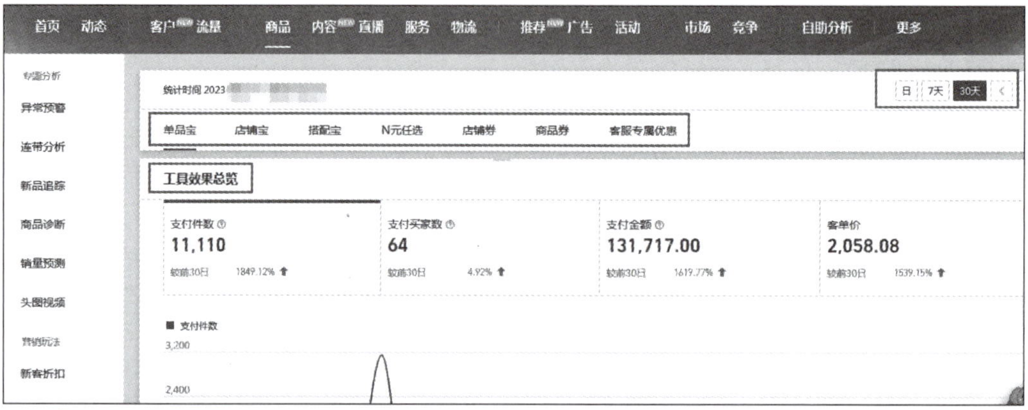

图 3-3-23　生意参谋“工具效果总览”

步骤三：依次点击“店铺宝”“搭配宝”“N 元任选”“店铺券”“商品券”及“客服专属优惠”等营销工具，查看对应营销工具的推广活动效果数据。参考表 3-3-5，制作营销工具推广效果数据采集报表，完成淘宝自营店铺推广数据采集。

案例 3.3.5：竞店推广活动数据采集

请对淘宝平台上的竞店近期的推广活动进行数据采集。

操作步骤如下所示。

步骤一：登录淘宝，进入竞店前台，人工采集竞店近期的推广活动数据，完成竞店推广活动数据采集报表的填写，见表 3-3-8。

表 3-3-8　竞店推广活动数据采集报表

竞店链接	推广活动类型	推广活动玩法	推广活动时长（小时）	活动品活动价（元）	活动品月销量

步骤二：如已购买店侦探的付费版本，可登录店侦探，在搜索框输入竞店的名称，进行竞店推广活动数据采集。

注意：如未购买付费版的店侦探，则可仅使用人工采集方式采集数据。人工采集方式的缺陷是无法查看竞店的历史数据，需要数据采集人员每天关注竞店动态。

作业布置

1. 对自营店铺进行近 30 天的商品流量数据采集。
2. 对自营店铺进行近 7 天的直通车数据采集。
3. 对自营店铺进行近 30 天的推广数据采集。

课题 4　供应链数据采集

学习目标

● 知识目标

1. 认识供应链数据指标。
2. 熟悉供应链数据采集方法。
3. 熟悉供应链数据采集报表。

● 技能目标

1. 能进行供应链数据采集。
2. 能制作供应链数据采集报表。

理论知识

一、供应链数据采集准备

1. 供应链数据指标认知

供应链数据指标包括采购数据指标、物流数据指标和仓储数据指标，如图 3-4-1 所示。

（1）采购数据指标

1）商品供应商。商品供应商是指提供商品的企业或个人。

2）商品名称。商品名称是指商品的标识名，用于识别和记忆商品。

3）商品规格。商品规格是指商品的体积、型号等，用于识别商品。

4）采购数量。采购数量是指商品采购的数量。

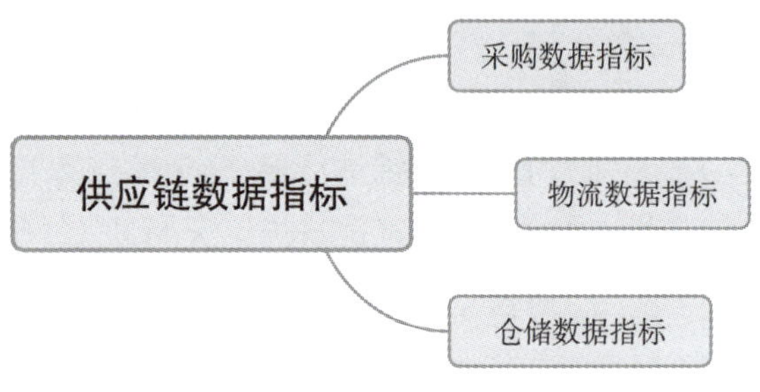

图 3-4-1　供应链数据指标

5）商品进货价。商品进货价是指商品采购的价格。

6）商品市场价。商品市场价是指商品销售的价格。

7）商品生产周期。商品生产周期是指商品从投入生产到生产完成的全部时间。

8）商品周期内供货量。商品周期内供货量是指供应商在指定周期内提供的商品数量。

9）运输损耗率。运输损耗率是指商品在运输过程中，由各种原因产生损耗的商品数量和运输商品总量的比值。计算公式如下：

$$\text{运输损耗率}=\frac{\text{耗损商品数量}}{\text{运输商品总量}}\times 100\%$$

10）退换货率。退换货率是指商品在销售过程中的退货、换货数量和总销量的比值。计算公式如下：

$$\text{退换货率}=\frac{\text{退货数量}+\text{换货数量}}{\text{商品总销量}}\times 100\%$$

（2）物流数据指标

1）送货数量。送货数量是指配送的商品数量。

2）平均配送成本。平均配送成本是指所有配送成本的总和与配送商品总数量的比值。计算公式如下：

$$\text{平均配送成本}=\frac{\text{配送商品总成本}}{\text{配送商品总数量}}$$

3）订单响应时长。订单响应时长是指从客户下单到收货的时长。通常情况下，订单响应时长越短，客户满意度越高。

4）订单满足率。订单满足率是指实际拣货的订单数量和已接收的订单总数量的比值，它是衡量物流中心服务效果的指标之一。计算公式如下：

$$\text{订单满足率}=\frac{\text{单位时间内已完成订单数量}}{\text{单位时间内已接收订单总数量}}\times 100\%$$

5）平均送货时间。平均送货时间是指在统计周期内，总送货时间与送货次数的比值。计算公式如下：

$$平均送货时间 = \frac{总送货时间}{送货次数}$$

6）物流时效。物流时效是指从订单下单开始，到商品收货为止的时间。物流时效代表了物流速度，物流时效包括当天送达、次日送达、隔日送达等，物流时效一般为 3 天左右，最好不要超过 4 天。

7）物流异常量。物流异常量是指因各种原因（如揽件异常、中转异常、签收异常等）出现物流异常的商品数量。

8）物流服务满意度。物流服务满意度是衡量物流服务质量的重要指标之一，它反映了客户对物流服务的整体评价和满意度。

9）支付—发货时长。支付—发货时长是指近 30 天支付且发货成功的订单从支付到发货的总时长与已支付且已签收的订单量的比值。

10）发货—揽收时长。发货—揽收时长是指近 30 天支付且派送成功的订单从发货到揽收的总时长与已支付且已签收的订单量的比值。

11）揽收—派送时长。揽收—派送时长是指近 30 天支付且派送成功的订单从揽收到派送的总时长与已支付且已签收的订单量的比值。

12）派送—签收时长。派送—签收时长是指近 30 天支付且签收成功的订单从派送到签收的总时长与已支付且已签收的订单量的比值。

13）物流服务 DSR（detailed seller ratings，卖家服务评级系统）。物流服务 DSR 反映的是客户对卖家物流服务的评价，包括物流速度、包装质量、运费价格、物流跟踪等方面。

14）物流差评率。物流差评率是指物流差评量与物流总量的比值。

15）物流原因退货退款率。物流原因退货退款率是指因物流原因退货退款的商品数量与物流总量的比值。

16）支付—签收单量。支付—签收单量是指近 30 天支付且签收成功的订单数量。对于货到付款订单而言，该指标为近 30 天下单且签收成功的订单数量。

17）到货时长。到货时长是指近 30 天支付且签收成功的订单的平均到货时长。

（3）仓储数据指标

1）库存金额。库存金额是指持有库存的总价值。计算公式如下：

$$库存金额 = 库存商品数量 \times 库存商品单价$$

2）库存量。库存量是指在某一时点，仓库中暂未售出的库存商品数量。

3）库存天数。库存天数是指从商品入库开始到商品消耗或销售为止的天数。

4）发货量。发货量是指在统计周期内发货的总数量。

5）库存周转率。库存周转率是指某时间段的出库总金额（或总数量）与该时间段库存平均金额（或数量）的比值。计算公式如下：

$$库存周转率 = \frac{出库数量}{库存数量} \times 100\%$$

6）库存周转天数。库存周转天数是指从商家取得商品，或者从商品入库开始，到商品消耗、销售完成为止的天数。周转天数越少，说明商家存货变现的速度越快。计算公式如下：

$$库存周转天数 = \frac{360}{库存周转率}$$

7）低库存商品。低库存商品是指库存数量低于安全库存数量的商品。例如，最近 7 天加购件数大于昨日库存量 80% 的商品。

8）售罄率。售罄率是指在统计周期内，某种商品的销售量占库存总量的比值。计算公式如下：

$$售罄率 = \frac{销售量}{库存总量} \times 100\%$$

9）残次库存比。残次库存比是指受损商品和次品在整体库存中所占的比例。计算公式如下：

$$残次库存比 = \frac{次品量（残品量）}{库存总量}$$

10）库存目标值是指电子商务企业在进行库存管理时所设定的理想库存水平，用于维持商品的最优库存量。计算公式如下：

$$库存目标值 = 需求量 - 实际库存量$$

2. 供应链数据采集方法

（1）采购数据采集方法

采购数据采集方法可以分为以下 4 种。

第一种是网络采集法，即通过直接访问与商品采购活动有密切联系的供应商网站、竞争者网站以及各类电子商务网站等，采集采购数据，如访问 1688 阿里巴巴采购批发网站（以下简称 1688 网站）、义乌购、中国批发网等。

第二种是媒体采集法，如通过展销会、博览会、报刊、电视、广播等渠道采集采购数据。

第三种是调查采集法，即通过商务调查的方法采集采购数据，调查采集法包括直接与供应商沟通、向第三方机构购买调研报告、向专业人员有偿咨询等。

第四种是通过本企业内部的相关部门采集采购数据，如使用企业 ERP（enterprise resource planning，企业资源计划）系统等。通过企业 ERP 系统，数据采集人员可以查询供应商清单和商品明细、年采购总金额、商品单价、供应商份额等数据。

（2）物流数据采集方法

对于电子商务企业而言，需要采集的物流数据主要是物流公司的数据，如各家物流公司在各地的口碑、速度、服务、价格等。电子商务企业可根据经营商品的类目，选择合适的物流公司。常见的物流数据采集方法有以下几种。

1）传感器技术。传感器技术是指通过在商品上安装传感器来收集商品的位置、重量、体积等数据，从而实现对物流数据的实时监测和分析的物流数据采集方法。

2）移动应用程序。移动应用程序是指通过智能手机或平板电脑上的应用程序，实现对物流运输车辆位置、货物状况等数据的实时监控和分析的物流数据采集方法。

3）传感器网络。传感器网络是指通过建立起大规模的传感器网络，收集物流过程中的各种数据，例如温度、湿度、光照等，从而实现对物流数据的实时监测和分析的物流数据采集方法。

4）物联网技术。物联网技术是指通过将物联网技术应用于物流系统中，将各种传感器、智能设备、车辆等连接起来，实现对物流数据的实时监测和分析的物流数据采集方法。

（3）库存数据采集方法

库存数据的采集一般需要依靠电子商务企业的库存管理系统，库存管理系统通常具备入库管理、库存盘点、库存调拨等功能，库存管理系统能够帮助仓库管理人员对库存商品进行实时管理，辅助仓库之间的货品转移，协调解决个别仓库库存不足等问题。大多数的库存管理系统能够自动生成报表，进行库存预警，实时打印单据，因此库存数据的采集可以使用库存管理系统完成。

如果电子商务企业的规模较小，未购买库存管理系统，那么我们可以通过店铺后台的订单数据配合仓库工作人员的库存人工盘点，采集库存数据并使用 Microsoft Excel 进行数据分析。

二、供应链数据采集实施

1. 采购数据采集

需要采集的采购数据主要包括以下几类：供应商信息（包括供应商的资信情况、技术水平、经营状况等），商品信息（包括商品性能、制造工艺、市场容量、市场供应量、制造成本等），采购市场行情（包括商品的市场行情、市场特征、价格变化情况等），替代品信息（包括替代品和迭代品的价格、制造工艺等）。

数据采集人员一般可以通过以下几种渠道采集采购数据：市场资讯，竞争企业、供应商提供的信息，其他行业的相关资讯等。

2. 物流数据采集

（1）通过快递公司的官方网站和应用程序采集

快递公司的官方网站和应用程序是采集物流数据的最佳途径之一。快递公司的官方网站和应用程序通常允许用户使用快递单号查询包裹的实时状态、配送进度以及预计送达时间等数据。此外，用户还可以订阅短信或微信通知，及时获知包裹的最新动态。

（2）通过第三方物流平台采集

除了快递公司的官方网站和应用程序等官方渠道，数据采集人员还可以使用第三方物流平台进行物流数据的采集。第三方物流平台通常提供信息查询服务，这些平台大多汇集了多家快递公司的数据，能够提供一站式查询多个快递单号的功能。

3. 库存数据采集

如果电子商务企业购买了库存管理系统，那么商品出库、入库、移库、预警等环节的数据都会展示在该系统中，数据采集人员可直接使用该系统采集库存数据。如果电子商务企业没有购买库存管理系统，那么数据采集人员通常使用其他数据采集工具采集库存数据，具体步骤如下。

（1）确定数据采集内容

在进行数据采集前，我们需要明确数据采集的具体内容，如商品的名称、数量、存放位置等。

（2）选择数据采集工具

根据数据采集内容的不同，我们需要选择不同的数据采集工具。常用的数据采集工具包括条码扫描器、RFID（radio frequency identification，射频识别）读写器等。

（3）制订数据采集计划

制订数据采集计划，确定时间、地点和参与人员，同时为数据采集任务明确责任，明确每个人的工作内容。

（4）实施数据采集

根据计划，按照事先确定的流程和步骤，使用选定的数据采集工具采集数据。在采集过程中，我们应当注意数据的准确性和完整性。

（5）数据提交

采集完成后，我们需要将采集到的数据进行汇总并制作表格，以便保存。

三、供应链数据采集报表制作

1. 采购数据采集报表

以商品采购数据采集报表为例，商品采购数据采集报表的示例见表 3-4-1。

表 3-4-1　商品采购数据采集报表

商品供应商	商品名称	商品规格	采购数量	商品进货价（元）	商品市场价（元）	商品生产周期	商品周期内供货量	运输配送期间的坏损率	销售过程中的退换货率

2. 物流数据采集报表

以物流时效数据采集报表为例，物流时效数据采集报表的示例见表 3-4-2。

表 3-4-2　物流时效数据采集报表

物流公司	收货地	揽收包裹数（占比）	平均支付—签收时长	发货—揽收时长	揽收—派送时长	派送—签收时长	物流差评率

3. 库存数据采集报表

以月库存数据采集报表为例，月库存数据采集报表的示例见表 3-4-3。

表 3-4-3　月库存数据采集报表

商品名称	商品规格	当月出库总数	月初库存量	月末库存量	残次品量	库存周转率	目标值

技能实施

案例 3.4.1：自营淘宝店铺采购数据采集

请根据自营淘宝店铺的主营商品子类目（此处以钥匙圈为例），利用网络采集法进行采购数据采集。

操作步骤如下所示。

步骤一：选择 1 至 2 个合适的采购平台（此处以 1688 网站、义乌购为例），注册并登录。

步骤二：在 1688 网站的搜索框中输入类目关键词“钥匙圈”，根据综合排名、成交额、价格等检索商品，查看并采集采购数据。

步骤三：如果要采集更精准的数据，则可以使用“筛选”工具，如图 3-4-2 所示。

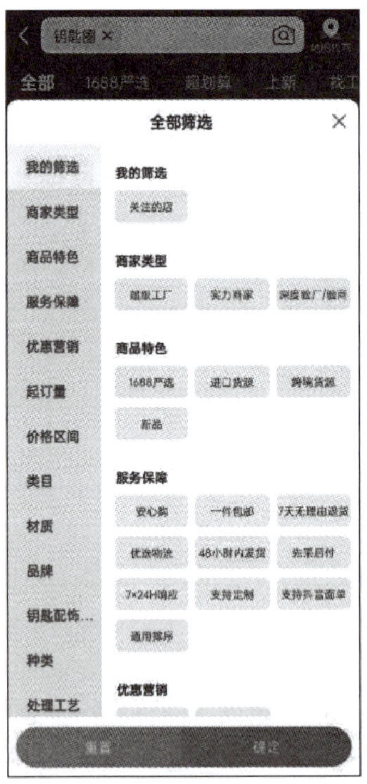

图 3-4-2　1688 网站搜索“筛选”

步骤四：在义乌购的搜索框中输入关键词“钥匙圈”，根据“综合”“销量”“价格”等检索商品，查看并采集采购数据，如图 3-4-3 所示。我们也可以设置搜索商品的价格带，缩小数据采集范围。

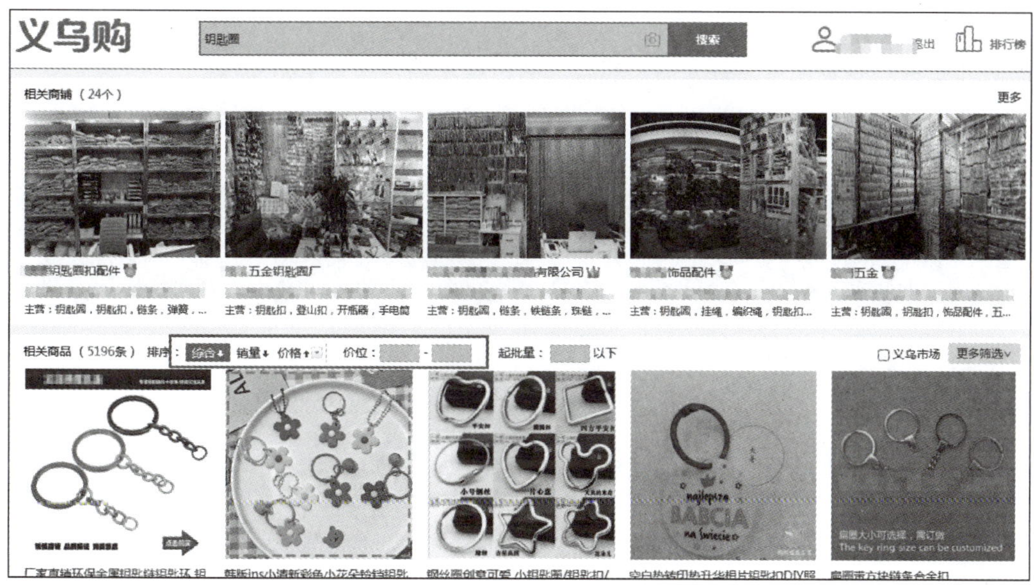

图 3-4-3 义乌购检索示例

步骤五：将采集到的数据填入淘宝自营店铺采购数据采集报表中，示例见表 3-4-4。

表 3-4-4 淘宝自营店铺采购数据采集报表

供应商	商品名称	商品规格	商品链接	起批数量	进货价（元）	市场价（元）	已成交数量	供应商资质

案例 3.4.2：网店库存数据采集

请根据与网店仓储工作人员沟通的情况，完成库存数据的采集工作。

操作步骤如下所示。

步骤一：与网店仓储人员沟通，采集“商品名称”“商品规格”“当月出库总数”“月初库存量”“月末库存量”“残次品量”“库存周转率”等数据。

步骤二：参考表 3-4-3，整理“月库存数据采集表”，筛选出出库量排名前 10 位的商品、周转率排名前 10 位的商品、残次品量排名前 5 位的商品，并设置预警值，突出显示库存不足的商品。

案例 3.4.3：自营淘宝店铺物流数据采集

请使用生意参谋进行自营淘宝店铺的物流数据采集。

操作步骤如下所示。

步骤一：登录淘宝，进入商家后台，通过商家后台进入生意参谋。

步骤二：选择页面顶端的“物流”下的“时效诊断”，如图 3-4-4 所示，点击进入。

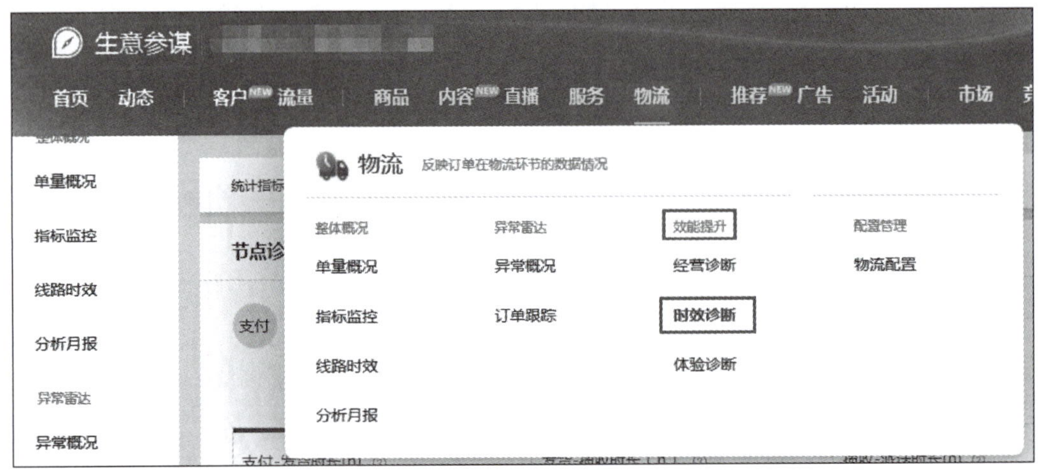

图 3-4-4　生意参谋“时效诊断”

步骤三：在时效诊断页面的“节点诊断”中，以“日”为统计周期采集物流数据，可采集的数据包括“支付 – 发货时长”“发货 – 揽收时长”“揽收 – 派送时长”“派送 – 签收时长”等，如图 3-4-5 所示。

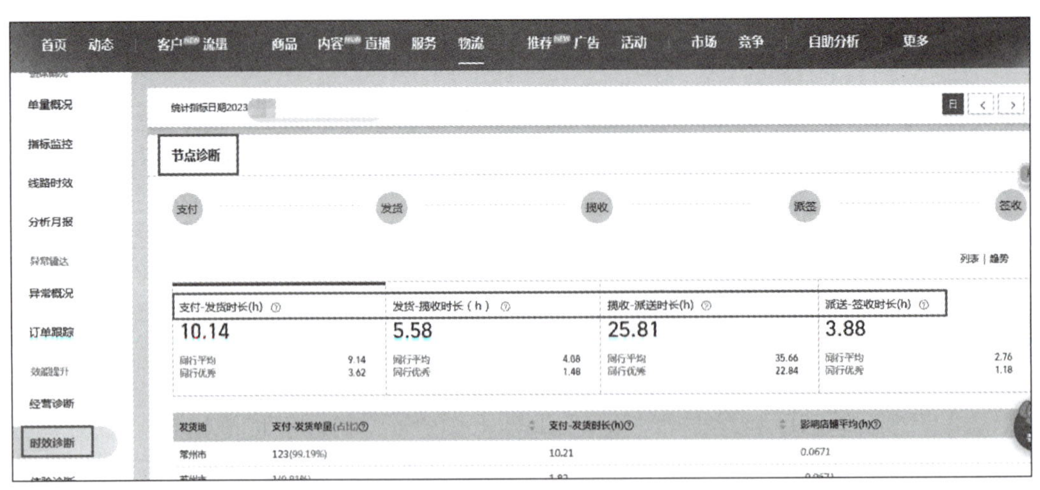

图 3-4-5　生意参谋“节点诊断”

步骤四：在时效诊断页面的下方，可以看到“明细线路”，我们在此处可采集更多的物流数据，如图 3-4-6 所示。

明细线路　省份　城市

发货地：全部　收货地：全部　快递公司：全部　查询

发货地	收货地	快递公司	支付-签收单量	到货时长(h)	24小时揽收及时率	支付-发货时长(h)	发货-揽收时长(h)	揽收-派送时长(h)
市		圆通速递	1	45.09	100.00%	1.82	4.38	35.09
市	省	韵达快递	-	-	100.00%	-	-	-
市	省	顺丰速运	1	23.83	100.00%	15.93	-	21.58

图 3-4-6　生意参谋“明细线路”

步骤五：在体验诊断页面中，可以看到“物流体验总览”，我们在此处可采集“物流 DSR”“物流差评率”“物流原因退货退款率”等数据，如图 3-4-7 所示。

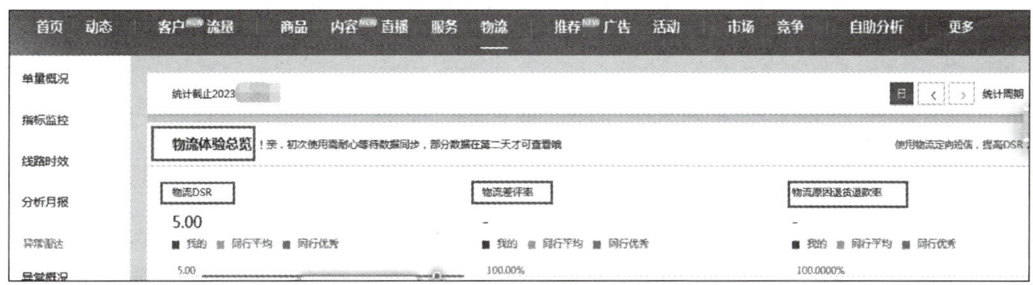

图 3-4-7　生意参谋“物流体验总览”

步骤六：参考表 3-4-2，制作物流时效数据采集报表。

1. 假设自营淘宝店铺的主营商品是手机壳，试进行手机壳商品的采购数据采集。
2. 完成自营淘宝店铺的库存数据采集。
3. 完成自营淘宝店铺的物流数据采集。

项目四 商品数据采集

课题1 商品市场数据采集

学习目标

- 知识目标

1. 认识商品市场数据指标。
2. 熟悉商品市场数据采集工具。
3. 熟悉商品搜索、商品交易数据采集报表。

- 技能目标

1. 能熟练使用商品市场数据采集工具。
2. 能进行商品市场数据采集。
3. 能制作商品搜索、商品交易数据采集报表。

理论知识

一、商品市场数据采集准备

1. 商品市场数据指标

商品市场数据指标包括商品搜索类数据指标、商品交易类数据指标和商品规划类数据指标，如图 4-1-1 所示。

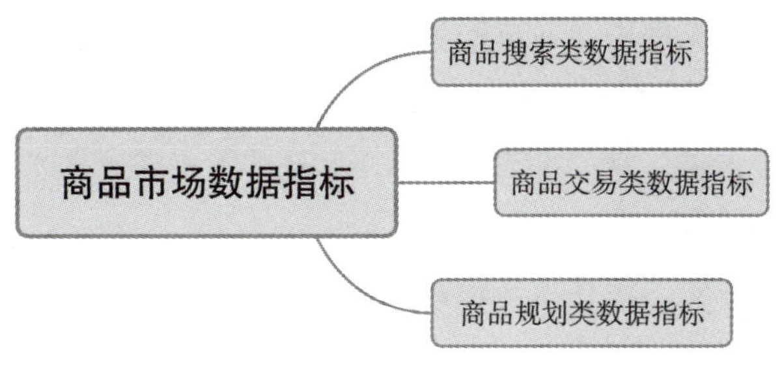

图 4-1-1　产品市场数据指标

（1）商品搜索类数据指标

商品搜索类数据指标即商品搜索指数，是统计电子商务平台用户搜索数据得出的商品关键词热度的体现，可以从侧面反映用户对商品的关注度和兴趣度。在商品运营的过程中，商务人员通常会用搜索指数进行热点追踪、用户画像分析、商品热度趋势研究、竞品分析等数据分析活动，以帮助卖家及时调整店铺经营的商品类目，优化宝贝标题，调整运营策略以及商品的精准推广和投放等。常用的商品搜索类数据指标包括以下几种。

1）搜索词。搜索词能够反映用户的搜索意图，可用于用户的行为动机分析、推广关键词选择和着陆页内容设定等。

2）核心词。核心词是指反映商品本质的词，即商品的名称或俗称，核心词能够直观地说明商品是什么、能做什么。核心词的搜索量通常较大，曝光力度较强且流量较高，但同时它也存在精准度不够高、转化率较低的问题。

3）品牌词。品牌词是指商品品牌或网店品牌，它能够反映消费者对某类商品、某商品系列或某网店的认知程度，是消费者区分同类商品或网店的词语。知名度较高的品牌词通常具有点击率高、转化率高、转化成本低等特点。在一些情况下，知名度高的品牌词还可以拓展出其他有价值的品牌相关词。

4）属性词。属性词是指商品的材质、颜色、风格等与商品属性有关的词语。属性词能反映商品的基本特性。

5）人群词。人群词是指商品销售所针对的目标人群，如“老人”“小孩”“青年”“孕妇”等。人群词经常用于商品受众比较具体的商品销售中，如儿童玩具、孕妇营养品等的销售。恰当的人群词能够提高商品的搜索匹配度，实现精准引流。

6）修饰词。修饰词是指修饰或描述商品特点的关键词，如“家用”“小型”等。

7）功能词。功能词是指描述商品的功能或效果的关键词，一般用于补充说明商品的卖点、优势、功效等。功能词在某些功能性强的商品描述中属于必加词，能提高搜索的精准度，提高商品的点击率。

8）长尾词。长尾词是指并非目标关键词，但与目标关键词相关，也可以带来搜索流量的组合型关键词。长尾词一般由三个或多个关键词组成，长尾词的搜索量通常不稳定，但它的匹配度高，需求明确，能实现较高的转化率。

（2）商品交易类数据指标

1）商品访客数。商品访客数是指访问商品详情页的去重人数，一个人在统计时间内访问多次，只计为一个访客。

2）商品浏览量。商品浏览量是指商品详情页被访问的次数，一个人在统计时间内浏览多次，可计为多次浏览。

3）加购件数。加购件数是指在统计时间内，访客加入购物车的商品件数总和。

4）收藏次数。收藏人数是指在统计时间内，商品被访客收藏的总次数，一件商品被同一个人收藏多次，可计为多次收藏。

5）商品销量。商品销量是指被购买的商品数。

6）商品总销售额。商品总销售额是指被购买的商品总金额。

7）商品均价。商品均价是指被购买的商品的平均价格，即被购买的商品的总价格与被购买的数量的比值。

8）商品总利润率。商品总利润率是指商品总利润与总成本的比值。计算公式如下：

$$\text{商品总利润率}=\frac{\text{商品总收入}-\text{商品总成本}}{\text{商品总成本}}$$

9）销售占比。销售占比是指某商品销量占总销量的比例。

10）销售环比。销售环比是指当前周期和同一周期的上一个时段相比，销售额的变化情况。例如，2 月份销售额环比增长 15%，意思就是 2 月份的销售额与 1 月份的销售额相比，增长 15%。

11）销售同比。销售同比是指当前周期和上一周期的同时段相比，销售额的变化情况。例如，今年 2 月份销售额同比增长 15%，意思就是今年 2 月份的销售额与去年 2 月份的销售额相比，增长 15%。

12）交易指数。交易指数是指在统计周期内，根据未剔除退款的交易核心指标进行综合计算后得出的指标（交易指数的确定主要参考支付金额、订单数等成交类指标）。交易指数不可直接进行计算和对比，但可作为排名和趋势分析的依据。交易指数不等同于交易金额。

13）交易增长幅度。交易增长幅度是指本统计周期的支付金额对比上一统计周期的变化情况。计算公式如下：

$$\text{交易增长幅度}=\frac{\text{统计周期内的支付金额}-\text{上一周期支付金额}}{\text{上一周期支付金额}}$$

14）支付转化指数。支付转化指数是在统计周期内的支付转化率的指数化指标。指数之间的差值不代表实际指标的差值，仅代表指标高低。

（3）商品规划类数据指标

1）SKU（stock keeping unit，最小存货单位）。SKU 是指物理上不可分割的最小存货单位，是一种库存统计的单位，如件、盒等。在电子商务领域，SKU 已经被引申为商品统一编号的简称，每种商品都有唯一的 SKU 号。

2）SPU（standard product unit，标准化商品单元）。SPU 是一组可复用且易检索的标准化信息的集合，该集合能够描述一个商品的特性。SPU 通常由品牌、商品型号和商品的关键属性组合构成。

3）商品数。商品数是指在统计周期内，每项分类对应的在线商品去重数，该数据指标针对所有终端。

4）商品优势指标。商品优势指标是指独家商品的收入占比，即独家销售的商品的收入占总销售收入的比例。

5）品牌存量指标。品牌存量指标包括品牌数和在线品牌数，品牌数是指商品的品牌总数量，在线品牌数则是指在线商品的品牌总数量。

6）上架商品指标。上架商品指标包括上架商品 SKU 数、上架商品 SPU 数、上架在线 SPU 数、上架商品数、上架在线商品数。

7）首次上架商品指标。首次上架商品指标包括首次上架商品数和首次上架在线商品数。

8）流量下跌商品。流量下跌商品是指最近 7 天的浏览量较上一个周期（7 天）下跌 50% 以上的商品。

9）支付下跌商品。支付下跌商品是指最近 7 天的支付金额较上一个周期（7 天）下跌 50% 以上的商品。

10）低支付转化率商品。低支付转化率商品是指支付转化率低于同类商品的平均水平的商品。

11）高跳出率商品。跳出率是指在商品的浏览量中，没有进一步访问店铺其他页面的浏览量占比。高跳出率商品则是指跳出率高于其他同类商品的平均水平的商品。

12）零支付商品。零支付商品是指 90 天前首次发布，且最近 7 天内没有任何销售记录，不会进入搜索索引的商品。

13）动销率。动销率即近 30 天内有销量的商品数与总商品数的比值。不同类目商品的动销率对店铺权重的影响程度可能不同，店铺也可能对不同类目商品的动销率有不同的要求。一般情况下，动销率达到 80% 为合格，达到 90% 为优秀，达到 100% 为好。

14）滞销商品数。滞销商品数是指连续 90 天无编辑、浏览、成交的商品的数量，即滞销品的数量。在实际操作中，也有以 30 天为周期来统计滞销商品数的情况。

15）滞销率。滞销率是指滞销商品数与店铺总商品数的比值。计算公式如下：

$$滞销率 = \frac{滞销商品数}{店铺总商品数} \times 100\%$$

2. 商品市场数据采集工具选择

采集商品市场数据的核心目的是了解商品的市场需求变化情况。一般可以从商品的行业现状和商品在本店铺的实际交易情况两个维度进行综合分析，因此，在商品市场数据的采集中，我们通常选择采集商品的搜索指数和商品的交易指数。

（1）商品搜索指数的采集工具

1）百度指数。使用百度指数搜索商品的关键词，即可查看该商品关键词在百度中的搜索指数数据。数据采集人员可以通过选择时间段、地域等，查看并采集相应时间段和地域的商品搜索指数。

2）360 趋势。360 趋势的作用与百度指数相似，数据采集人员可通过搜索关键词，快速了解关键词的热度趋势，理解市场需求，了解搜索该关键词的人群的属性，从而掌握商品的市场需求情况。

（2）商品交易指数的采集工具

在采集电子商务平台上开设的网店的交易数据时，我们通常使用电子商务平台提供的数据采集工具，例如，淘宝的生意参谋、京东的京东商智、拼多多开放平台的数据采集工具等。

在采集商品的市场排行数据时，我们通常选择百度指数、360 趋势以及生意参谋的“市场”“竞争”功能。

在采集竞争店铺商品的交易数据时，我们通常选择第三方工具，例如，八爪鱼采集器、店侦探、百度统计、淘数据、火车采集器等。

二、商品市场数据采集实施

1. 商品搜索数据采集

商品搜索指数是消费者搜索相关商品关键词热度的数据化体现，它可以从侧面反映消费者对商品的关注度和兴趣度。根据某个关键词在一段时间内的搜索指数的涨跌态势，我们能够解读市场对相关商品关注程度的变化，还可以分析关注这些关键词的消费者的特征，进而优化营销方案。因此，选择合适的关键词是准确采集商品搜索数据的关键。

在进行商品搜索指数分析时，我们可以通过百度指数、360 趋势、阿里指数或各类

数据采集工具（如生意参谋、京东商智等）获取相关数据。搜索指数的数据来源主要是各类电子商务平台或搜索引擎中用户的搜索行为数据，同一关键词在不同平台的搜索指数不同，因此，使用不同平台或工具进行商品搜索指数分析得到的结果也会不同，在实际操作中，数据采集人员需要结合商品的目标定位、广告投放位置等因素综合判断。

数据采集人员在数据采集过程中，可对商品的“搜索词”“主题词”“长尾词”“品牌词”“核心词”“修饰词”等进行选择，一般需要采集多组关键词的数据，以提高采集数据的精准度。此外，通过采集同一商品不同关键词的搜索指数趋势的变化数据，我们也可以分析消费者对于商品需求和喜好的变化。

2. 商品交易数据采集

商品交易指数是商品交易热度的体现，是衡量一个店铺或者商品受欢迎程度的重要指标之一。一般而言，交易指数越高，该店铺或者商品越受消费者欢迎。

数据采集人员在商品交易指数的采集过程中，一般可以从商品交易量的“市场排行”开始。以淘宝店铺为例，数据采集人员可从生意参谋中采集“店铺排行”和“商品排行”数据，通过采集和分析“交易指数”“交易增长幅度”“支付转化指数”等数据，判断商品的市场竞争力。

三、商品市场数据采集报表制作

1. 商品搜索数据采集报表

商品搜索数据采集报表包括商品搜索数据采集报表、搜索词排行数据采集报表、主题词排行数据采集报表、长尾词排行数据采集报表、品牌词排行数据采集报表、核心词排行数据采集报表和修饰词排行数据采集报表等，见表 4–1–1 至表 4–1–7。

商品搜索数据采集报表针对百度指数中的数据，搜索词排行数据采集报表、主题词排行数据采集报表、长尾词排行数据采集报表、品牌词排行数据采集报表、核心词排行数据采集报表和修饰词排行数据采集报表则针对生意参谋中“市场”下的“需求洞察”中的数据。

表 4–1–1　商品搜索数据采集报表

商品关键词	收录情况	“近 30 天”搜索指数截图	“全部”搜索指数截图	“自定义近一年”搜索指数截图	搜索指数变化类型	需求图谱截图	“地域分析”截图	“人群属性”截图	“兴趣分布”截图

表 4-1-2　搜索词排行数据采集报表

搜索词	热搜排名	搜索人气	点击人气	点击率	支付转化率

表 4-1-3　主题词排行数据采集报表

主题词	排名	市场容量	竞争力	搜索增长幅度

表 4-1-4　长尾词排行数据采集报表

长尾词	热搜排名	搜索人气	点击人气	点击率	支付转化率

表 4-1-5　品牌词排行数据采集报表

品牌词	热搜排名	相关词搜索数	相关词搜索人气	相关词点击人气	词均点击率	词均支付转化率

表 4-1-6　核心词排行数据采集报表

核心词	热搜排名	相关词搜索数	相关词搜索人气	相关词点击人气	词均点击率	词均支付转化率

表 4-1-7　修饰词排行数据采集报表

修饰词	热搜排名	相关词搜索数	相关词搜索人气	相关词点击人气	词均点击率	词均支付转化率

2. 商品交易数据采集报表

商品交易数据采集报表包括店铺“高交易”排行数据采集报表、商品“高交易”排行数据采集报表和品类交易指数采集报表等，见表 4-1-8 至表 4-1-10。

其中，店铺“高交易”排行数据采集报表和商品“高交易”排行数据采集报表针对生意参谋中的“市场”下的“供给洞察”中的数据。

表 4-1-8　店铺“高交易”排行数据采集报表

排名	店铺名称	交易指数	交易增长幅度	支付转化指数

表 4-1-9　商品“高交易”排行数据采集报表

排名	商品名称（链接）	所属店铺	交易指数	交易增长幅度	支付转化指数

表 4-1-10　品类交易指数采集报表

类目名	日期	交易指数

技能实施

案例 4.1.1：商品搜索指数数据采集

天气渐冷，某网店准备上新一批冬装，并对此进行重点运营。为做到精准化运营，数据分析岗位的小周需要对该商品进行趋势研究和目标人群数据采集，以分析市场需求变化和消费者特征。假如你是小周，请使用百度指数作为数据采集平台，使用平台提供的数据进行商品关键词搜索指数的采集和分析。

数据采集思路：首先，小周认为羽绒服是冬季消费者购买外套的首选商品之一，近两年派克服的热度也很高，同时，羽绒服中的鹅绒服也是今年的新卖点，因此，小周选择先抓取“羽绒服”“派克服”和“鹅绒服”三个关键词，然后以用户量为衡量标准，选定用户量较大的百度指数作为数据采集平台，进而采集上述三类商品的趋势走向、需求图谱及用户画像。

操作步骤如下所示。

步骤一：打开百度指数并登录。

步骤二：在百度指数搜索框中分别输入“羽绒服”“派克服”和“鹅绒服”三个关键词，查看这三个关键词的收录情况，并将收录情况填入表 4-1-11 中。

表 4-1-11　关键词收录情况表

关键词	收录情况
羽绒服	□收录　□未收录
派克服	□收录　□未收录
鹅绒服	□收录　□未收录

步骤三：在关键词搜索栏处，分别从“近 30 天”“全部”及“自定义近一年”的时间维度，观察上述三个关键词的搜索指数的变化情况，进行趋势研究，并对波峰成因进行初步解读，完成表 4-1-12 中“搜索指数截图”和“搜索指数变化类型”部分的填写。

表 4-1-12　关键词趋势研究分析

“近 30 天”时间段	搜索指数截图	
	搜索指数变化类型	□周期性　□突发型　□不定型　□其他
	分析结论	

续表

“全部”时间段	搜索指数截图	
	搜索指数变化类型	□周期性　□突发型　□不定型　□其他
	分析结论	
“自定义近一年”时间段	搜索指数截图	
	搜索指数变化类型	□周期性　□突发型　□不定型　□其他
	分析结论	

步骤四：点击“需求图谱”，观察用户在搜索关键词的前后，搜索行为的变化中体现出的相关检索词需求。

在“需求图谱”中，相关词和圆心的距离表示的是相关词和中心检索词的相关性强度，相关词自身的大小表示相关词自身搜索指数的高低，红色代表搜索指数上升，绿色代表搜索指数下降。拖动时间轴上的小滑块可以查看不同时间的需求变化。据此，小周可以得出分析结论，并完成表 4-1-13 中“时间段”和“需求图谱截图”部分的填写。

表 4-1-13　需求图谱结论

时间段	需求图谱截图	分析结论

步骤五：点击“人群画像”，从地域分布、人群属性和兴趣分布三个方面描述目标人群画像，然后得出分析结论，并完成表 4-1-14 中“截图”部分的填写。

表 4-1-14　人群画像结论

地域分析	截图	
	分析结论	
人群属性	截图	
	分析结论	
兴趣分布	截图	
	分析结论	

步骤六：完成上述步骤后，将以上数据采集结果整合到一个文档中，保存并提交。

案例 4.1.2：淘宝自营店铺商品搜索数据采集

请使用生意参谋的“市场”，对淘宝自营店铺进行商品搜索数据采集。

操作步骤如下所示。

步骤一：登录淘宝，进入商家后台，通过商家后台进入生意参谋。

步骤二：点击页面顶端的“市场”，弹出下拉菜单，点击“需求洞察”中的“搜索排行”，采集本店铺的“搜索排行”数据，该数据包括“搜索词”“主题词”“长尾词”“品牌词”“核心词”和“修饰词”的排行数据。某店铺办公设备类目下的统计周期为“日”的“搜索词排行”数据示例如图 4-1-2 所示，统计周期为“日”的“长尾词排行”数据示例如图 4-1-3 所示，统计周期为“7 天”的“品牌词排行”数据示例如图 4-1-4 所示。

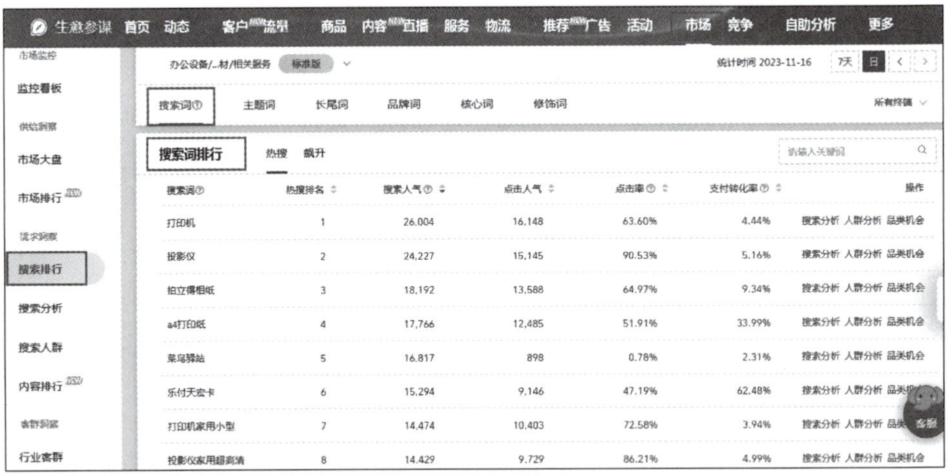

生意参谋 首页 动态 客户 流量 商品 内容 直播 服务 物流 推荐 广告 活动 市场 竞争 自助分析 更多

市场监控 监控看板 供给洞察 市场大盘 市场排行 需求洞察 搜索排行 搜索分析 搜索人群 内容排行 客群洞察 行业客群

办公设备/...材/相关服务 标准版 统计时间 2023-11-16 7天 日

搜索词 主题词 长尾词 品牌词 核心词 修饰词 所有终端

搜索词排行 热搜 飙升

搜索词	热搜排名	搜索人气	点击人气	点击率	支付转化率	操作
打印机	1	26,004	16,148	63.60%	4.44%	搜索分析 人群分析 品类机会
投影仪	2	24,227	15,145	90.53%	5.16%	搜索分析 人群分析 品类机会
拍立得相纸	3	18,192	13,588	64.97%	9.34%	搜索分析 人群分析 品类机会
a4打印纸	4	17,766	12,485	51.91%	33.99%	搜索分析 人群分析 品类机会
菜鸟驿站	5	16,817	898	0.78%	2.31%	搜索分析 人群分析 品类机会
乐付天宏卡	6	15,294	9,146	47.19%	62.48%	搜索分析 人群分析 品类机会
打印机家用小型	7	14,474	10,403	72.58%	3.94%	搜索分析 人群分析 品类机会
投影仪家用超高清	8	14,429	9,729	86.21%	4.99%	搜索分析 人群分析 品类机会

图 4-1-2 “搜索词排行”数据示例

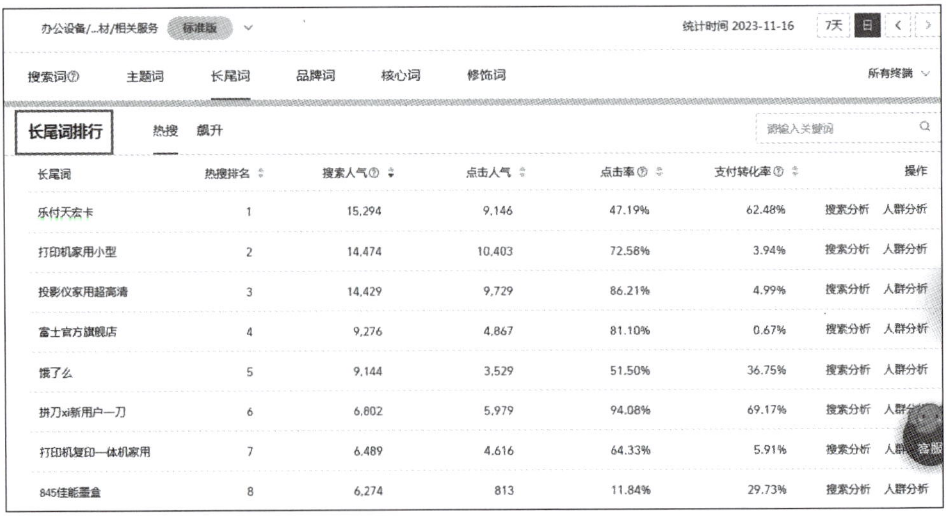

办公设备/...材/相关服务 标准版 统计时间 2023-11-16 7天 日

搜索词 主题词 长尾词 品牌词 核心词 修饰词 所有终端

长尾词排行 热搜 飙升

长尾词	热搜排名	搜索人气	点击人气	点击率	支付转化率	操作
乐付天宏卡	1	15,294	9,146	47.19%	62.48%	搜索分析 人群分析
打印机家用小型	2	14,474	10,403	72.58%	3.94%	搜索分析 人群分析
投影仪家用超高清	3	14,429	9,729	86.21%	4.99%	搜索分析 人群分析
富士官方旗舰店	4	9,276	4,867	81.10%	0.67%	搜索分析 人群分析
饿了么	5	9,144	3,529	51.50%	36.75%	搜索分析 人群分析
拼刀xi新用户一刀	6	6,802	5,979	94.08%	69.17%	搜索分析 人群分析
打印机复印一体机家用	7	6,489	4,616	64.33%	5.91%	搜索分析 人群分析
845佳能墨盒	8	6,274	813	11.84%	29.73%	搜索分析 人群分析

图 4-1-3 “长尾词排行”数据示例

办公设备/...材/相关服务　标准版　　　　统计时间 2023-11-10 ~ 2023-11-16　7天　日　<　>

搜索词　长尾词　品牌词　核心词　修饰词　　　所有终端

品牌词排行　热搜　飙升　　　请输入关键词

品牌词	热搜排名	相关搜索词数	相关词搜索人气	相关词点击人气	词均点击率	词均支付转化率	操作
投影	1	5,061	233,866	151,703	80.40%	7.21%	搜索分析　人群分析
惠普	2	4,320	130,758	91,026	62.40%	16.37%	搜索分析　人群分析
幕布	3	1,247	92.268	59.103	77.83%	8.02%	搜索分析　人群分析
墨盒	4	2,012	90,523	58,934	61.53%	23.86%	搜索分析　人群分析
激光	5	1,154	82,536	55,128	67.83%	4.64%	搜索分析　人群分析
爱普生	6	1,014	79,337	53,494	61.91%	9.63%	搜索分析　人群分
保险柜	7	743	75,806	53,899	71.59%	9.67%	搜索分析　人群　客服
佳能	8	1,992	72,577	46,139	58.53%	14.42%	搜索分析　人群分析

图 4-1-4　“品牌词排行”数据示例

步骤三：根据需要，数据采集人员可选择不同的统计时间段。例如，选择“7 天”可显示最近 7 天的“搜索排行”；选择“日”，则可通过点击“<”或“>”选择具体某一天的“搜索排行”。

数据采集人员还可以选择不同的终端、热搜榜、飙升榜等，采集不同类型的“搜索排行”。在“搜索排行”结果中，我们可直接点击感兴趣的“热词”后侧的“搜索分析”，进入“热词”分析页面，如图 4-1-5 所示。

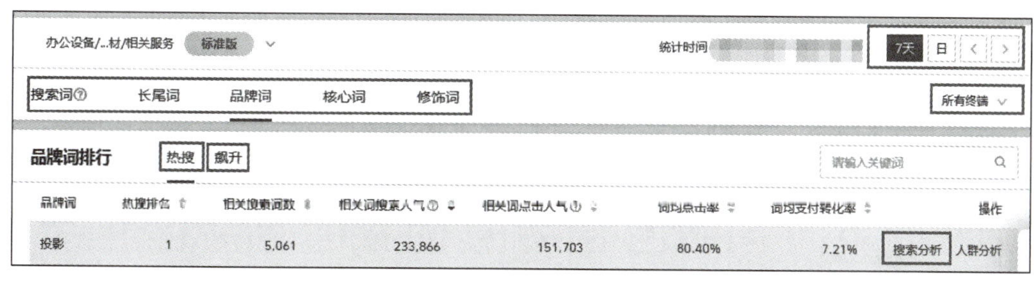

图 4-1-5　“搜索排行”结果展示

步骤四：如果不使用生意参谋自带的“搜索分析”功能，数据采集人员也可以将“搜索排行”数据下载到本地后自行分析。下载时，拖动鼠标光标框选要采集的数据，将其复制粘贴到 Microsoft Excel 表格中，再整理成商品搜索数据采集报表。

案例 4.1.3：淘宝自营店铺商品市场数据采集

请使用生意参谋的“市场”进行淘宝自营店铺的商品市场数据采集。

操作步骤如下所示。

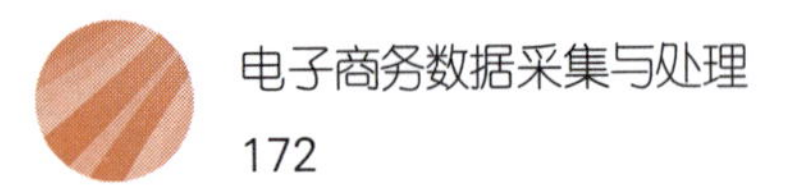

步骤一：登录淘宝，进入商家后台，通过商家后台进入生意参谋。

步骤二：点击页面顶端的“市场”，弹出下拉菜单，点击“供给洞察”中的“市场排行”，采集“店铺排行”数据，包括“高交易”“高流量”“内容种草”“直播种草”“短视频种草”和“图文种草”的排行数据。高交易的统计周期为“日”的“店铺排行”数据示例如图 4–1–6 所示。根据需要，数据采集人员还可筛选与本店铺相匹配的“价格带”，但该功能仅在生意参谋的市场洞察专业版和旗舰版中提供。

生意参谋 首页 动态 客户 流量 商品 内容 直播 服务 物流 推荐 广告 活动 市场 竞争 自助分析 更多

市场监控 监控看板 供给洞察 市场大盘 市场排行 需求洞察 搜索排行 搜索分析 搜索人群 内容排行 客群洞察

办公设备/...材/相关服务 标准版 统计时间 2023-11-16 7天 日

店铺 商品 所有终端 全部

店铺排行 高交易 高流量 内容种草 直播种草 短视频种草 图文种草 请输入店铺关键词 请选择价格带 竞店识别

排名	店铺	交易指数	交易增长幅度	支付转化指数	操作
持平	旗舰店 较前一日	194,349	-5.43%	1,035	趋势分析
持平	旗舰店 较前一日	145,309	-13.32%	337	趋势分析
升1名	旗舰店 较前一日	144,511	19.23%	627	趋势分析
4 降1名	旗舰店 较前一日	128,684	-6.13%	466	趋势分析
5 升1名	专卖店 较前一日	112,100	-2.76%	555	趋势

图 4–1–6 “店铺排行”数据示例

步骤三：高交易的统计周期为“日”的“商品排行”数据示例如图 4–1–7 所示。使用该数据可帮助数据采集人员识别竞品。

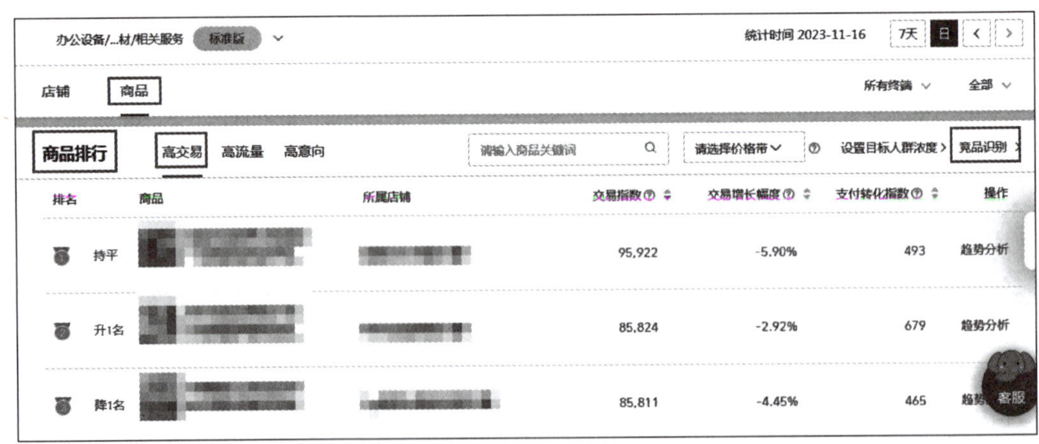

图 4–1–7 “商品排行”数据

步骤四：根据需要，数据采集人员可在“趋势分析”“竞店识别”“竞品识别”中进行更深入的数据采集。

作业布置

1. 对照自营店铺经营的商品类目和主营商品，使用百度指数进行商品搜索数据采集。
2. 对自营网店进行商品市场数据采集。
3. 对自营网店进行商品交易数据采集。

课题 2　商品能力数据采集

学习目标

● 知识目标

1. 认识商品能力数据指标。
2. 熟悉商品能力数据采集工具。
3. 熟悉商品能力数据采集报表。

● 技能目标

1. 能熟练使用商品能力数据采集工具。
2. 能进行商品能力数据采集。
3. 能制作商品能力数据采集报表。

理论知识

一、商品能力数据采集准备

商品能力数据指标包括引流获客类数据指标，商品结构类数据指标，黏性、盈利能力数据指标，以及 SKU 类数据指标，如图 4-2-1 所示。

1. 商品能力数据指标

（1）引流获客类数据指标

1）新客点击量。新客点击量是指针对首次访问店铺或者首次使用店铺服务的客户进行的点击量统计，新客点击量越大，说明店铺的获客能力越强，新客户的运营效

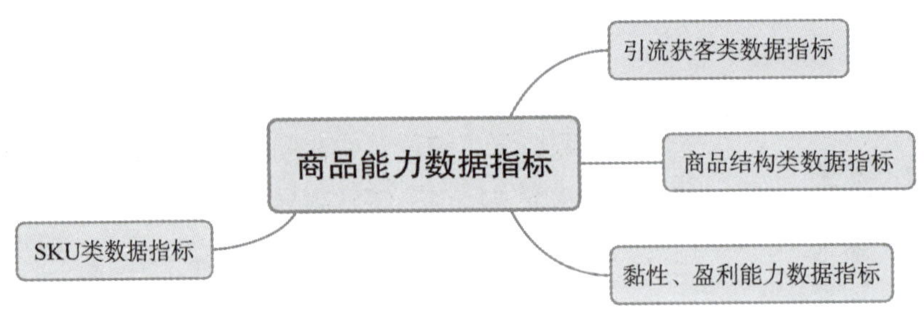

图 4-2-1　商品能力数据指标

果越好。

2）关注量。关注量是指关注店铺动态、新品发布、活动信息的客户数量。

3）收藏量。收藏量是指商品的收藏数量。

4）注册量。注册量是指入驻平台的数量。

5）重复购买率。重复购买率简称复购率，它是针对一定时期内产生两次及两次以上购买行为的客户进行的比例统计。重复购买率的计算方法有两种。一种按照客户数量计算，计算公式如下：

$$\text{重复购买率}=\frac{\text{一段时间内重复购买的客户数量}}{\text{客户总数量}}\times 100\%$$

假设客户总数为 100 人，其中有 50 人重复购买（不考虑他们重复购买了几次），那么重复购买率为 50%。

另一种按照交易次数计算，计算公式如下：

$$\text{重复购买率}=\frac{\text{一段时间内客户重复交易的次数}}{\text{总交易次数}}\times 100\%$$

假设共产生了 100 笔订单，客户总数为 100 人，其中有 20 人重复购买，这 20 人中有 5 人重复购买了 1 次（即这 5 人都分别购买了 2 次），有 15 人重复购买了 2 次（即这 15 人都分别购买了 3 次），那么重复购买率 =（$5\times1+15\times2$）÷100=35%。

重复购买率越高，客户的忠诚度就越高，该商品的获客能力就越强；反之则越弱。一个重复购买率低的店铺是非常危险的，这意味着多数客户都是新客户，那么该店铺将需要付出更多的获客成本，这也不利于实现店铺经营的可持续性。

（2）商品结构类数据指标

商品结构是指一家店铺的各类商品的比例关系。常见的商品结构包括以下几类商品：常规款商品、利润款商品、引流款商品、形象款商品、体验款商品。运营成熟的店铺必须有合理的商品结构。各类商品定位明确、比例适当、相互关联。

1）常规款商品。常规款商品是指用于日常销售的商品，它可以为店铺提供丰富的购买选择。常规款商品是店铺销售的主要商品，在商品规划中占比最大，一般认为

常规款商品占店铺总销量的 50% 左右。

2）利润款商品。利润款商品是指以提升销售利润为主要目的的商品，这类商品的利润空间大，能提升整体利润，丰富销售搭配，在商品规划中可与常规款商品和引流款商品进行搭配销售，一般认为利润款商品应当占店铺销量的 20% 左右。

3）引流款商品。引流款商品是指能够获取更多自然流量的商品，也称“爆款商品”或“人气商品”。这类商品通常售价较低，品质较高，人群目标定位精准，曝光率、点击率和销售量通常都较高。在商品规划中，商家可以投入较多的推广资源，提升引流款商品的人气，从而获取更多的自然流量。一般认为引流款商品应当占店铺销量的 15% 左右。

4）形象款商品。形象款商品是指辨识度高、包装精美、卖点独特，且能综合展现店铺最高水平的商品，这类商品的价位也属于店铺内的最高水平。在商品规划中，形象款商品用于展示店铺实力，树立品牌形象，提升消费者信心，一般认为形象款商品应当占店铺销量的 10% 左右。

5）体验款商品。体验款商品是指用于特定活动，吸引潜在客户的商品，也可称为活动商品。这类商品能够拉低新客户的初次购买门槛，因此它也可以是为特定活动准备的限时、限量、限价的商品。在商品规划中，体验款商品多用于拉新和体验新品，一般认为体验款商品应当占店铺销量的 5% 左右。

商品结构比例能够从侧面反映商品的销售比例，如图 4-2-2 所示。需要注意的是，商品结构比例并非固定不变，这需要商家在运营过程中，根据市场、季节的变化，或是根据现阶段运营目标的要求，不断调整。

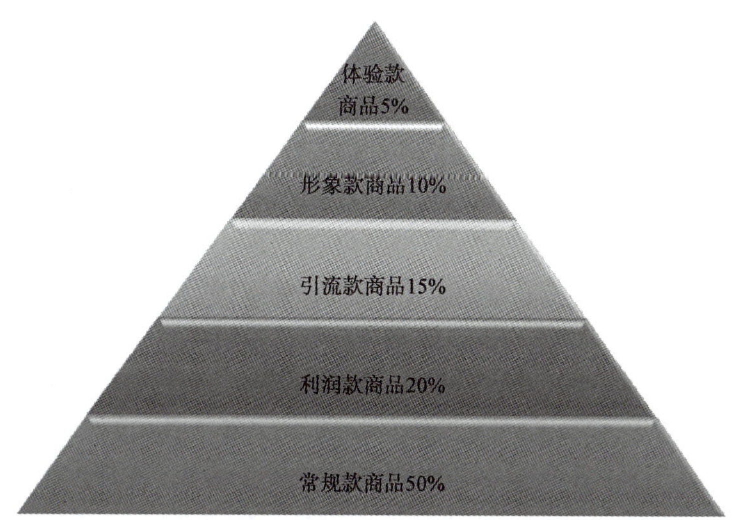

图 4-2-2　常见的商品结构比例

利润率也是商品类别划分的重要参考依据。例如，形象款商品往往是利润率高但销量低的商品，引流款商品则是利润率很低但销量高的商品。因此，在判定在售商品的商品类别时，我们一定要结合其利润率和销售量进行判定。当然，在“爆款商品”的打造过程中，假如该商品是一款新品，或者具有特定的品牌优势时，该商品也能兼具引流款商品和利润款商品的特性。

我们可通过采集商品的黏性、盈利能力数据指标来确定各类商品的结构属性，从而计算出当下的商品结构比例，分析商品结构的合理性。

（3）黏性、盈利能力数据指标

1）浏览量。浏览量是指商品被访问的次数。

2）收藏人数。收藏人数是指收藏商品的访客数。

3）人均停留时长。人均停留时长是指客户在商品详情页的平均停留时间。人均停留时长能够反映商品详情页的吸引力。

4）详情页跳出率。详情页跳出率是指仅访问了详情页就离开的访问次数与总访问次数的比值。计算公式如下：

$$详情页跳出率=\frac{访问详情页后离开的次数}{总访问次数}\times 100\%$$

5）支付转化率。支付转化率是指访客转化为支付客户的数量与访客数量的比值。

6）客单价。客单价是指每位客户购买商品的平均金额。

7）客件数。客件数是指每位客户购买商品的平均数量。

8）毛利率。毛利率是指毛利润与销售收入的比值，其中，毛利润是销售收入和与收入相对应的运营成本之间的差额。毛利率的计算公式如下：

$$毛利率=\frac{毛利润}{销售收入}\times 100\%=\frac{销售收入-运营成本}{销售收入}\times 100\%$$

9）连带率。连带率是指平均一笔订单成交的商品数量，是销售商品总件数与销售总笔数的比值。连带率是影响店铺客单价的因素之一，连带率越高，店铺的客单价也就越高。计算公式如下：

$$连带率=\frac{销售商品总数量}{销售总笔数}\times 100\%$$

10）售罄率。售罄率是指某段时间内，销售量与进货量的比值。季度售罄率控制在70%~80%为宜。如果高于这个范围，则说明店铺商品的深度不够，销售和利润都没有达到最大化；如果低于这个范围，则说明商品选择失败，商品利润较低。计算公式如下：

$$售罄率 = \frac{某段时间内的销售量}{进货量} \times 100\%$$

（4）SKU 类数据指标

每个 SKU 都对应着一个特定的商品，SKU 可以根据不同的商品属性（例如商品的颜色、尺寸、款式等）进行区分。因此，SKU 类数据指标通常反映了某商品中的某个特定型号受客户喜爱的程度。SKU 类指标包含 SKU 的访客数、收藏人数、加购件数、加购人数、支付件数、支付买家数、收藏转化率、加购转化率、支付转化率、支付金额等。

2. 商品能力数据采集工具

采集自营店铺的商品能力数据时，我们通常选择电子商务平台提供的数据工具，如淘宝的生意参谋、京东的京东商智、拼多多开放平台的数据采集工具等。

采集竞争者的商品能力数据时，我们通常选择第三方数据采集工具，如店侦探、八爪鱼采集器、淘数据、火车采集器等。

二、商品能力数据采集实施

1. 商品引流数据采集

以淘宝为例，数据采集人员可直接使用生意参谋，在采集商品交易数据时采集商品引流数据。

生意参谋中的“交易”版块允许查看“交易概况”“交易构成”“交易明细”数据，如图 4-2-3 所示。

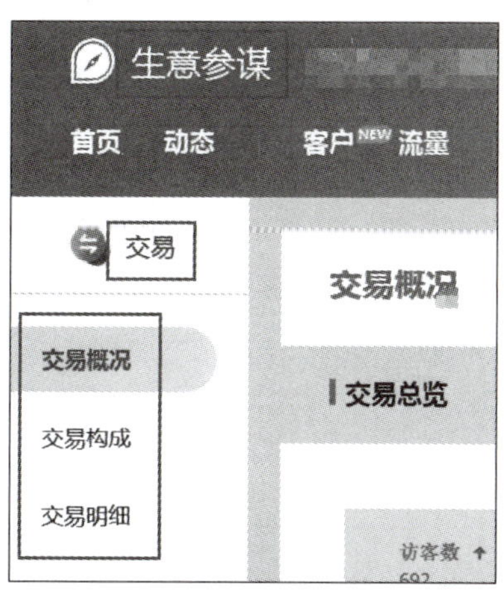

图 4-2-3　生意参谋“交易”版块

“交易概况”展示“交易总览”“交易趋势”等数据。

“交易构成”展示“终端构成”“类目构成”“品牌构成”“价格带构成”“资金回流构成”等数据。

“交易明细”展示“订单编号”“订单创建时间”“支付时间”“支付金额”“确认收货金额”“商品成本”“运费成本”等数据。

点击“下载”，可将选定周期内的对应交易数据下载到本地。

在淘宝的商家后台的“交易”下的“订单管理”中的“已卖出的宝贝“版块，我们可查看“近三个月订单”和“三个月前订单”数据，如图 4–2–4 所示。点击“批量导出”即可将这些订单数据下载到本地。此外，数据采集人员也可以利用筛选功能，设定订单信息、订单状态、订单类型等筛选条件，点击“搜索订单”，完成指定交易数据的采集。

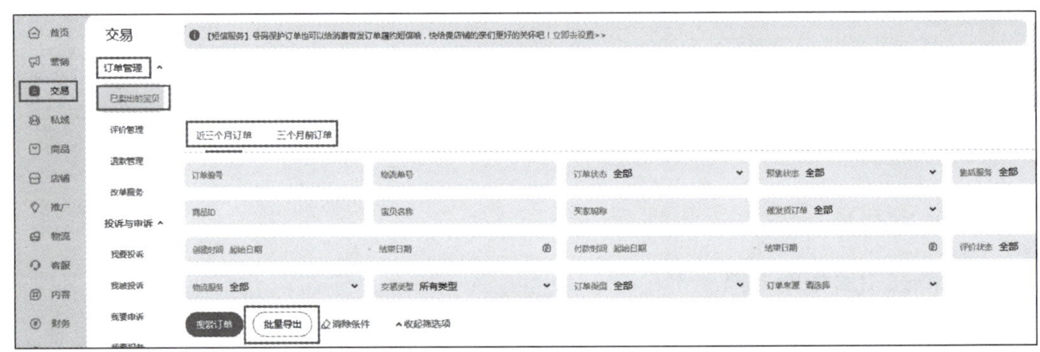

图 4–2–4　淘宝后台“订单数据”

2. 商品盈利数据采集

商品盈利数据采集一般以自营店铺的数据采集为主，可以按照以下思路展开。

首先，采集自营店铺中商品结构类数据，即统计各商品的成本价、销售价、活动价和利润率，以此初步判断商品所属的商品类别。

其次，采集自营店铺中商品的黏性、盈利类数据，即根据商品的浏览量、平均停留时长、商品收藏数、支付转化率、销量、销售额等确定商品类别。

最后，采集各类别商品的 SKU 类数据指标，通过对各销售、转化率等数据的采集，确定各类别商品中盈利能力较强的 SKU，为调整店铺商品结构、采购计划、定价策略、活动方案等提供数据支持。

三、商品能力数据采集报表制作

1. 商品引流数据采集报表

商品引流数据采集报表包括新客点击量数据采集报表、商品复购数据采集报表等，见表 4–2–1 和表 4–2–2。

表 4-2-1 新客点击量数据采集报表

商品名称	新客点击量	
	本月	上月

表 4-2-2 商品复购数据采集报表

统计周期	商品名称	点击量	新客点击量	支付买家数	复购客户数	支付金额（元）

2. 商品盈利数据采集报表

商品盈利数据采集报表包括商品结构数据采集报表、商品人气数据采集报表、商品 SKU 销售数据采集报表和商品 SKU 转化率采集报表等，见表 4-2-3 至表 4-2-6。

表 4-2-3 商品结构数据采集报表

商品名称	商品 ID	成本价（元）	销售价（元）	利润率	商品类别

表 4-2-4 商品人气数据采集报表

商品名称	商品浏览量	平均停留时长	详情页跳出率	支付转化率	商品收藏人数

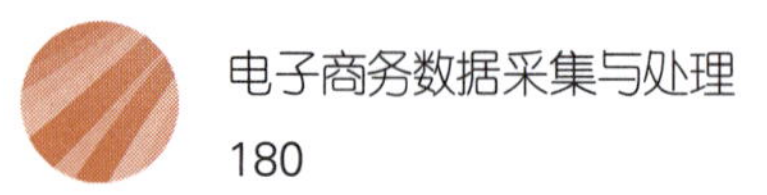

表 4-2-5　商品 SKU 销售数据采集报表

SKU 名称	访客数	支付金额（元）	支付件数	支付买家数	加购件数	加购人数	收藏人数

表 4-2-6　商品 SKU 转化率采集报表

SKU 名称	收藏转化率	加购转化率	支付转化率

技能实施

案例 4.2.1：自营淘宝店铺商品引流数据采集

请使用生意参谋的“商品”，对自营淘宝店铺进行商品引流数据采集。

操作步骤如下所示。

步骤一：登录淘宝，进入商家后台，通过商家后台进入生意参谋。

步骤二：点击页面顶端的“商品”，弹出下拉菜单，点击“商品排行”，进入“全部商品”排行页面，如图 4-2-5 所示。

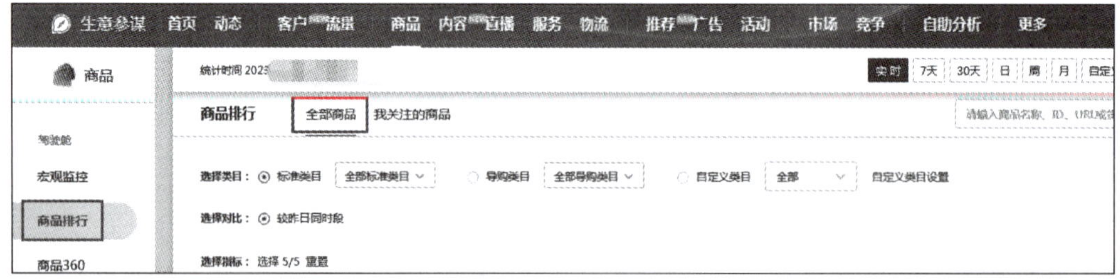

图 4-2-5　生意参谋“全部商品”排行页面

步骤三：首先在页面右上角选择合适的采集周期，然后选择数据指标，每次最多选 5 个指标，其中，“商品访客数”和“商品浏览量”是必选的重要数据指标，如图 4-2-6 所示。

图 4-2-6　采集周期和数据指标

步骤四：采集周期和数据指标确定后，找到“选择指标”下方显示的对应“商品排行”，点击“商品访客数”指标右侧的“▼”，可以对“商品访客数”进行降序排列，如图 4-2-7 所示，这样可以快速找到统计周期内引流能力最强的商品。

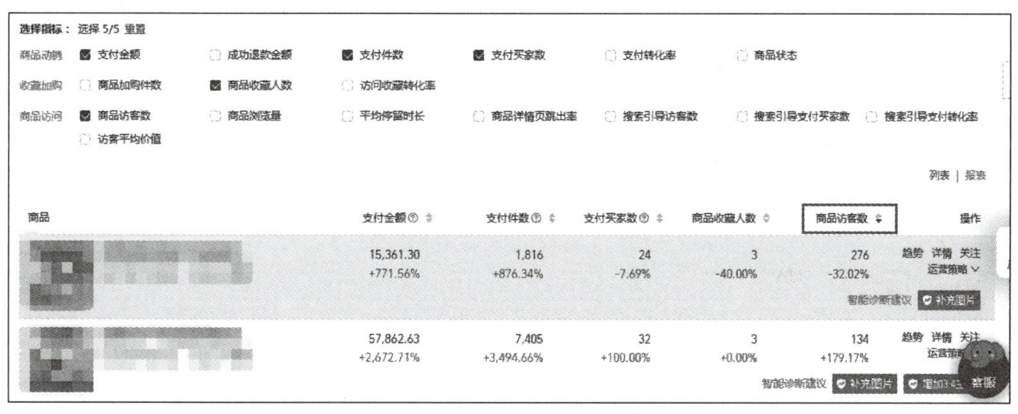

图 4-2-7　“商品访客数”降序排列

步骤五：根据“商品排行”，统计出引流能力排名前 10 位的商品，制作商品引流能力排行报表，见表 4-2-7。

表 4-2-7　商品引流能力排行报表

引流能力排名	商品名称	商品 ID	商品访客数	商品浏览量	商品加购件数	商品收藏人数

续表

引流能力排名	商品名称	商品 ID	商品访客数	商品浏览量	商品加购件数	商品收藏人数

案例 4.2.2：自营淘宝店铺商品拉新能力数据采集

请使用生意参谋的“商品”，对自营淘宝店铺进行商品拉新能力数据采集。

操作步骤如下所示。

步骤一：根据案例 4.2.1 的采集结果，选择引流能力最强的商品进行拉新能力数据采集。点击排名第一的商品右侧的“详情”，如图 4-2-8 所示。

支付金额	成功退款金额	支付件数	商品加购件数	商品访客数	操作
15,361.30 +771.56%	58.50 -42.98%	1,816 +876.34%	79 -41.04%	276 -32.02%	趋势 详情 关注 运营策略 智能诊断建议 补充图片

图 4-2-8 生意参谋商品“详情”

步骤二：进入引流能力最强的商品的“单品表现”页面。如图 4-2-9 所示，选择采集周期为“7 天”，在“单品诊断”下的“单品表现”中的“选择人群”里，分别选择“整体”“新客”“老客”，采集“访客规模”数据。

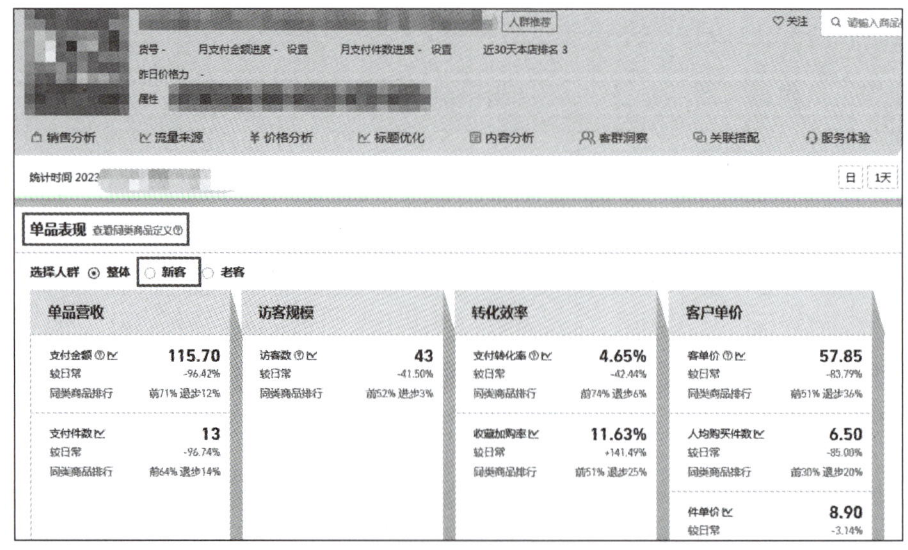

图 4-2-9 生意参谋商品“单品表现”

步骤三：分别进入引流能力排名第 2 位至第 9 位商品的“单品表现”页面。采集“整体”“新客”“老客”的“访客规模”数据，制作商品拉新能力排行报表，见表 4-2-8。

表 4-2-8　商品拉新能力排行报表

拉新能力排名	商品 ID	商品访客数	新访客数	老访客数	新客占比

案例 4.2.3：自营淘宝店铺商品盈利数据采集

请使用生意参谋对自营淘宝店铺进行商品盈利数据采集，并制作引流商品 SKU 销售数据采集报表。

操作步骤如下所示。

步骤一：按照案例 4.2.1 的采集步骤，获得自营淘宝店铺的引流商品排名数据，确定需要采集数据的商品，如排名前 10 位的商品。

步骤二：与采购部门、销售部门、物流部门对接，采集一手数据，制作引流商品盈利数据采集报表，见表 4-2-9。

表 4-2-9　引流商品盈利数据采集报表

引流商品排名	商品 ID	成本价（元）	销售价（元）	利润率	商品类别

续表

引流商品排名	商品 ID	成本价（元）	销售价（元）	利润率	商品类别

步骤三：登录淘宝网店，进入生意参谋，点击页面顶端的“商品”，弹出下拉菜单，点击“商品 360”，在搜索框中输入引流排名第一的商品的 ID，如图 4-2-10 所示。

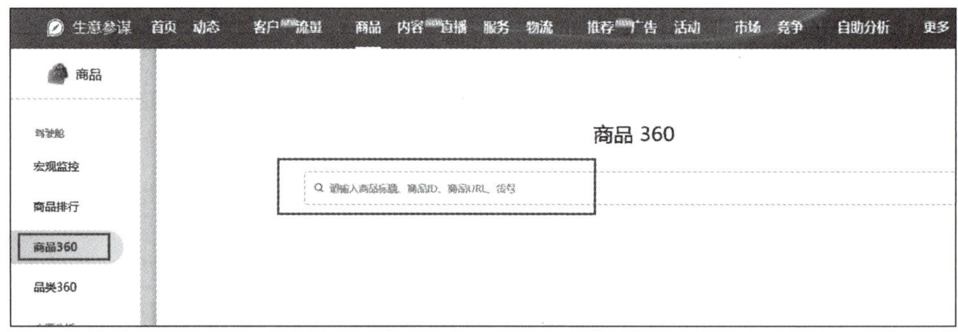

图 4-2-10　生意参谋“商品 360”

步骤四：在引流排名第一的商品的“商品 360”页面，找到“SKU 销售详情”，采集 SKU 数据指标，如图 4-2-11 所示。

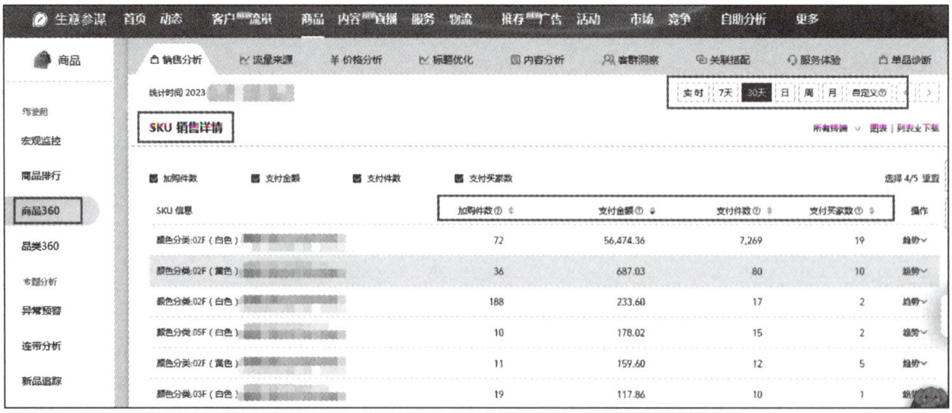

图 4-2-11　生意参谋“SKU 销售详情”

步骤五：依次查看引流排名第 2 位到第 10 位的“SKU 销售详情”数据，参考表 4-2-5，制作引流商品 SKU 销售数据采集报表，完成数据采集。

作业布置

1. 对自营淘宝网店进行商品引流数据采集。
2. 对自营淘宝网店进行商品拉新数据采集。
3. 对自营淘宝网店进行商品盈利数据采集。

项目五 数据分类与预处理

课题 1　数据分类与分类统计

学习目标

● 知识目标

1. 认识数据的分类与分级。
2. 掌握数据分类与处理的原则。
3. 熟悉数据分类统计方法。

● 技能目标

1. 能熟练操作数据分类汇总。
2. 能进行数据分类计算。
3. 能使用数据透视表。

理论知识

一、数据分类与分级概述

1. 数据分类与分级的定义

数据分类与分级是指将数据按照一定的标准和规则进行分类，并分为不同的级别。数据分类与分级是为了方便数据的管理、查询和使用，提高数据的可用性和安全性。数据的分级在任何时候都离不开数据的分类。因此，在数据安全治理或数据资产管理领域，数据的分类和分级大多是放在一起操作的。数据分类与分级是数据处理过程中

的重要环节，我们可以按照数据的属性进行不同的分类和分级。

数据分类与分级的方法一般有三种，即人工手动分类与分级、系统自动分类与分级、人工 + 智能分类与分级，如图 5-1-1 所示。

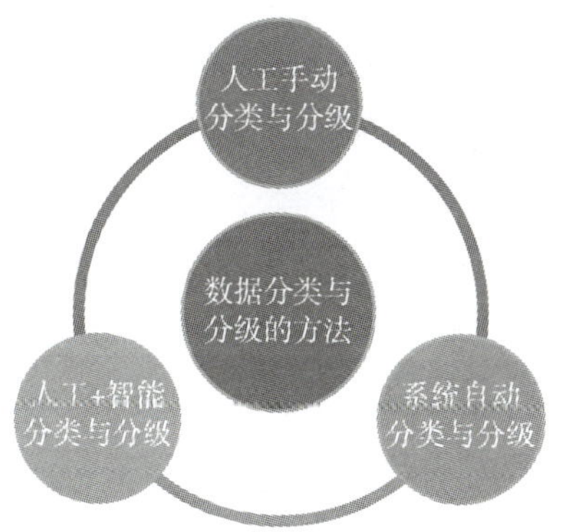

图 5-1-1　数据分类与分级的方法

人工手动分类与分级即数据的分类与分级全部由人工手动完成，这也是最传统的、最常用的数据分类与分级方法。

系统自动分类与分级即通过标签体系、知识图谱、人工智能等技术，对数据进行自动分类与分级。系统自动分类与分级能够消除人为干预的风险，降低人工分类与分级的成本，同时可以全天候分类，增强分类与分级的持续性。

人工 + 智能分类与分级即人工和系统自动分类与分级相结合的方法，在很多情况下均适用。

2. 数据分类与分级的作用

在进行电子商务数据采集时，对大量的数据进行合理的分类与分级有利于电子商务企业管理和利用数据资源。数据分类与分级的作用有以下几项。

（1）明确数据价值

对数据进行分类与分级能够明确数据价值，对数据进行合理的保存和利用。数据价值是指数据对于组织或个人的意义。在进行数据分类时，我们可以根据数据的价值确定其分类级别。一般来说，数据可以分为核心数据、重要数据和一般数据三个级别。

1）核心数据。核心数据是指对组织或个人来说不可或缺的重要数据，它具有非常高的价值和重要性。核心数据的泄露或丢失将对组织或个人的正常活动产生严重影响，因此，电子商务企业应对核心数据设立最高级别的安全控制和权限限制，只允许授权人员的访问和操作。

2）重要数据。重要数据是对组织或个人来说十分重要但非必须的数据，它具有一定的价值和重要性。重要数据的泄露或丢失可能对组织或个人的活动产生一定影响，因此电子商务企业应对重要数据设立较高级别的安全控制和权限限制，只允许特定人员的访问和操作。

3）一般数据。一般数据是对组织或个人来说较为普通的数据，其价值相对较低。一般数据的泄露或丢失对组织或个人的活动影响较小，因此，电子商务企业可以对一般数据设立较低级别的安全控制和权限限制，允许一般人员的访问和操作。

（2）合理保护数据隐私

数据隐私是指个人或组织对其个人信息和商业机密等敏感数据保持保密性的权利。在进行数据分类时，管理人员应根据数据的隐私性质确定其分类级别，并据此对各级各类数据进行保存和保护。一般来说，数据可以分为敏感数据、私密数据和公开数据三个级别。

1）敏感数据。敏感数据是指有关个人或组织的隐私信息和商业机密的高度敏感数据，泄露或滥用敏感数据将会使个人或组织遭受严重损失。电子商务企业应对敏感数据设立最高级别的安全控制和权限限制，只允许授权人员的访问和操作。

2）私密数据。私密数据是指个人或组织的私人信息，例如，个人通讯录、个人日程安排等，泄露或滥用私密数据可能会使个人或组织遭受一定损失。电子商务企业应对私密数据设立较高级别的安全控制和权限限制，只允许特定人员的访问和操作。

3）公开数据。公开数据是指个人或组织的公开信息，例如，企业公告、新闻稿件等，不涉及个人隐私和商业机密。电子商务企业可以对公开数据设立较低级别的安全控制和权限限制，允许一般人员的访问和操作。

（3）确定数据安全

确定数据安全即对数据进行保护和防护，防止数据泄露、丢失、篡改和滥用。在进行数据分类时，应根据数据的安全风险确定其分类级别。一般来说，数据可以分为高风险数据、中风险数据和低风险数据三种。

1）高风险数据。高风险数据是指对组织或个人具有重大安全威胁的数据，例如银行账户信息、信用卡信息等，泄露或滥用高风险数据将会使组织或个人遭受严重损失。电子商务企业应对高风险数据设立最高级别的安全控制和权限限制，只允许授权人员的访问和操作。

2）中风险数据。中风险数据是指对组织或个人具有一定安全威胁的数据，例如个人身份证信息、企业内部文件等，泄露或滥用中风险数据将会使组织或个人遭受一定损失。电子商务企业应对中风险数据设立较高级别的安全控制和权限限制，只允许特定人员的访问和操作。

3）低风险数据。低风险数据是指对组织或个人安全威胁较小的数据，例如公开信息、普通文档等，不涉及个人隐私和商业机密。电子商务企业可以对低风险数据设立较低级别的安全控制和权限限制，允许一般人员的访问和操作。

二、数据分类与分级的原则

数据分类与分级的原则是指数据分类与分级时应遵循的准则和原则。数据分类与分级的原则有以下几项。

1. 客观性原则

客观性原则是指数据类目所代表的事物必须是客观存在的，数据分类与分级结果应准确、可靠且客观，应能如实反映电子商务企业运营现状。

2. 完整性原则

数据分类与分级不是整理单个数据的活动，而是面对具有相当体量的，相互关联的数据库的处理活动。数据分类与分级阶段的操作越完整，下一步的数据分析就越全面、越深入。

3. 针对性原则

针对性原则要求数据分类与分级贴合数据分析任务。我们应当根据数据加工的目标，针对不同类型数据的复杂程度和处理的难易程度，选择合适的方法，使结果更具针对性。

4. 严谨性原则

数据分类与分级是整个数据分析过程中占用时间和精力最多的环节，由于数据的庞杂，这一过程可能显得枯燥乏味，出错的概率较大，因此数据分类与分级需要遵循严谨性原则，保证数据的准确。

5. 稳定性原则

数据分类的类目设置要考虑其稳定性，合理的类目设置应当在较长时间内保持稳定。根据数据分类的目的，我们可以选择数据最稳定的本质特性作为分类的基础和依据，以确保其稳定性。因此，在数据分类过程中，我们首先应当明确分类对象最稳定、最本质的特征。

6. 可扩充性原则

可扩充性原则是指数据类目的设置或层级的划分应留有适当的余地，保证当分类对象增加时，已经建立的数据分类体系不会被打乱。

三、数据分类统计方法

1. 数据分类汇总

数据分类汇总是指对数据资料进行汇总后，按照某一标准进行分类，在分类完成的基础上对各类别的相关数据分别进行求和、求平均数、求个数、求最大值、求最小值等操作的活动。数据分类汇总是进行数据分析时快速解读数据的重要方法之一。

Microsoft Excel 中的数据“分类汇总”是对特定类别的数据进行汇总的数据处理功能，其操作步骤是先分类，后汇总，因此，在操作前我们必须先对汇总的数据进行排序分类，只有经过排序分类的数据才能被正确汇总。

2. 数据合并计算

以 Microsoft Excel 2016 为例，“合并计算”位于“数据”选项卡下的“数据工具”功能组中。“合并计算”功能可用于对多个分散的数据进行汇总计算，它能够帮助用户将特定单元格区域中的数据按照项目进行匹配，对同类进行汇总。

3. 数据透视表

数据透视表是一种交互式的表格，是计算、汇总和分析数据的强大工具，它不但可以进行数据计算，还可以动态地改变版面布置，任意组合字段。每一次改变版面布置时，数据透视表都会立即按照新的布置重新计算数据。

4. 函数运用

函数是 Microsoft Excel 中预先定义好的特殊公式，它能够高效地执行数据统计、数据计算和数据分析等任务，帮助用户高效地处理数据。函数通常由函数名称、左括号、参数、半角逗号和右括号组成。在电子商务数据处理中，最为常用的函数有求和函数“SUM”、条件求和函数“SUMIF”、平均值函数“AVERAGE”、计数函数“COUNT”、条件计数函数“COUNTIF”、最大值函数“MAX”、最小值函数“MIN”等。

技能实施

1. 网店流量来源分类统计与处理

案例 5.1.1：使用 Microsoft Excel 中的“分类汇总”计算某网店流量来源的合计数据

请以某网店 2024 年 1 月份各渠道流量周数据为素材，使用分类汇总的方法，计算出各大流量来源 1 月份的合计数据。

操作步骤如下所示。

步骤一：使用 Microsoft Excel 打开素材。

步骤二：在“数据”选项卡下的“分级显示”功能组中单击“分类汇总”，打开“分类汇总”对话框，如图 5–1–2 所示。选择“分类字段”“汇总方式”和“汇总项”，对数据进行分类汇总。分类汇总前后结果对比如图 5–1–3 所示。

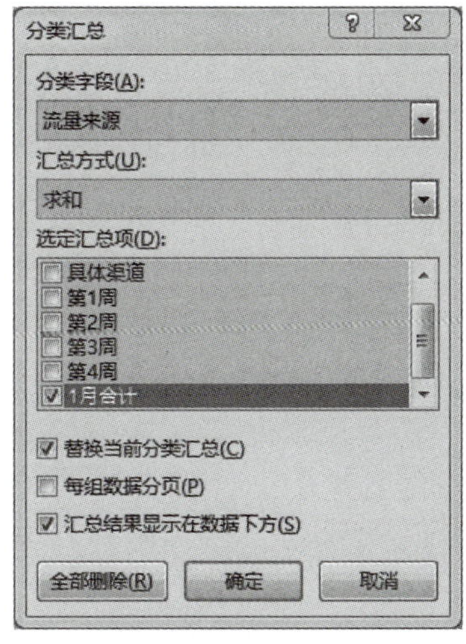

图 5–1–2 “分类汇总”对话框

	A	B	C	D	E	F
1	流量来源	具体渠道	第1周	第2周	第3周	第4周
2	淘宝免费流量	阿里旺旺非广告	5044	4948	5354	4639
3	淘宝免费流量	爱购	0	0	191	89
4	淘宝站外-搜索引擎	百度	3	15	10	20
5	自主访问	宝贝收藏	10471	10135	10411	8646
6	淘宝站外-搜索引擎	必应	0	2	1	0
7	淘宝免费流量	促销汇	36	56	36	27
8	淘宝免费流量	店铺动态	897	672	561	812
9	淘宝免费流量	店铺街	0	3	1	0
10	自主访问	店铺收藏	9401	9135	8130	8338
11	自主访问	购物车	9285	9287	10364	8145
12	淘宝免费流量	聚划算	93	58	59	41
13	自主访问	卖家中心	667	736	752	622

	A	B	C	D	E	F	G
1	流量来源	具体渠道	第1周	第2周	第3周	第4周	1月合计
28	淘宝免费流量 汇总						416175
35	自主访问 汇总						291779
39	淘宝付费流量 汇总						254026
41	淘宝站外其他 汇总						3078
46	淘宝站外-搜索引擎 汇总						132
51	一淘 汇总						66
52	总计						965256
53							
54							
55							
56							
57							

图 5–1–3 分类汇总前后结果对比

案例 5.1.2：使用 Microsoft Excel 中的“合并计算”计算某网店流量来源合计数据

请以某网店 2024 年 1 月份各渠道流量周数据为素材，使用“合并计算”，计算出各大流量来源 1 月份的合计数据。

操作步骤如下所示。

步骤一：使用 Microsoft Excel 打开素材。

步骤二：选中数据区域外的单元格，该区域即为汇总结果的指定存放位置，点击“合并计算”，在“合并计算”对话框中选择所需的函数，并指定引用位置，单击“添加”，如图 5–1–4 所示。当多个表格合并计算时，我们需要进行多次添加操作，然后在“标签位置”下勾选“首行”和“最左列”，以便显示标签行和标签列。合并计算结果如图 5–1–5 所示。

流量来源	具体渠道	第1周	第2周	第3周	第4周
淘宝免费流量	阿里旺旺非广告	5044	4948	5354	4639
淘宝免费流量	爱购	0	0	191	89
淘宝站外-搜索引擎	百度	3	15	10	20
自主访问	宝贝收藏	10471	10135	10411	8646
淘宝站外-搜索引擎	必应	0	2	1	0
淘宝免费流量	促销汇	36	56	36	27
淘宝免费流量	店铺动态	897	672	561	812
淘宝免费流量	店铺街	0	3	1	0
自主访问	店铺收藏	9401	9135	8130	8338
自主访问	购物车	9285	9287	10364	8145
淘宝免费流量	聚划算	93	58	59	41
自主访问	卖家中心	667	736	752	622
淘宝站外其他	其他	689	954	778	657
淘宝免费流量	试用	19	27	11	7
淘宝站外-搜索引擎	搜狗	22	24	23	12
淘宝免费流量	淘宝帮派	0	2	1	0
淘宝免费流量	淘宝店铺搜索	260	280	175	201
淘宝付费流量	淘宝客	7449	11179	13050	11455
淘宝免费流量	淘宝客搜索	49	43	73	32
淘宝免费流量	淘宝类目	2137	1879	1226	1142

图 5-1-4 “合并计算”对话框

流量来源	具体渠道	第1周	第2周	第3周	第4周
淘宝免费流量	阿里旺旺非广告	5044	4948	5354	4639
淘宝免费流量	爱购	0	0	191	89
淘宝站外-搜索引擎	百度	3	15	10	20
自主访问	宝贝收藏	10471	10135	10411	8646
淘宝站外-搜索引擎	必应	0	2	1	0
淘宝免费流量	促销汇	36	56	36	27
淘宝免费流量	店铺动态	897	672	561	812
淘宝免费流量	店铺街	0	3	1	0
自主访问	店铺收藏	9401	9135	8130	8338
自主访问	购物车	9285	9287	10364	8145
淘宝免费流量	聚划算	93	58	59	41
自主访问	卖家中心	667	736	752	622
淘宝站外其他	其他	689	954	778	657

	具体渠道	第1周	第2周	第3周	第4周
淘宝免费流量		84404	144138	118666	68967
淘宝站外-搜索引擎		25	41	34	32
自主访问		72267	75817	77394	66301
淘宝站外其他		689	954	778	657
淘宝付费流量		62921	59518	79216	52371
一淘		16	17	19	14

图 5-1-5 合并计算结果

案例 5.1.3：使用 Microsoft Excel 中的数据透视表计算某网店流量来源合计数据

请以某网店 2024 年 1 月份各渠道流量周数据为素材，使用数据透视表，计算出各大流量来源 1 月份的合计数据。

操作步骤如下所示。

步骤一：使用 Microsoft Excel 打开素材。

步骤二：由于素材提供的数据是 2024 年 1 月份的周流量数据，为方便后续数据透视表的计算，我们需要先计算出各渠道的 1 月份合计流量。以“阿里旺旺非广告”渠道 1 月份合计流量的计算为例，其计算公式为“=SUM（C2:F2）”，如图 5-1-6 所示。

G2 =SUM(C2:F2)

流量来源	具体渠道	第1周	第2周	第3周	第4周	1月份合计
淘宝免费流量	阿里旺旺非广告	5044	4948	5354	4639	19985
淘宝免费流量	爱购	0	0	191	89	280
淘宝站外-搜索引擎	百度	3	15	10	20	48
自主访问	宝贝收藏	10471	10135	10411	8646	39663
淘宝站外-搜索引擎	必应	0	2	1	0	3

图 5-1-6 “合计流量”计算公式及扩展填充

步骤三：点击拖动 G2 单元格右下角的方块，扩展填充序列，得到下方其他渠道的 1 月份合计流量。

步骤四：在“插入”选项卡下的“表格”功能组中，单击“数据透视表”，打开“创建数据透视表”对话框，如图 5-1-7 所示。选择“要分析的数据”，再选择“放置数据透视表的位置”，完成数据透视表的创建。“数据透视表字段”对话框及数据透视表结果如图 5-1-8 所示。

流量来源	具体渠道	第1周	第2周	第3周	第4周	1月份合计
淘宝免费流量	阿里旺旺非广告	5044	4948	5354	4639	19985
淘宝免费流量	爱购	0	0	191	89	280
淘宝站外-搜索引擎	百度	3	15	10	20	48
自主访问	宝贝收藏	10471	10135	10411	8646	39663
淘宝站外-搜索引擎	必应	0	2	1	0	3
淘宝免费流量	促销汇	36	56	36	27	155
淘宝免费流量	店铺动态	897	672	561	813	2942
淘宝免费流量	店铺街	0	3	1	0	4
自主访问	店铺收藏	9401	9135	8130	8338	35004
自主访问	购物车	9285	9287	10364	8145	37081
淘宝免费流量	聚划算	93	58	59	41	251
自主访问	卖家中心	667	736	752	622	2777
淘宝站外其他	其他	689	954	778	657	3078
淘宝免费流量	试用	19	27	11	7	64
淘宝站外-搜索引擎	搜狗	22	24	23	12	81
淘宝免费流量	淘宝帮派	0	2	1	0	3
淘宝免费流量	淘宝店铺搜索	260	280	175	201	916
淘宝付费流量	淘宝客	7449	11179	13050	11455	43133
淘宝免费流量	淘宝客搜索	49	43	73	32	197
淘宝免费流量	淘宝类目	2137	1879	1226	1142	6384
淘宝免费流量	淘宝其他店铺	40	84	50	16	190

图 5-1-7　“创建数据透视表”对话框

流量来源	具体渠道	1月份合计
淘宝免费流量	阿里旺旺非广告	19985
淘宝免费流量	爱购	280
淘宝站外-搜索引擎	百度	48
自主访问	宝贝收藏	39663
淘宝站外-搜索引擎	必应	3
淘宝免费流量	促销汇	155
淘宝免费流量	店铺动态	2942
淘宝免费流量	店铺街	4
自主访问	店铺收藏	35004
自主访问	购物车	37081
淘宝免费流量	聚划算	251
自主访问	卖家中心	2777
淘宝站外其他	其他	3078
淘宝免费流量	试用	64
淘宝站外-搜索引擎	搜狗	81
淘宝免费流量	淘宝帮派	3
淘宝免费流量	淘宝店铺搜索	916
淘宝付费流量	淘宝客	43133
淘宝免费流量	淘宝客搜索	197
淘宝免费流量	淘宝类目	6384
淘宝免费流量	淘宝其他店铺	190
淘宝免费流量	淘宝首页	533

行标签	求和项:1月份合计
淘宝付费流量	254026
淘宝免费流量	416175
淘宝站外其他	3078
淘宝站外-搜索引擎	132
一淘	66
自主访问	291779
总计	965256

图 5-1-8　“数据透视表字段”对话框及数据透视表结果

案例 5.1.4：使用 Microsoft Excel 中的函数计算某网店流量来源的具体渠道数量

请以某网店 2024 年 1 月份各渠道流量周数据为素材，使用函数，计算出各大流量来源的具体渠道数量。

操作步骤如下所示。

步骤一：使用 Microsoft Excel 打开素材。观察可知，素材提供的数据指标包括

“流量来源”和“具体渠道”，可以看出，不同的流量来源包含 1 个或多个具体渠道，统计各流量来源的具体渠道数量可以为后续对流量来源的分析明确重点。

步骤二：在表格空白处，列出流量来源和渠道数量统计表。

步骤三：使用公式统计具体渠道的数量，如图 5–1–9 所示。计算公式分别如下。

统计“淘宝付费流量”的渠道数量的计算公式为：=COUNTIF（$A$2:$A$45，“淘宝付费流量”）。

统计“淘宝免费流量”的渠道数量的计算公式为：=COUNTIF（$A$2:$A$45，“淘宝免费流量”）。

统计“淘宝站外其他”的渠道数量的计算公式为：=COUNTIF（$A$2:$A$45，“淘宝站外其他”）。

统计“淘宝站外 – 搜索引擎”的渠道数量的计算公式为：=COUNTIF($A$2:$A$45，“淘宝站外 – 搜索引擎”）。

统计“一淘”的渠道数量的计算公式为：=COUNTIF（$A$2:$A$45，“一淘”）。

统计“自主访问”的渠道数量的计算公式为：=COUNTIF（$A$2:$A$45，“自主访问”）。

注意，上述操作的核心是对不同的流量来源进行计数，统计对象始终是区间“A2:A45”，因此需要采用绝对地址“$A$2:$A$45”，这样可以避免拓展填充时出错。

I2 =COUNTIF($A$2:$A$45,"淘宝付费流量")

	A	B	C	D	E	F	G	H	I
1	流量来源	具体渠道	第1周	第2周	第3周	第4周		流量来源	渠道数量
2	淘宝免费流量	阿里旺旺非广告	5044	4948	5354	4639		淘宝付费流量	3
3	淘宝免费流量	爱购	0	0	191	89		淘宝免费流量	26
4	淘宝站外-搜索引擎	百度	3	15	10	20		淘宝站外其他	1
5	自主访问	宝贝收藏	10471	10135	10411	8646		淘宝站外-搜索引擎	4
6	淘宝站外-搜索引擎	必应	0	2	1	0		一淘	4
7	淘宝免费流量	促销汇	36	56	36	27		自主访问	6
8	淘宝免费流量	店铺动态	897	672	561	812			

图 5–1–9　各流量来源具体渠道数量统计结果

2. 网店会员信息分类统计与处理

案例 5.1.5：某网店客户画像的数据统计

请以某网店的会员信息数据为素材，使用 Microsoft Excel 进行客户画像的数据统计。

操作步骤如下所示。

步骤一：使用 Microsoft Excel 打开素材。观察可知，客户画像的统计可以从性别、年龄、地域、职业等角度进行，因此使用分类汇总、合并计算、数据透视表等统计方法均可实现，本案例将以数据透视表为例，完成统计。

步骤二：统计客户性别画像。首先创建数据透视表，“性别”数据透视表字段对话框及统计结果如图 5-1-10 所示。其中，“性别”按计数方式统计两次，第一次计数直接显示计数结果，第二次计数则显示“总计的百分比”。

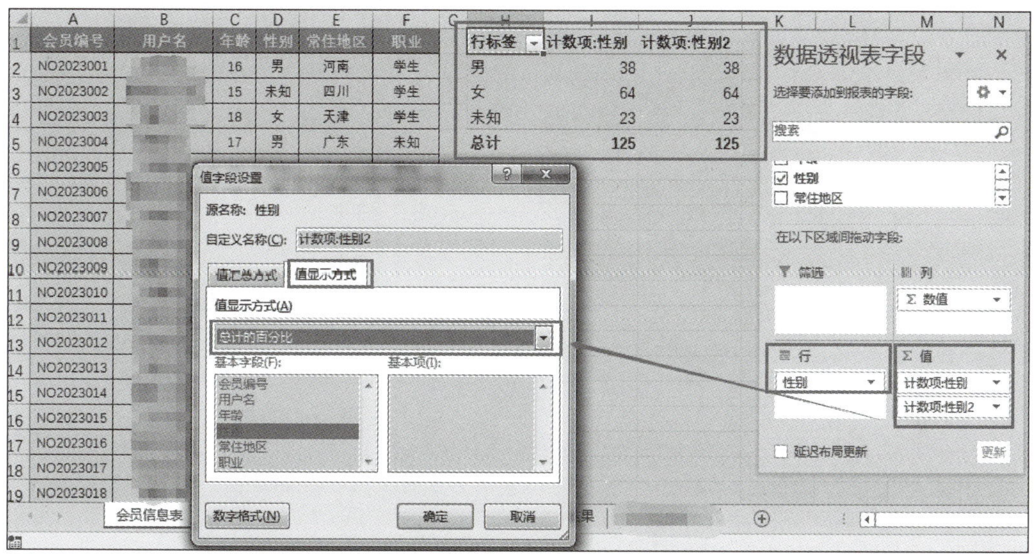

图 5-1-10　“性别”数据透视表字段对话框及统计结果

步骤三：统计客户地域画像。创建数据透视表。“常住地区”数据透视表字段对话框及统计结果如图 5-1-11 所示。

图 5-1-11　“常住地区”数据透视表字段对话框及统计结果

步骤四：统计客户职业画像。创建数据透视表。“职业”数据透视表字段对话框及统计结果如图 5-1-12 所示。

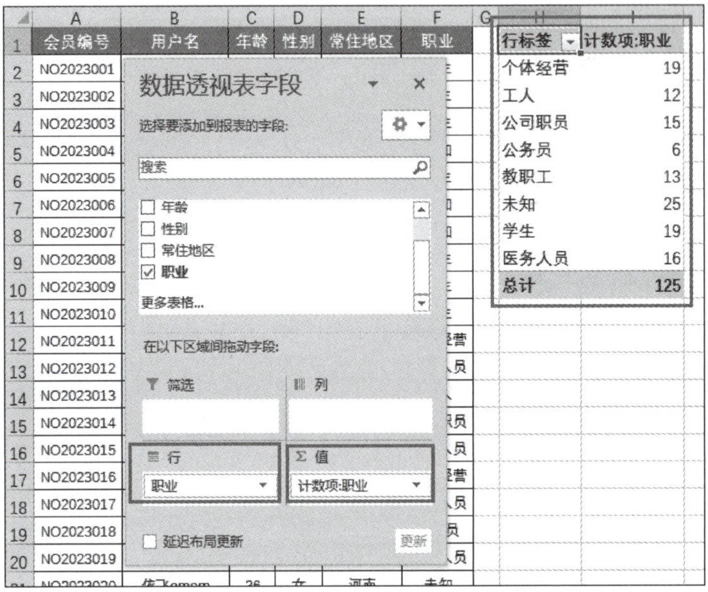

图 5-1-12 “职业”数据透视表字段对话框及统计结果

步骤五：统计客户年龄画像。创建数据透视表。“年龄”数据透视表字段对话框及统计结果如图 5-1-13 所示。

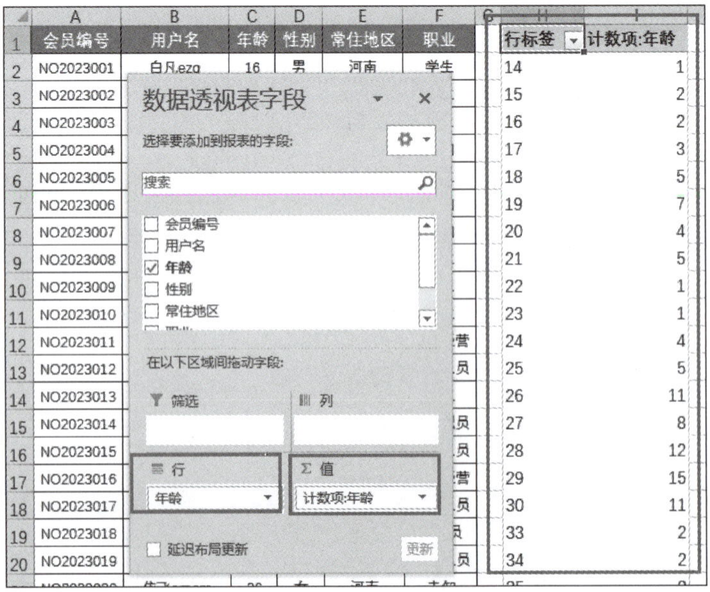

图 5-1-13 “年龄”数据透视表字段对话框及统计结果

步骤六：统计客户年龄段画像。在“年龄”行便签下方的数据中点击任意单元格，单击鼠标右键，弹出下拉菜单，选择“组合”，如图 5-1-14 所示。设置“组合”起始于 16，终止于 58，步长为 10，得到年龄分段统计结果，如图 5-1-15 所示。

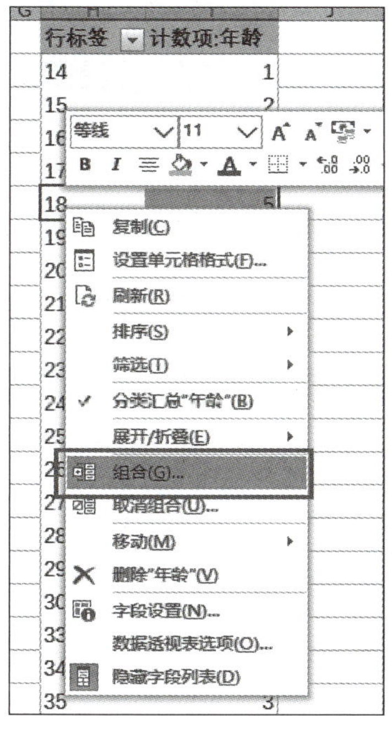

图 5-1-14　菜单“组合”选项

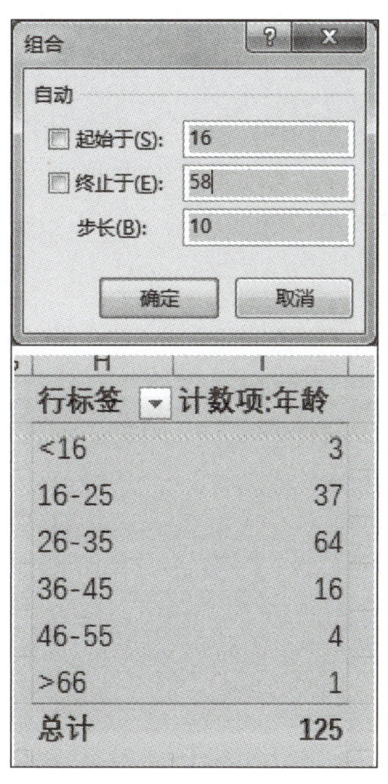

图 5-1-15　“组合”对话框及年龄分段统计结果

步骤七：整理客户画像数据。整理结果如图 5-1-16 所示。

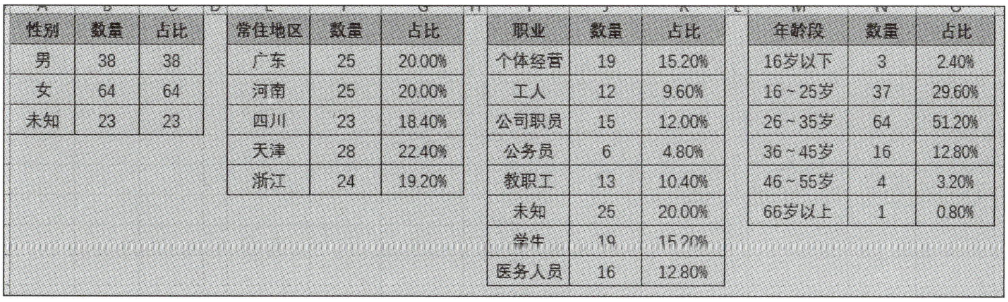

性别	数量	占比
男	38	38
女	64	64
未知	23	23

常住地区	数量	占比
广东	25	20.00%
河南	25	20.00%
四川	23	18.40%
天津	28	22.40%
浙江	24	19.20%

职业	数量	占比
个体经营	19	15.20%
工人	12	9.60%
公司职员	15	12.00%
公务员	6	4.80%
教职工	13	10.40%
未知	25	20.00%
学生	19	15.20%
医务人员	16	12.80%

年龄段	数量	占比
16岁以下	3	2.40%
16～25岁	37	29.60%
26～35岁	64	51.20%
36～45岁	16	12.80%
46～55岁	4	3.20%
66岁以上	1	0.80%

图 5-1-16　客户画像数据整理结果

3. 网店商品分类统计

案例 5.1.6：某网店商品的 SKU 分类统计

请以某网店某类目商品销售数据为素材，使用 Microsoft Excel 进行 SKU 分类统计。操作步骤如下所示。

步骤一：使用 Microsoft Excel 打开素材。

步骤二：创建数据透视表，将字段“宝贝”和“颜色”拖入“行”标签框，将字段“销售数量”拖入“∑值”标签框，如图 5–1–17 所示。“销售数量”按“求和”方式统计两次，第一次直接显示求和结果，第二次显示为“总计百分比”。

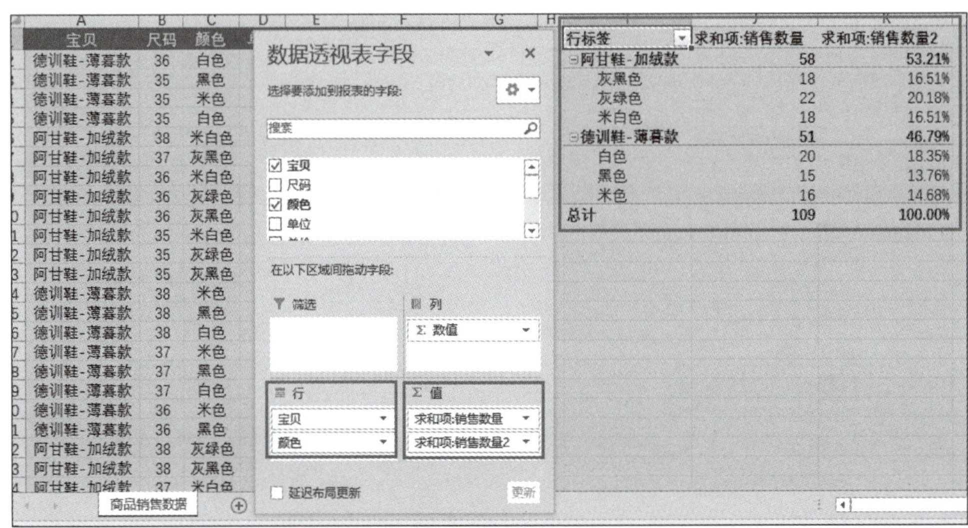

图 5–1–17 “宝贝”“颜色”分类统计

创建数据透视表，将字段“宝贝”和“尺码”拖入“行”标签框，将字段“销售数量”拖入“∑值”标签框，结果如图 5–1–18 所示。“销售数量”按“求和”方式统计两次，第一次直接显示求和结果，第二次显示为“总计百分比”。

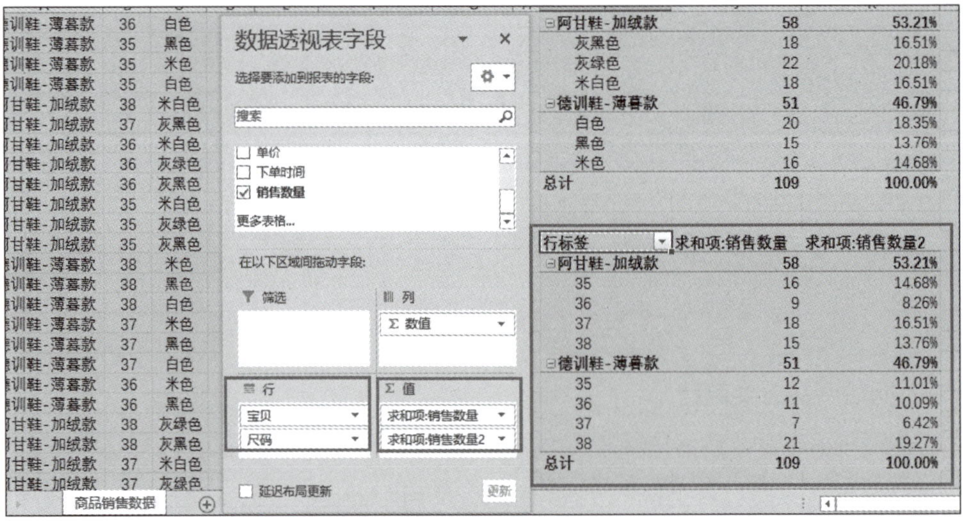

图 5–1–18 宝贝尺码分类统计

作业布置

1. 参考前文中的案例，分别使用分类汇总合并计算和数据透视表完成某网店 2024 年 2 月份的流量来源合计数据统计。
2. 参考案例 5.1.4，使用函数完成某网店 2024 年 2 月份的具体流量渠道的数量统计。

课题 2　数据预处理

学习目标

- **知识目标**

1. 认识数据清洗。
2. 掌握数据转化的技巧。
3. 熟悉数据排序的方法。

- **技能目标**

1. 能熟练操作数据清洗。
2. 能熟练操作数据转化。
3. 能完成数据预处理。

理论知识

一、数据清洗

数据清洗是指将数据集中多余、重复的数据筛选出来并删除，将缺失、不完整的数据补充完整，将内容、格式错误的数据纠正或剔除的操作。数据清洗是对数据进行重新审查和校验的过程，其目的在于提升数据的质量，确保数据的准确性、完整性和一致性。常见的数据清洗方法包括数据缺失值清洗、数据格式内容清洗、数据逻辑内容清洗和重复数据清洗，如图 5-2-1 所示。

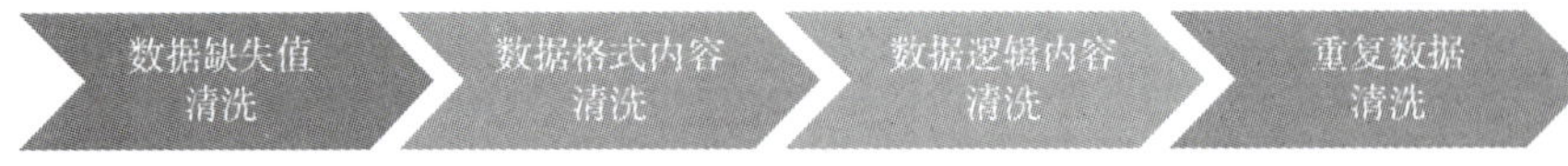

图 5-2-1　常见的数据清洗方法

1. 数据缺失值清洗

数据缺失是指在数据集中，某个或某些属性的值不完整的情况。很多不可抗力因素可能导致数据缺失，如某些数据无法获取的情况，同时也有很多人为因素可能导致数据遗漏或被删除。此外，数据采集和保存失败也会造成数据缺失，如数据存储失败、存储器损坏、机械故障等。

数据缺失值清洗即填补数据集中的缺失，一般可以使用插值、平均值、中位数、众数等方法进行处理。

2. 数据格式内容清洗

数据格式内容错误多由系统导出渠道不同或人工输入习惯不同导致，经过人工整合的原始数据往往难以做到格式统一，内容上也容易出现纰漏。

数据格式内容清洗即数据转换，其实质是转换数据的格式或将数据格式标准化，其目是便于后续的数据处理和分析，例如，将日期的文本格式转换为日期格式，或者将日期格式转化为某种统一的标准化格式。

3. 数据逻辑内容清洗

数据逻辑错误是指违反逻辑规律要求和逻辑规则而产生的错误，一般使用逻辑推理可以发现错误。数据逻辑错误包括数据不合理、数据自相矛盾及数据不符合规则等，例如，200 岁的客户年龄和负数的消费金额等，这些数据显然与客观事实不相符。又如，客户的出生年份是 1990 年，年龄数据却显示为 16 岁，那么该数据记录自相矛盾。再如，某件商品限购一件，但客户购买数据却显示为三件，那么该数据记录不符合店铺规则，存在逻辑错误。

发现数据逻辑错误时，一般要先使用数据验证工具或者条件格式设置，将错误数据标注出来，然后在后期查找错误原因并改正。

4. 重复数据清洗

重复数据清洗是指去除数据集中的重复记录。重复数据会影响数据处理结果的正确性，从而导致数据分析出现偏差，因此需要在数据清洗中删除重复数据。重复数据清洗可以通过比较记录中的唯一标识符或关键字段实现。

以 Microsoft Excel 为例，在“数据”选项卡下的“数据工具”功能组中，单击“删除重复值”，在弹出的“删除重复值”对话框中，勾选所有列，单击“确定”即可

删除重复值。

二、数据转化

数据转化是指对数据的格式或结构进行转换的操作，是数据处理的前期准备。常见的数据转化方法包括数据行列互换、文本数据提炼和数据类型转化等，如图 5-2-2 所示。

图 5-2-2　常见的数据转化方法

1. 数据行列互换

在数据采集的过程中，通过不同渠道采集的数据表格的格式通常不同，有的表格是竖排，有的表格是横排，但在汇总数据时，所有表格必须按同一种方式排列。这时就需要将行数据与列数据对换。为了避免逐个输入，增加工作量，数据行列互换是最便捷的方法，其操作如图 5-2-3 所示。

标题	内容
指标1	1
指标2	2
指标3	3
指标4	4
指标5	5
指标6	6

标题	指标1	指标2	指标3	指标4	指标5	指标6
内容	1	2	3	4	5	6

粘贴选项:

图 5-2-3　数据行列互换的操作

2. 文本数据提炼

文本数据是常见的数据形式之一，在导入文本数据时，有时会出现多项数据显示在同一单元格中的情况，此时需要对数据进行提炼，使相同属性的数据位于同一列中。

文本数据提炼涉及文本函数的运用，常见的文本数据提炼方法有以下几种。

（1）字符串拼接

字符串拼接是将多个文本数据合并为一个字符串的方法。这种转换方法常用于将多个文件中的文本内容合并至一个文件中的情况。

（2）字符串分割

字符串分割是将一个字符串按照指定的分割符，拆分成多个子串的方法。这种转换方法常用于将一行数据拆分为多个字段。

（3）字符串匹配

字符串匹配是根据指定的模式，在一个字符串中查找特定内容的方法。这种转换方法常用于从大量的文本数据中提取特定信息，如提取客户的电子邮箱地址、电话号码等。利用 MID 函数提取身份证号码中的出生日期的示例如图 5-2-4 所示。

B2　=MID(A2,7,8)

	A	B
1	身份证号码	出生日期
2	51342520060426	20060426
3	32083020070708	

图 5-2-4　字符串匹配示例

数据列拆分提炼示例如图 5-2-5 所示。利用 Microsoft Excel 中的“数据工具”选项卡中的“分列”也可以实现身份证号码的拆解。

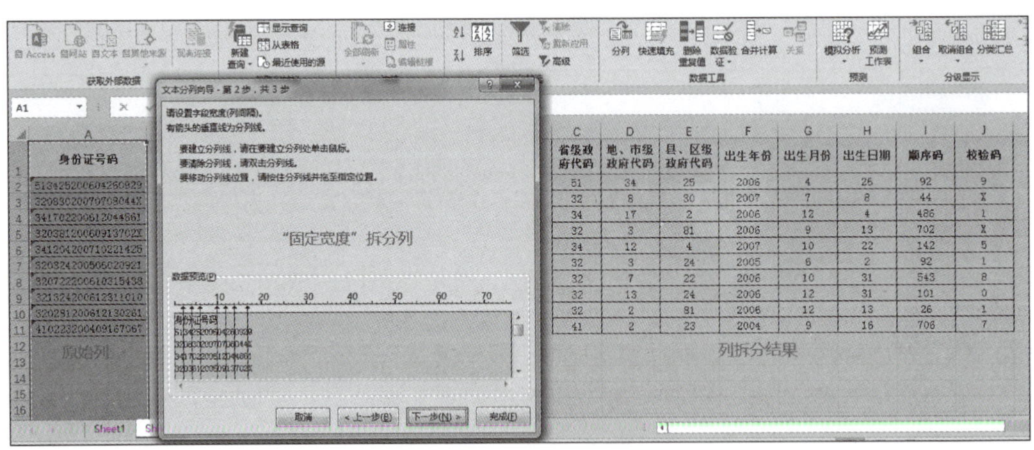

图 5-2-5　数据拆分提炼示例

3. 数据类型转换

数据类型转换是将一种数据类型转换为另一种数据类型的方法。这种数据类型转换可用于将文本数据转换为数值数据，将非标准日期数据转换为标准日期数据，问卷调查数据结果转换等操作。

（1）将文本数据转换为数值数据

当数据的类型为文本类型时，该数据无法计算；当数据的类型为数值类型时，该数据可以计算。因此，在需要计算文本类型的数据时，我们需要将文本类型的数据类型转换为数值类型。

（2）将非标准日期数据转换为标准日期数据

由于各种原因，某些日期数据的类型可能不符合统计分析的需要，如日期“2023-10-05”在常规状态下会显示为“45204”，这会给使用者带来阅读障碍。因此，我们需要将其统一转换成标准日期类型。

（3）问卷调查数据结果转换

在问卷调查中，我们可能得到一些不便于统计分析的杂乱数据，此时可以使用函数，将这些数据转换成更加易读的形式。例如使用函数“VLOOKUP”，调取要分析的数据。通过该数据转换方法，为后续数据分析提供更清晰、便捷的数据类型。

三、数据排序

1. 简单排序

简单排序是指针对单列数据进行的快速排序，也就是只有一个“关键字段”的排序操作。将数据表中的某一列数据选为排序“关键字”，选择“排序依据”（如单元格值、单元格颜色、字体颜色等），确定“次序”（即升序或降序），即可进行单列数据的简单排序。简单排序对话框如图 5-2-6 所示。

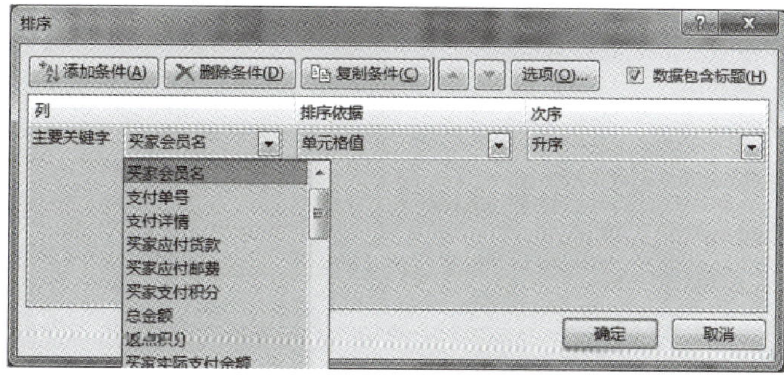

图 5-2-6　简单排序对话框

2. 高级排序

高级排序是指对多列数据进行排序，也就是有多个“关键字段”的排序操作。在完成“主要关键字”设置的基础上，引入一个或多个“次要关键字”。按照优先级，逐条选择数据表中的“关键字”，选择“排序依据”（如单元格值、单元格颜色、字体颜色等），确定“次序”（即升序或降序），即可进行多列数据的高级排序。高级排序对话框

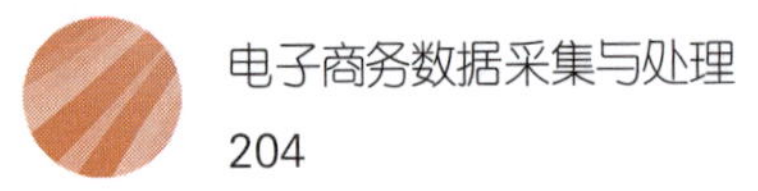

框如图 5-2-7 所示。

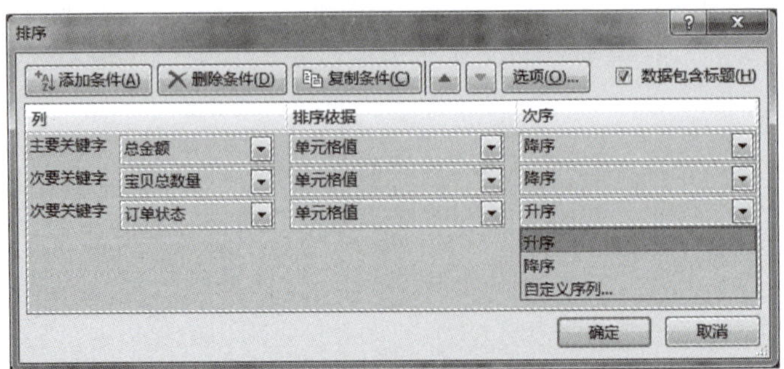

图 5-2-7　高级排序对话框

3. 自定义排序

在进行自定义排序时，必须先建立需要排序的自定义序列，然后才能根据设置的自定义序列对表格进行排序。例如，需要统计客户的学历并进行排序时，我们可以自定义序列为“高中、大专、本科、研究生、博士”。数据自定义序列设置对话框如图 5-2-8 所示，数据自定义序列排序对话框如图 5-2-9 所示。

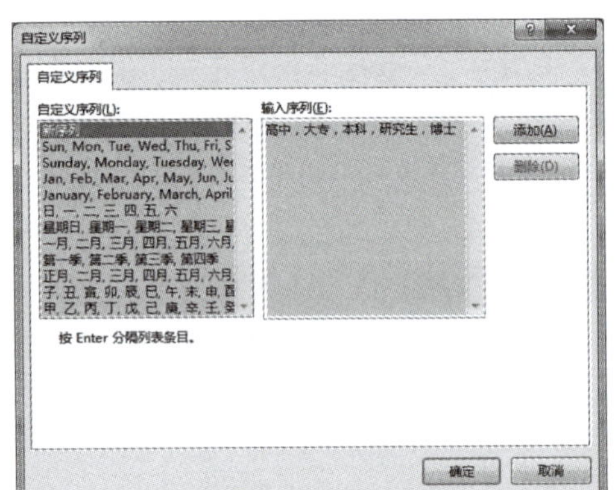

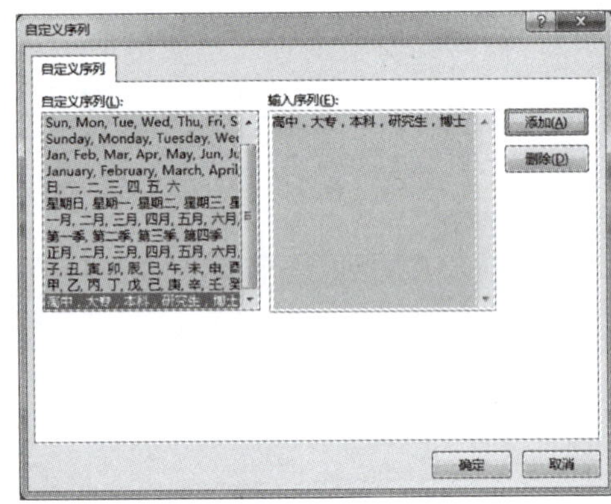

图 5-2-8　数据自定义序列设置对话框

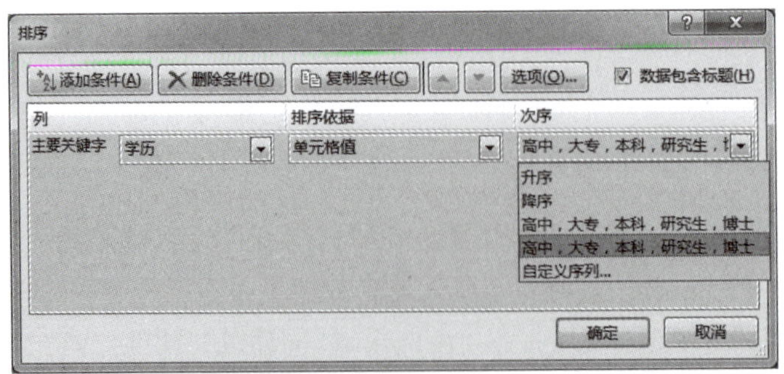

图 5-2-9　数据自定义序列排序对话框

1. 数据转换及预处理

案例 5.2.1：行列转换操作

请使用 Microsoft Excel 对素材“访客来源数据”进行行列转换操作。

操作步骤如下所示。

步骤一：使用 Microsoft Excel 打开素材。选中表格中需要进行行列转换的数据区域 A1∶K2 并进行复制。

步骤二：选中要粘贴的目标单元格位置 A4，点击鼠标右键，弹出下拉菜单，点击“粘贴选项”中的“转置”，结果如图 5-2-10 所示。

	A	B	C	D	E	F	G	H	I
1	来源	我的淘宝	淘内免费其他	淘宝客	手淘消息中心	手淘旺信	手淘搜索	手淘其他店铺…	猫客搜索
2	访客数	9	43	15	3	6	231	7	28
3									
4	来源	访客数							
5	我的淘宝	9							
6	淘内免费其他	43							
7	淘宝客								
8	手淘消息中心								
9	手淘旺信								
10	手淘搜索	231							
11	手淘其他店铺…	7							
12	猫客搜索	28							
13	聚划算	3							

粘贴选项：

“行列转换”操作步骤：复制-粘贴（粘贴选项：转置）

图 5-2-10　访客来源数据的行列互换

案例 5.2.2：文本数据提炼操作

请使用 Microsoft Excel 对素材“订单详情数据”进行文本数据提炼。

操作步骤如下所示。

步骤一：使用 Microsoft Excel 打开素材。分析素材可知，“支付详情”列的内容较多，难以进行数据分析，因此需要对其进行文本数据提炼的预处理。数据处理人员需要将“支付详情”列的内容拆分为“支付方式”“支付单号”和“金额”三列。我们在拆分时可按需提取字段内容，并注意更改合适的数据格式。

步骤二：选择“支付详情”列，选择“数据”菜单，点击“数据工具”选项卡中的“分列”，弹出“文本分列向导”对话框，如图 5-2-11 所示。

步骤三：根据“支付详情”列中的内容需要用逗号分隔的特点，在“文本分列向导”对话框的“分隔符号”区域勾选“其他”，在后方输入框中输入“,”，即可在“数据预览”区看到“支付详情”列的内容被分为三列的预览，如图 5-2-12 所示。

步骤四：拆分后的三列内容的数据格式均保持不变，因此可默认三列的“列数据格式”为“常规”，如图 5-2-13 所示。

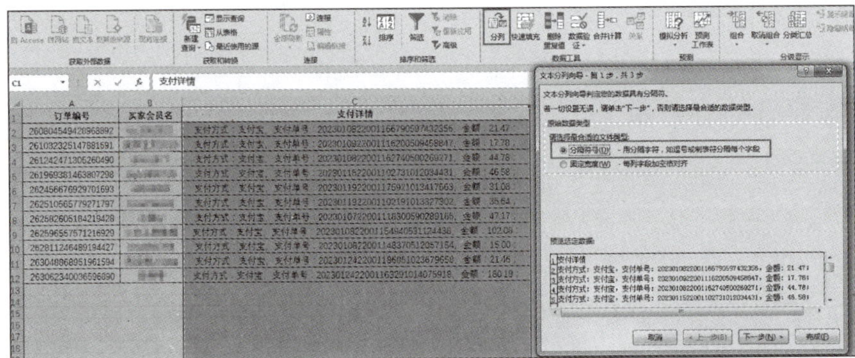

图 5-2-11 “文本分列向导”对话框

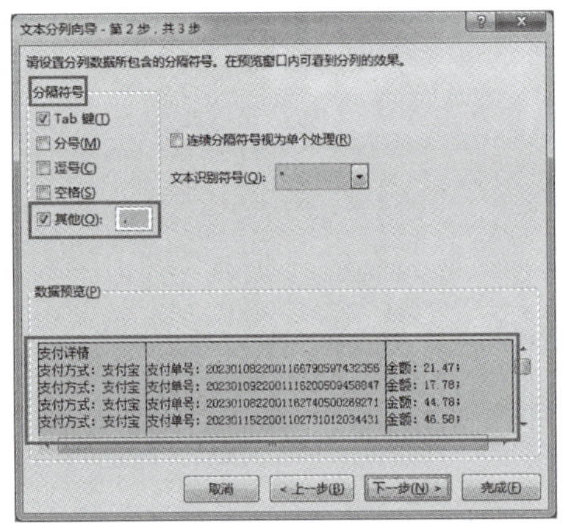

图 5-2-12 “文本分列导向”的“数据预览”

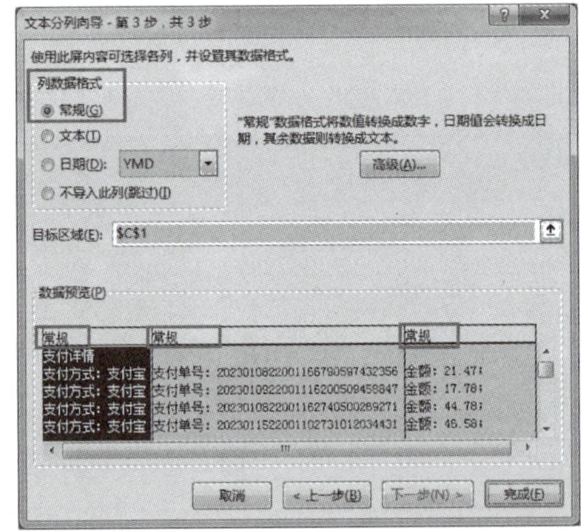

图 5-2-13 设置“列数据格式”

步骤五：第一次拆分后的结果如图 5-2-14 所示。在“支付方式”列后方插入新列，继续对“支付方式”列进行拆分，如图 5-2-15 所示。使用“分隔符号”拆分，在“分隔符号”下的“其他”选项中输入“：”，如图 5-2-16 所示，将数据拆分为两列。将“列数据格式”设置为“常规”，如图 5-2-17 所示。

	A	B	C	D	E
1	订单编号	买家会员名	支付详情		
2	260804549428968892	[illegible]	支付方式：支付宝	支付单号：2023010822001166790597432356	金额：21.47；
3	261032325147881691	[illegible]	支付方式：支付宝	支付单号：2023010922001116200509458847	金额：17.78；
4	261242471305260490	[illegible]	支付方式：支付宝	支付单号：2023010822001162740500269271	金额：44.78；
5	261969381463807298	[illegible]	支付方式：支付宝	支付单号：2023011522001102731012034431	金额：46.58；
6	262456676929701693	[illegible]	支付方式：支付宝	支付单号：2023011922001175921013417563	金额：31.08；
7	262510565779271797	[illegible]	支付方式：支付宝	支付单号：2023011922001102191013327302	金额：35.64；
8	262582605184219428	[illegible]	支付方式：支付宝	支付单号：2023010722001118300590289185	金额：47.17；
9	262596557571216929	[illegible]	支付方式：支付宝	支付单号：2023010822001154940531124438	金额：102.08；
10	262811246489194427	[illegible]	支付方式：支付宝	支付单号：2023010822001148370512057154	金额：15.00；
11	263048868951961594	[illegible]	支付方式：支付宝	支付单号：2023012422001186851023679658	金额：21.46；
12	263062340036596890	[illegible]	支付方式：支付宝	支付单号：2023012422001163291014075918	金额：180.18；
13					

图 5-2-14 “支付详情”列拆分结果

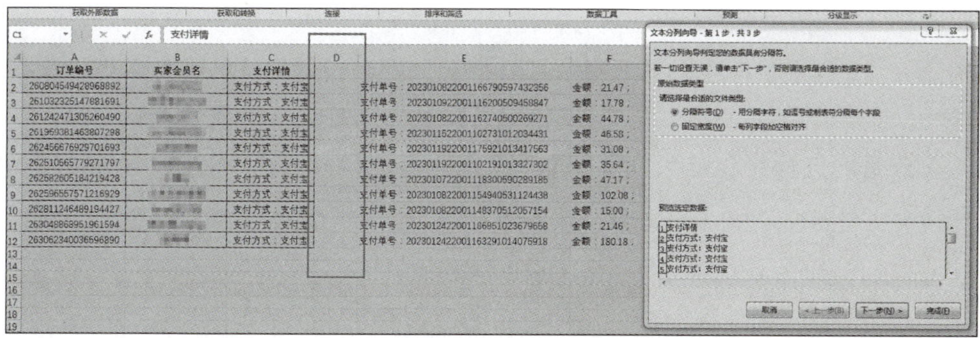

图 5-2-15　“支付方式”后插入新列继续拆分

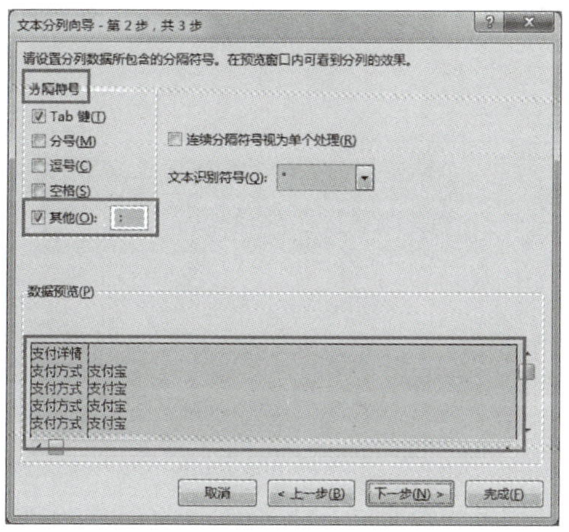

图 5-2-16　设置“分隔符号”

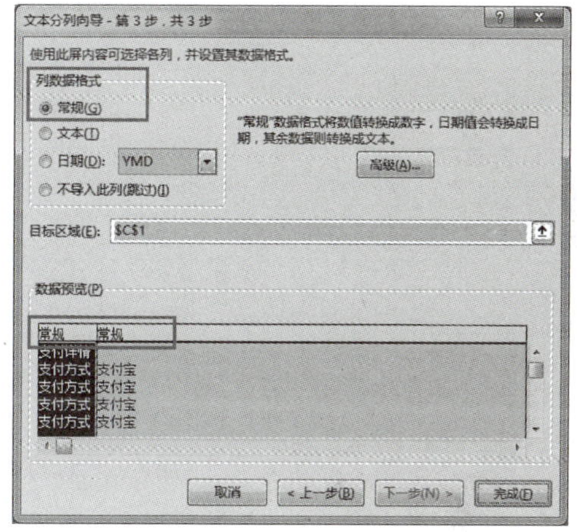

图 5-2-17　设置“列数据格式”

步骤六：在“支付宝”最上方标签栏中输入“支付方式”，将“支付详情”列（即 C 列）删除，并在“支付单号”列后方插入新列，继续对“支付单号”列进行拆分，结果如图 5-2-18 所示。

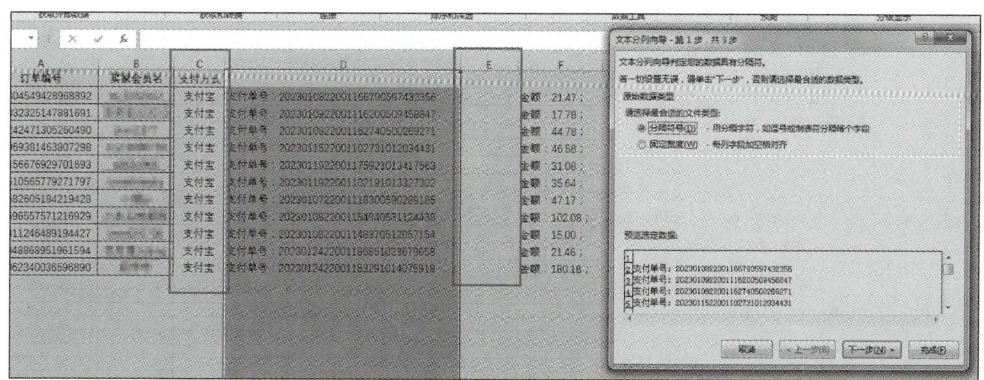

图 5-2-18　拆分“支付单号”列

步骤七：使用“分隔符号”拆分，在“分隔符号”下的“其他”选项中输入“：”，如图 5-2-19 所示，将数据拆分为两列。将拆分后第一列的“列数据格式”设置为“常规”，将拆分后第二列的“列数据格式”设置为“文本”（若选择默认“常规”格式，拆分后的数据将会变为科学记数法的格式，如 2.02301082200116E+27），如图 5-2-20 所示。

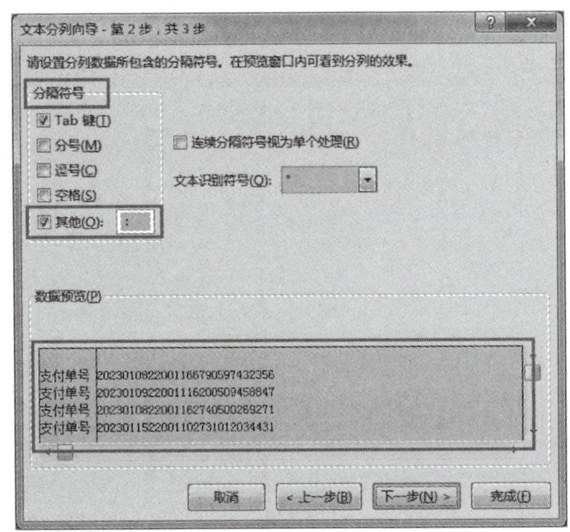

图 5-2-19 设置“分隔符号”

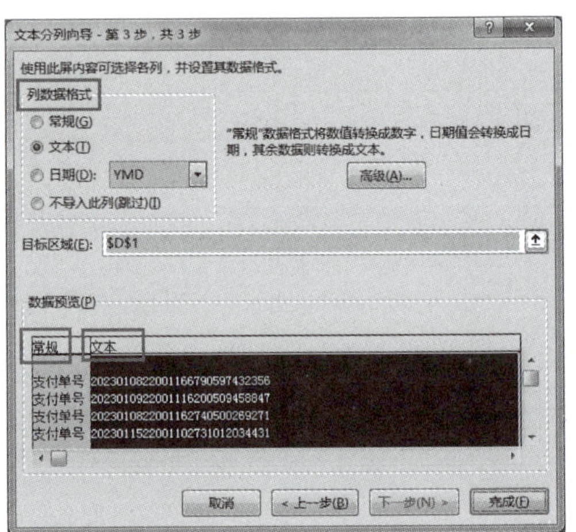

图 5-2-20 设置“列数据格式”

步骤八：在 E1 单元格中输入“支付单号”，将“支付单号”列（即 D 列）删除。参考上述步骤，对金额列进行拆分处理，最终结果如图 5-2-21 所示。

	A	B	C	D	E
1	订单编号	买家会员名	支付方式	支付单号	金额
2	260804549428968892	[illegible]	支付宝	2023010822001166790597432356	21.47
3	261032325147881691	[illegible]	支付宝	2023010922001116200509458847	17.78
4	261242471305260490	[illegible]	支付宝	2023010822001162740500269271	44.78
5	261969381463807298	[illegible]	支付宝	2023011522001102731012034431	46.58
6	262456676929701693	[illegible]	支付宝	2023011922001175921013417563	31.08
7	262510565779271797	[illegible]	支付宝	2023011922001102191013327302	35.64
8	262582605184219428	[illegible]	支付宝	2023010722001118300590289185	47.17
9	262596557571216929	[illegible]	支付宝	2023010822001154940531124438	102.08
10	262811246489194427	[illegible]	支付宝	2023010822001148370512057154	15
11	263048868951961594	[illegible]	支付宝	2023012422001186851023679658	21.46
12	263062340036596890	[illegible]	支付宝	2023012422001163291014075918	180.18
13					

图 5-2-21 数据拆分提炼结果

案例 5.2.3：数据类型转换操作

请使用 Microsoft Excel 对素材“访客数据”进行数据类型转换。

操作步骤如下所示。

步骤一：使用 Microsoft Excel 打开素材。分析素材可知，“访客数”列数据需由 PC 端访客数和无线端访客数相加得到。使用计算公式“=B2+C2”无法得出计算结

果，如图 5–2–22 所示，其原因是“PC 端访客数”列和“无线端访客数”列的数据类型均为文本，无法直接计算。

步骤二：选中“PC 端访客数”列和“无线端访客数”列的数据，单击左上角的感叹号标志，弹出下拉菜单，如图 5–2–23 所示。

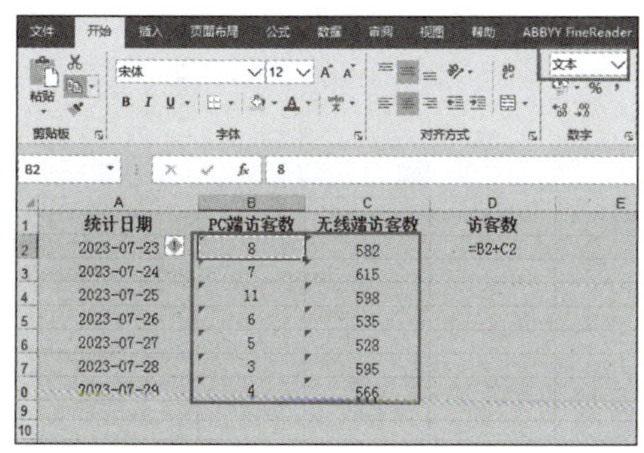

图 5–2–22　文本类型数据

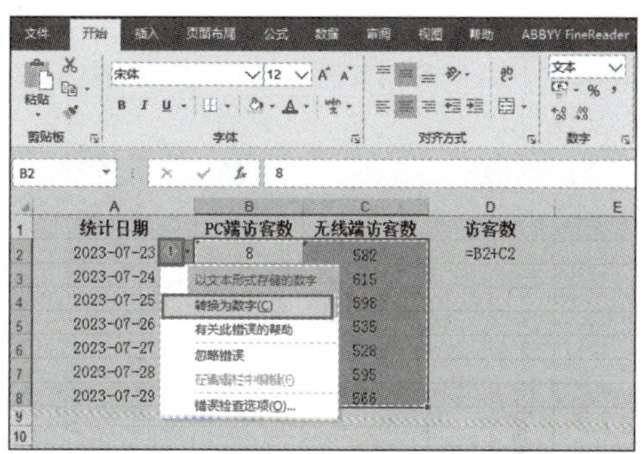

图 5–2–23　将数据转化为数字类型

步骤三：单击选择下拉菜单中的“转换为数字（C）”，将文本类型的数据转化为数字类型，如图 5–2–23 所示。

步骤四：完成数据类型转换后，使用计算公式“=B2+C2”即可得出“访客数”的计算结果，转换前后计算结果对比如图 5–2–24 所示。

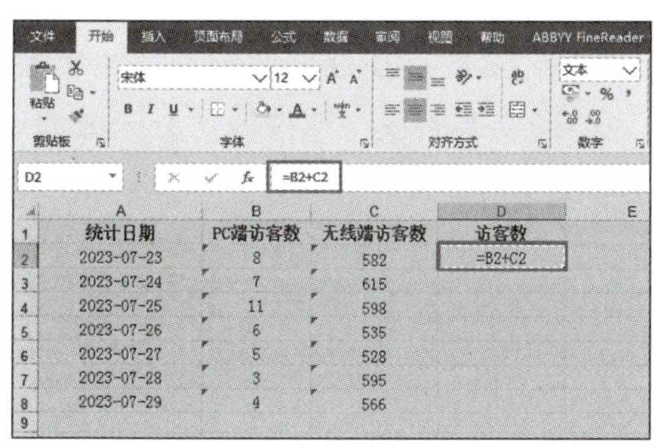

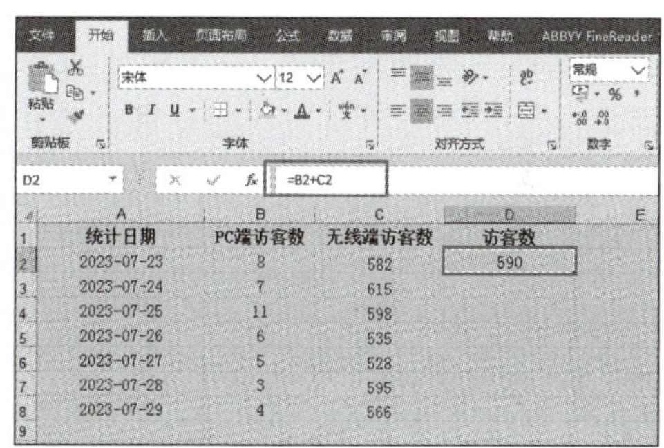

图 5–2–24　数据类型转换前后计算结果对比

2. 问卷星导出数据清洗

案例 5.2.4：数据清洗操作

请使用 Microsoft Excel 对素材“电子商务毕业生学习就业调查问卷（源数据）.csv”进行数据清洗。

操作步骤如下所示。

步骤一：使用 Microsoft Excel 打开素材。观察素材可知，“电子商务毕业生学习就业调查问卷”共回收 1 196 条数据，其中有部分无效字段和无效数据，这两类数据需要进行清洗。

步骤二：观察各数据标签，查看无效字段或空列，对其进行删除操作，如图 5-2-25 所示。

T19

	A	B	C	D	E	F	G	H	I	J	K	L	M	N	O	P	Q	R	S	T	U
1	答卷编号	IP地址	性别(有偿)	年龄(有偿)	城市(有偿)	图片(微信)	来源	昵称(微信)	性别(微信)	城市(微信)	开始时间	结束时间	浏览器	操作系统	答题时长	状态	Q1_您的性	Q2_您哪一	Q3_您是什	Q3_您是什	Q4_你认为
2	1	117.136.68.120									#######	#######	Unknown	iPhone iOS	3分30秒	正常完成	女	2018	技师或本科		一片大好
3	2	49.90.170.98									#######	#######	Opera	Android Li	3分16秒	正常完成	男	2018	初中起点高技（高职）		差强人意
4	3	114.227.131.104									#######	#######	Unknown	iPhone iOS	2分20秒	正常完成	女	2018	初中起点高技（高职）		差强人意
5	4	223.104.148.137									#######	#######	Chrome 6	Android Li	13分44秒	正常完成	男	2018	初中起点高技（高职）		一片大好
6	5	223.104.145.248									#######	#######	Unknown	iPhone iOS	2分42秒	正常完成	女	2017	初中起点高技（高职）		差强人意
7	6	223.104.148.128									#######	#######	Unknown	iPhone iOS	3分1秒	正常完成	女	2015	技师或本科		不太了解
8	7	49.90.145.29									#######	#######	Unknown	iPhone iOS	5分46秒	正常完成	男	2017	初中起点高技（高职）		一片大好
9	8	223.104.4.98									#######	#######	Unknown	iPhone iOS	2分45秒	正常完成	男	2016	高中起点高技（高职）		一片大好
10	9	114.227.54.37									#######	#######	Chrome 6	Android Li	2分21秒	正常完成	女	2018	初中起点中技（中职）		水深火热
11	10	121.231.6.100									#######	#######	Unknown	iPhone iOS	2分46秒	正常完成	男	2018	初中起点高技（高职）		水深火热
12	11	49.90.139.21									#######	#######	Unknown	iPhone iOS	4分5秒	正常完成	女	2017	初中起点高技（高职）		差强人意

图 5-2-25　无效字段

步骤三：调整“######”字段的列宽，查看其数据的有效性，如图 5-2-26 所示。

J16　2017

	A	B	C	D	E	F	G	H	I	J	K	L	M	N	O	P	Q	R	S	T	U
1	答卷编号	IP地址	开始时间	结束时间	浏览器	操作系统	答题时长	状态	Q1_您的性	Q2_您哪一	Q3_您是什	Q3_您是什	Q4_你认为	Q5_您毕业	Q6_你是否	Q7_那你所	Q8_贵公司	Q9_您所在	Q10_您所	Q11_您的	Q12_您
2	1	117.136.6	#######	#######	Unknown	iPhone iOS	3分30秒	正常完成	女	2018	技师或本科		一片大好	家人或朋友	不相关	有限责任公	300人以上	民营企业	其他	其他	其他
3	2	49.90.170	#######	#######	Opera	Android Li	3分16秒	正常完成	男	2018	初中起点高技（高职）		差强人意	网络媒体	相关	有限责任公	100-300人	民营企业	电子商务	网站运营	网站运
4	3	114.227.1	#######	#######	Unknown	iPhone iOS	2分20秒	正常完成	女	2018	初中起点高技（高职）		差强人意	网络媒体	相关	一人有限公	20人以下	其他	其他	客服	网站运
5	4	223.104.1	#######	#######	Chrome 6	Android Li	13分44秒	正常完成	男	2018	初中起点高技（高职）		一片大好	家人或朋友	不相关	一人有限公	100-300人	民营企业	独立的企业	其他	其他
6	5	223.104.1	#######	#######	Unknown	iPhone iOS	2分42秒	正常完成	女	2017	初中起点高技（高职）		差强人意	网络媒体	不相关	有限责任公	100-300人	民营企业	其他	其他	其他
7	6	223.104.1	#######	#######	Unknown	iPhone iOS	3分1秒	正常完成	女	2015	技师或本科		不太了解	网络媒体	不相关	国有独资公	100-300人	国有企业	其他	其他	其他
8	7	49.90.145	#######	#######	Unknown	iPhone iOS	5分46秒	正常完成	男	2017	初中起点高技（高职）		一片大好	校园招聘会	相关	股份有限公	300人以上	中外合资	电子商务	网页设计与	网页设
9	8	223.104.4	#######	#######	Unknown	iPhone iOS	2分45秒	正常完成	男	2016	高中起点高技（高职）		一片大好	校园招聘会	不相关	其他	300人以上	国家机关	第三方平台	分销渠道	其他
10	9	114.227.5	#######	#######	Chrome 6	Android Li	2分21秒	正常完成	女	2018	初中起点中技（中职）		水深火热	网络媒体	不相关	股份有限公	300人以上	民营企业	其他	客服	客服
11	10	121.231.6	#######	#######	Unknown	iPhone iOS	2分46秒	正常完成	男	2018	初中起点高技（高职）		水深火热	家人或朋友	不相关	有限责任公	20人以下	民营企业	第三方平台	其他	其他
12	11	49.90.139	#######	#######	Unknown	iPhone iOS	4分5秒	正常完成	女	2017	初中起点高技（高职）		差强人意	学校推荐	不相关	其他	100-300人	事业单位	其他	客服	其他

图 5-2-26　调整“######”字段的列宽

步骤四：该调查问卷共 24 题，其中单选题有 18 题，多选题有 5 题，文字题有 1 题。数据处理人员可以估算完成调查问卷的合理答题时长，清洗掉部分无效问卷。对“答题时长”进行升序排列，如图 5-2-27 所示。

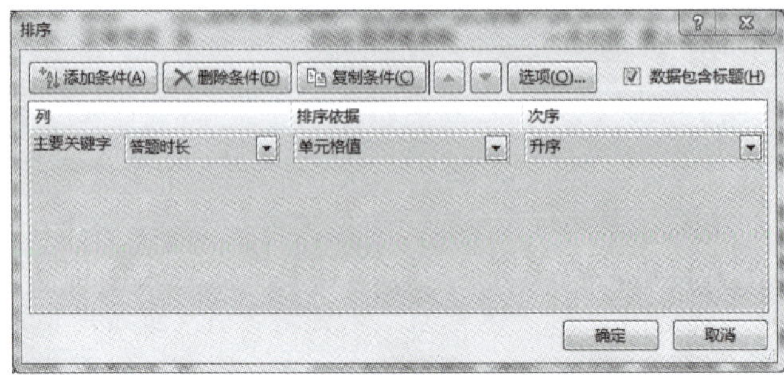

图 5-2-27　“答题时长”升序排序

假设合理的答题时长至少要 1 分钟以上，那么我们就可以删除答题时长在 1 分钟以下的无效数据，该数据如图 5-2-28 所示。选中这些数据并删除，完成数据清洗，如图 5-2-29 所示。

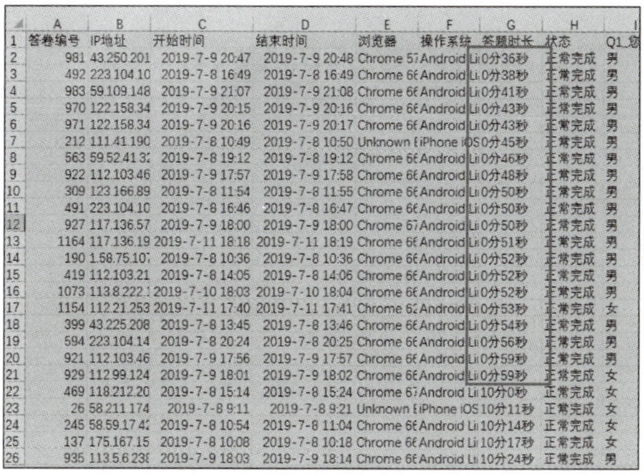

图 5-2-28　无效数据

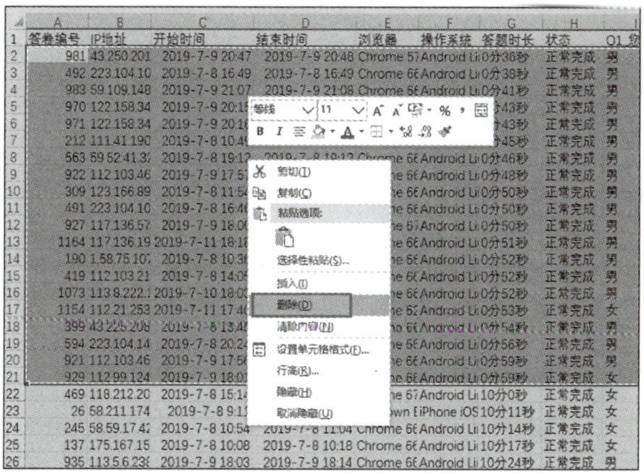

图 5-2-29　删除无效数据

在设计调查问卷时，我们可以设置一些必答题或者甄别题。在数据清洗时，必答题的答题完整性可以成为数据清洗的依据之一。设计甄别题时，可使相似的问题在问卷前后重复出现，如果回答者两次选择的答案不一致，则该问卷的可信度较低，可以考虑清洗。设计调查对象甄别题时，也可以设计区别人群属性的题目，将其作为数据清洗的依据之一。

作业布置

1. 对素材数据“企业调查问卷原始数据 _All_Data_Readable.xlsx”进行清洗。
2. 以小组为单位，制作一份“‘双十一’网购计划”的调查问卷并在班级范围内采集数据，完成数据回收，然后对问卷数据进行数据清洗和预处理。

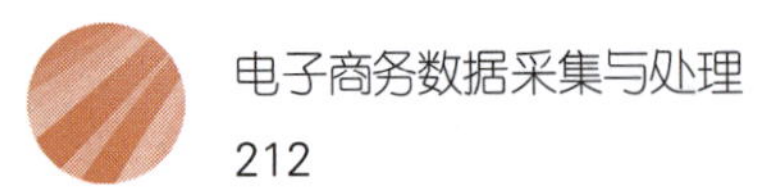

课题 3　数据计算

学习目标

● 知识目标

1. 了解数据计算。
2. 熟悉常规计算方法。
3. 熟悉常用日期计算方法。

● 技能目标

1. 能熟练掌握常规计算的基本操作。
2. 能熟练掌握常用日期计算的基本操作。

理论知识

一、常规计算

在 Microsoft Excel 中，常规计算包括公式计算与函数计算，大多数的电子商务数据均可采用常规计算。公式计算是 Microsoft Excel 的核心功能之一，通过编写公式，我们可以在 Microsoft Excel 表格中进行高效的数据计算、分析和处理。

1. 包含常量数据的公式计算

公式计算的基本语法包含等号、运算符、函数和单元格引用。其中，等号表示公式的开始，运算符用于运算，函数用于特定的计算，单元格引用则用于表示数据来源。简单公式计算的示例如图 5-3-1 所示，该公式的含义是将 C4、D4、E4 和 F4 单元格中的值相加，得到上述 4 个单元格数据的和，计算出的结果是 1 月份具体渠道“百度”的流量总和。

G4　fx　=3+15+10+20

	A	B	C	D	E	F	G
1	流量来源	具体渠道	第1周	第2周	第3周	第4周	1月份合计
2	淘宝免费流量	阿里旺旺非广告	5044	4948	5354	4639	19985
3	淘宝免费流量	爱购	0	0	191	89	280
4	淘宝站外-搜索引擎	百度	3	15	10	20	48
5	自主访问	宝贝收藏	10471	10135	10411	8646	

图 5-3-1　简单公式计算的示例

2. 包含单元格引用的公式计算

单元格引用 Excel 公式示例如图 5-3-2 所示，该公式的含义是将 C2、D2、E2 和 F2 单元格中的值相加，得到上述 4 个单元格数据的和，计算出的结果是 1 月份具体渠道“阿里旺旺非广告”的流量总和。

G2　=C2+D2+E2+F2

	A	B	C	D	E	F	G
1	流量来源	具体渠道	第1周	第2周	第3周	第4周	1月份合计
2	淘宝免费流量	阿里旺旺非广告	5044	4948	5354	4639	19985
3	淘宝免费流量	爱购	0	0	191	89	
4	淘宝站外-搜索引擎	百度	3	15	10	20	

图 5-3-2　包含单元格引用的公式示例

3. 包含函数的计算

包含函数“SUM”的公式示例如图 5-3-3 所示，该公式的含义是将 C3、D3、E3 和 F3 单元格中的值相加求和，得到上述 4 个单元格数据的和，计算出的结果是 1 月份具体渠道“爱购”的流量总和。

G3　=SUM(C3:F3)

	A	B	C	D	E	F	G
1	流量来源	具体渠道	第1周	第2周	第3周	第4周	1月份合计
2	淘宝免费流量	阿里旺旺非广告	5044	4948	5354	4639	19985
3	淘宝免费流量	爱购	0	0	191	89	280
4	淘宝站外-搜索引擎	百度	3	15	10	20	
5	自主访问	宝贝收藏	10471	10135	10411	8646	
6	淘宝站外-搜索引擎	必应	0	2	1	0	

图 5-3-3　包含函数“SUM”的公式示例

包含函数“AVERAGE”的公式示例如图 5-3-4 所示，该公式的含义是求 C2、D2、E2 和 F2 单元格的平均值，计算出的结果是 1 月份具体渠道“阿里旺旺非广告”每周的平均流量。

H2　=AVERAGE(C2:F2)

	A	B	C	D	E	F	G	H
1	流量来源	具体渠道	第1周	第2周	第3周	第4周	1月份合计	1月份平均
2	淘宝免费流量	阿里旺旺非广告	5044	4948	5354	4639	19985	4996.25
3	淘宝免费流量	爱购	0	0	191	89	280	
4	淘宝站外-搜索引擎	百度	3	15	10	20	48	
5	自主访问	宝贝收藏	10471	10135	10411	8646		

图 5-3-4　包含函数“AVERAGE”的公式示例

包含函数“MAX”的公式示例如图 5-3-5 所示，该公式的含义是求 C2、D2、E2 和 F2 单元格中的最大值，计算出的结果是 1 月份具体渠道“阿里旺旺非广告”每周的流量最大值。

I2 | fx =MAX(C2:F2)

	A	B	C	D	E	F	G	H	I
1	流量来源	具体渠道	第1周	第2周	第3周	第4周	1月份合计	1月份平均	最大值
2	淘宝免费流量	阿里旺旺非广告	5044	4948	5354	4639	19985	4996.25	5354
3	淘宝免费流量	爱购	0	0	191	89	280		
4	淘宝站外-搜索引擎	百度	3	15	10	20	48		
5	自主访问	宝贝收藏	10471	10135	10411	8646			

图 5-3-5　包含函数“MAX”的公式示例

二、常用日期计算

电子商务数据分析通常会涉及时间日期数据的计算。时间日期属于数字，可以执行计算操作，如两个日期的相减、日期时间和数值的四则运算等。Microsoft Excel 还提供了一些特殊的日期函数，如获取年份函数“YEAR”、获取月份函数“MONTH”、获取日函数“DAY”、指定日期函数“DATE”、获取当前日期函数“TODAY”、获取日期差值函数“DATEDIF”等。

技能实施

1. 网店访客和销售数据计算

案例 5.3.1：某网店数据计算 1

请使用 Microsoft Excel 对某网店 2023 年 1 月份的访客数据和销售数据进行计算，要求计算该网店 1 月份的日平均浏览量、日平均访客数、日成交用户数、日平均成交金额和总成交金额。

操作步骤如下所示。

步骤一：计算该网店 1 月份的日平均浏览量，使用“AVERAGE”函数公式“=AVERAGE（B2：B32）”。

步骤二：计算该网店 1 月份的日平均访客数，使用“AVERAGE”函数公式“=AVERAGE（C2：C32）”。

步骤三：计算该网店 1 月份的日成交用户数，使用“AVERAGE”函数公式“=AVERAGE（E2：E32）”。

步骤四：计算该网店 1 月份的日平均成交金额，使用“AVERAGE”函数公式“=AVERAGE

(G2 : G32)”。

步骤五：计算该网店 1 月份的总成交金额，使用“SUM”函数公式“=SUM (G2 : G32)”。

计算结果如图 5-3-6 所示。

B33　=AVERAGE(B2:B32)

	A	B	C	D	E	F	G
1	日期	浏览量	访客数	回访客数	成交用户数	成交回头客数	成交金额
29	2023-1-28	58224	20447	3551	173	59	60195.75
30	2023-1-29	51076	17477	3035	161	48	55339.38
31	2023-1-30	42407	14768	2168	173	46	66094.56
32	2023-1-31	66148	26057	2247	204	64	57186.08
33	平均值	76674	27943		237		89566.37
34	合计						2776557.52

图 5-3-6　某网店 1 月份访客和销售数据计算结果

2. 网店访客和销售间接指标计算

案例 5.3.2：某网店数据计算 2

请使用 Microsoft Excel 对某网店 2023 年 1 月份的访客数据和销售数据进行计算，要求计算该网店 1 月份的日回访客占比、日成交转化率、日成交回头客占比和日客单价。

操作步骤如下所示。

步骤一：计算该网店 1 月份每日的回访客占比，计算公式为“=D2/C2”。

步骤二：计算该网店 1 月份每日的成交转化率，计算公式为“=F2/C2”。

步骤三：计算该网店 1 月份每日的成交回头客占比，计算公式为“=H2/F2”。

步骤四：计算该网店 1 月份每日的客单价，计算公式为“=J2/F2”。

计算结果如图 5-3-7 所示。

E2　=D2/C2

	A	B	C	D	E	F	G	H	I	J	K
1	日期	浏览量	访客数	回访客数	回访客占比	成交用户数	成交转化率	成交回头客数	成交回头客占比	成交金额	客单价
2	2023-1-1	49886	19946	2364	11.85%	111	0.56%	31	27.93%	48025.09	432.66
3	2023-1-2	56743	21750	2559	11.77%	116	0.53%	37	31.90%	44557.43	384.12
4	2023-1-3	60734	23217	2810	12.10%	154	0.66%	36	23.38%	57202.23	371.44
5	2023-1-4	83888	29750	3307	11.12%	251	0.84%	91	36.25%	128176.8	510.66
6	2023-1-5	85056	29965	3583	11.96%	201	0.67%	62	30.85%	116585.44	580.03
7	2023-1-6	81951	29431	3749	12.74%	198	0.67%	53	26.77%	87236.8	440.59

图 5-3-7　某网店 1 月份间接指标数据计算结果

3. 商品日期计算

案例 5.3.3：计算某网店的商品失效日期

某网店对商品进行盘库，了解临期商品数量，请使用 Microsoft Excel 对该网店的商品失效日期进行计算。

操作步骤如下所示。

计算商品的失效日期的公式为“=DATE（YEAR（B2），MONTH（B2）+C2，DAY（B2）+1）”，它的含义是根据商品的生产年份和保质期，计算得出失效日期，如图 5–3–8 所示。

D2 | =DATE(YEAR(B2),MONTH(B2)+C2,DAY(B2)+1)

	A	B	C	D	E
1	商品名称	生产日期	保质期（月）	失效日期	
2	巧克杯	2022-12-18	12	2023-12-19	
3	九制乌梅	2023-7-8	12		
4	月饼	2023-9-21	1.5		
5	白茶	2023-6-15	18		
6					

图 5–3–8　商品失效日期计算

案例 5.3.4：计算某网店的商品保质期

某网店对商品进行盘库，确定商品保质期。请使用 Microsoft Excel 对该网店的商品保质期进行计算。

操作步骤如下所示。

计算商品的“失效日期”的公式为“=DATEDIF（TODAY（ ），D2，“d”）”，它的含义是根据当前日期和商品的失效日期，计算得出保质期的时长，如图 5–3–9 所示。

E2 | =DATEDIF(TODAY(),D2,"d")

	A	B	C	D	E
1	商品名称	生产日期	保质期（月）	失效日期	保质期
2	巧克杯	2022-12-18	12	2023-12-19	74
3	九制乌梅	2023-7-8	12	2024-7-9	
4	月饼	2023-9-21	1.5	2023-10-22	
5	白茶	2023-6-15	18	2024-12-16	
6					

图 5–3–9　商品保质期计算

作业布置

1. 整理素材“某网店 9 月访客数据 .xlsx”，完成表格中的计算。
2. 整理素材“2020.5 生意参谋数据 .xlsx”，完成表格中的统计计算。